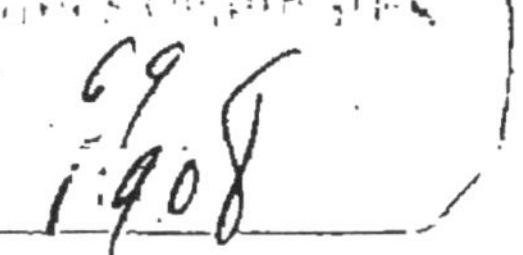

Chanoine Justin ROUSSEIL

Les Splendeurs de Lourdes

(SOUVENIR DES NOCES D'OR)

PERPIGNAN
Imprimerie Ch. Latrobe, Barrière & Cie, Successeurs

1908

LES SPLENDEURS DE LOURDES

DU MÊME AUTEUR

EN PRÉPARATION

LE SURNATUREL A LOURDES

Chanoine Justin ROUSSEIL

Les Splendeurs

de Lourdes

(SOUVENIR DES NOCES D'OR)

PERPIGNAN
Imprimerie Ch. Latrobe, Barrière & Cie, Successeurs
—
1908

A ma Mère !

Avant tout à Celle du Ciel à Qui je fais
profession de tout devoir
comme de tout rapporter ;
à celle de la Terre ensuite que m'a prise
naguère le Ciel
et des lèvres expirantes de laquelle
j'ai recueilli
le Vœu
deux fois sacré pour moi
d'écrire un livre,
humble monument de notre reconnaissance,
en l'honneur de la Madone pyrénéenne.

J.-M. R.

Imprimatur :

Perpiniani, 1 Maii MCMVIII

† Julius, Ep. Eln.

DÉCLARATIONS DE L'AUTEUR

Quoique (conformément à l'article 13 de la Constitution apostolique Officiorum *et aux récentes prescriptions de l'Encyclique* Pascendi dominici gregis) *le texte du présent ouvrage paraisse avec l'approbation de ceux que Dieu a établis pour être juges en la matière ; je suis et demeure prêt à réprouver tout ce qui me serait signalé par qui de droit comme impliquant une erreur ou dérogeant aux dispositions émanées de l'Autorité ecclésiastique. De plus, afin de me conformer entièrement aux Décrets d'Urbain VIII (du 13 mai 1625 et du 4 juin 1632), je proteste que si j'ai parfois employé les mots de « miracle », de « surnaturel », de « révélation », de « saint », de « prophète », de thaumaturge » ou tous autres équivalents, je n'ai nullement entendu réclamer pour les paroles ainsi prises au sens relatif et populaire la foi catholique due aux seules vérités qu'enseigne l'Église comme révélées, ne voulant pour rien au monde confondre des faits connus par des témoignages privés avec les prodiges que la Religion nous fait admirer tant dans l'ancien comme dans le nouveau Testament et n'ayant jamais eu l'intention de prononcer sur ces affaires un jugement qui n'appartient qu'au Saint-Siège apostolique romain en la parfaite communion duquel je veux vivre et mourir.*

J.-M. ROUSSEIL,
prêtre.

ÉVÊCHÉ
DE
PERPIGNAN

Perpignan, 1er mai 1908.

MON CHER CURÉ,

Je vous remercie de tout mon cœur de l'hommage que vous rendez à Notre Dame de Lourdes et de l'honneur que par cet hommage vous faites à mon clergé et à mon diocèse.

Vous vous êtes souvenu de ce fait, si glorieux pour Nous, que le diocèse d'Elne fut dès les temps les plus reculés un fervent dévot de la Conception immaculée de Marie; que les Catalans avaient inscrit dans leur *Credo* la croyance à ce dogme bien avant qu'il n'eût été défini par l'Eglise. Ces souvenirs ont avivé la sainte flamme qui brûle en vous ; ils vous ont inspiré ; ils ont remis en vos mains la plume vaillante qui a déjà tant écrit sur Marie ; ils me demandent de prendre aujourd'hui la mienne pour vous redire un cordial merci.

Il était juste d'ailleurs qu'un fils de la Catalogne française mêlât sa voix au concert de louanges qui, en cette année du Cinquantenaire, monte de la terre de France vers la Reine Immaculée et chantât au nom de tous un hymne d'amour autant que de reconnaissance pour renouer ainsi le passé au présent.

Vous êtes le chantre choisi par Marie et je me plais à reconnaître que vous méritiez ce choix par le culte que vous avez toujours eu pour Elle, par ces preuves nombreuses que vous Lui en avez données, notamment par les pages si belles, si pieuses, si pleines de doctrine, que vous avez consacrées à La louer, chaque semaine, dans le Bulletin du diocèse, durant l'année jubilaire de la proclamation du dogme de l'Immaculée Conception.

Votre livre m'apporte aujourd'hui les échos de vos belles pages de jadis. J'y retrouve les émotions saintes qu'elles me procurèrent alors ; j'y goûte à nouveau le charme de votre style si personnel, si pittoresque. Il me semble, en vous lisant, qu'entre les deux Cinquantenaires, le temps n'a pas passé et que je célèbre encore avec vous le premier.

Qu'il fut beau déjà ce jubilé marial d'il y a quatre ans ! Que les foules s'empressèrent nombreuses autour de moi le 8 de chacun des mois de l'année bénie, en nos divers sanctuaires dédiés à la Mère de Dieu : chez vous, à Notre Dame de l'Arc ; chez moi, dans ma Cathédrale et dans ma vieille abbaye du Canigou ; dans la plaine, à Notre Dame de Jouègues, à Notre Dame de Consolation ; dans la montagne, à Notre Dame de Font-Romeu, à Notre Dame d'Err et jusqu'à Notre Dame de Nuria sur l'autre versant des Pyrénées !

Le R. P. Domenech écrivit jadis un livre intitulé : *Jardin de Maria plantado en el Principado de Cataluña*. Notre diocèse catalan occupe une belle place dans cet ouvrage.

Vous venez après ce bon religieux, longtemps après, semer des fleurs nouvelles dans le jardin aimé. Vous venez affirmer que notre terre n'a rien perdu de sa fécondité première et que Marie, qui y possède en si grand nombre des sanctuaires fameux, en demeure toujours la Reine incontestée, la Mère honorée, aimée et servie. Cette affirmation, vous la faites en Notre nom, vous en déposez l'hommage à ses pieds dans son auguste Grotte de Lourdes. C'est ce dont vous seront à jamais reconnaissants vos confrères, vos compatriotes, les Catalans des deux versants pyrénéens, et en particulier celui qui tient à se dire le plus catalan de tous parce qu'il ne l'est point comme vous par un don de nature mais par la grâce de Dieu.

Votre Evêque qui vous aime, vous remercie et vous bénit,

† JULES, évêque de Perpignan.

ÉVÊCHÉ
DE
TARBES

N. D. de Lourdes, le 4 mai 1908.

CHER MONSIEUR LE CHANOINE,

A la suite de mon très aimé et vénéré Collègue, Mgr l'Evêque de Perpignan, je suis heureux de vous féliciter du beau livre que vous avez consacré à la gloire de notre Madone.

Le titre que vous avez choisi était tout un programme. « *Les Splendeurs de Lourdes* » : que de promesses renfermées dans ces mots ! Et vous ne trompez point l'attente du lecteur. L'origine de nos Sanctuaires ; les merveilles qui accompagnent et suivent les apparitions de la Vierge immaculée ; les prodiges qu'opère la piété des fidèles en réponse aux miracles de la puissance divine mise en mouvement par l'intercession de la T. S. Vierge ; le monde entier s'empressant autour de la Grotte de Massabielle et multipliant les manifestations de foi capables de transporter les montagnes puisqu'elles ébranlent bien souvent les cœurs les plus réfractaires à l'action surnaturelle : Voilà ce que vous représentez et dépeignez dans une série de tableaux animés des couleurs de la vie la plus intense ; pourquoi ne pas ajouter : *la plus splendide.*

En justifiant l'audace du titre donné à cet ouvrage, vous avez atteint le but que se proposait votre zèle sacerdotal et qui est de contribuer à la diffusion du culte rendu à Notre Dame de Lourdes. Digne émule de ses illustres historiographes, les Estrade, les Lasserre, les Boissarie, les Bertrin, vous aurez comme eux la joie de faire connaître et aimer de plus en plus notre Mère du Ciel.

Veuillez recevoir, cher Monsieur le Chanoine, avec mes félicitations, l'assurance de mes affectueux et dévoués sentiments.

† F.-XAVIER, évêque de Tarbes.

ÉVÊCHÉ
DE
PAMIERS

Pamiers, le 1er mai 1908.

Mon cher Ami,

Je viens d'achever la lecture de votre livre, et j'ai l'âme tout illuminée des « Splendeurs de Lourdes ».

Quel souffle de vie et quelle piété intense dans ces belles pages écrites avec votre cœur de prêtre plus encore qu'avec votre plume de littérateur !

Je ne sais ce qu'Adam de Saint-Victor avait mis de tendresse filiale dans une de ses hymnes en l'honneur de la Vierge Marie : on raconte que la Reine du Ciel lui apparut avec un visage souriant et qu'Elle le bénit.

Vos « Splendeurs » mettent sur le front de la Vierge de Lourdes une couronne trop radieuse pour que, du haut du Ciel, cette divine Mère n'accorde pas un sourire de reconnaissance et une bénédiction maternelle au dévot serviteur qui vient de chanter magnifiquement le théâtre béni de ses Apparitions et le Dogme le plus cher à son cœur.

Il m'est doux de vous féliciter d'une œuvre qui vous a valu les suffrages si flatteurs d'un juge tel que notre cher Evêque de Perpignan. Quelque modestes que soient les miens, je vous prie de les recevoir comme l'expression de la joie très vive que m'ont procurée vos pages et de la cordiale amitié de Votre tout dévoué en Notre-Seigneur,

† MARTIN, évêque de Pamiers.

PROLOGUE

> « Cinquante ans du règne de la Vierge Immaculée
> « à Lourdes, cinquante ans de grâces, de
> « prodiges et de bienfaits, cinquante ans de
> « l'amour des foules, des pèlerinages de l'uni-
> « vers : tel est le grand Fait, le solennel
> « Anniversaire de 1908. »
>
> (Mgr SCHŒPFER).

> Cinquante ans ont passé depuis le jour suprême
> Où la Dame apparut pour la première fois,
> Où Bernadette émue, au dessus d'elle-même,
> Entendit la céleste Voix.
>
> (L. FEILLET).

Lourdes, depuis qu'y descendit le Divin, est vraiment le thème éternel et universel. Sait-on que durant les cinquante dernières années, cette Grotte, fascinatrice malgré tout de l'opinion moderne, a — indépendamment d'une multitude d'articles de Revues, de Semaines et de Journaux — inspiré plus de deux cents volumes, en prose ou en vers, quelques-uns hostiles, la plupart apologétiques, beaucoup offrant un réel intérêt au point de vue soit de l'Histoire, soit de la Critique, soit de la Science; sans parler même du grand mérite littéraire qui distingue un certain nombre d'entre eux ?

A vrai dire, on n'a guère vu d'hommes de culture en ce demi-siècle qui, sur une aussi palpitante matière, n'ait tenu à écrire son mot pour affirmer quand ce n'était pas, assez rarement, pour combattre. Ceux-là même que la génération actuelle regarde comme les oracles de la pensée indépendante n'ont pu rester neutres en face de l'entraînement général : c'est ainsi que les Bernheim, les Charcot, les Bérillon, les Luys se sont à leur heure occupés de Lourdes et souvent avec une sympathie voisine presque de l'adoration, prouvant par là du moins, que vis à vis de la Mère, pas plus que vis à vis du Fils nul — quel qu'il soit — ne saurait se montrer indifférent. Le genre historique proprement dit sera toujours fier de mettre au premier rang cet Henri Lasserre dont le livre est le monument le plus somptueux élevé à la Vierge pyrénéenne. A sa suite, combien d'autres narrateurs diversement talentueux sont venus, coup sur coup, apporter, chacun à sa manière, leur contribution au récit de la Geste fameuse parmi toutes celles de nos âges chrétiens !

Dans l'ordre purement critique, il y a eu tour à tour, dépassant leurs émules, un Boissarie et un Bertrin : celui-là médecin-philosophe dont la compétence, de l'aveu de tous, égale la conscience ; celui-ci panégyriste incomparable par la puissance du raisonnement, statisticien hors de pair par l'étendue et la sûreté de la documentation. Le premier, qui a déjà produit sur « les grandes guérisons » cinq ouvrages, a mérité d'être surnommé *le Clinicien de Notre Dame ;* du second un bon juge, l'Évêque de Tarbes, a pu dire que son livre était « le dernier mot de la Raison » sur le merveilleux de Massabielle.

L'ayant assez apprécié ailleurs, dans nos *Esquisses sur l'art marial*, nous n'en raparlerons point ici mais le lecteur voudra se souvenir qu'ès-choses de Lourdes ce prêtre doublé d'un docteur reste le maître logicien.

En fait de romanciers (car ne fallait-il pas que ce département si peu dévot de la littérature contemporaine payât aussi son tribut ?) — pour nour dédommager de la polissonnerie de Zola — nous avons eu surtout l'idylle si poétique d'un Pouvillon, le drame si pittoresque d'un Huysmans et la si gracieuse description d'un Boyer d'Agen.

Ne pouvant tout dire hélas ! sur ce trop vaste terrain de la bibliographie lourdaise, qu'on nous permette du moins, après avoir plus spécialement salué les princes, de mentionner, comme autant de précurseurs dont la lecture nous a été agréable et parfois utile, les Estrade *(Souvenirs d'un témoin)*, les Dozous *(La Grotte)*, les Vergez *(Rapport médical d'après la Commission d'enquête)*, les Mgr Laurence *(Mandement doctrinal)*, les R. P. Cros *(La Grotte mystérieuse)*, les P. P. Missionnaires *(Annales chronologiques)*, les V. Fourcade *(L'Apparition)*, les Jean Barbet *(Le Guide de Lourdes)*, les Guy de Pierrefeu *(Le triomphe de Lourdes)*, les Mgr Forcade *(Mémoires sur Bernadette)*, les Mgr Ricard *(La vraie Bernadette)*, les Joseph Crestey *(Critique d'un roman)*, les D. Barbé *(Lourdes hier, aujourd'hui, demain)*, les Clavé *(l'Immaculée-Conception)*, les Rascol *(Etude critique)*, les Archelet *(A Lourdes)*, les Bretonneau *(L'âme de Lourdes)*.

Devant ces noms et ces travaux notre dessein devrait s'évanouir si nous n'avions à notre tour pris la plume pour le service d'une Dame dont la légende des siècles assure que d'Elle ce ne peut être jamais assez, *numquam satis ;* et que, quand il est question de sa louange, les plus petits ont voix au chapitre.

Aussi bien, les présentes feuilles sont moins un livre qu'un « ex-voto », l'ex-voto d'une insolvable gratitude. S'il ne se fût agi que d'écrire, volontiers nous nous serions tu, de crainte de troubler par quelque fausse note le marial concert. Mais notre cœur avait à « éructer », comme parle audacieusement un Prophète, de si bonnes paroles, celles de l'amour reconnaissant, qu'il a fallu — même avec le sentiment d'une impuissance dont nul n'est plus convaincu que nous — pour dégrever notre dette en contentant notre piété, dire ce que nous savions, ce que nous sentions des beautés et des œuvres de la Reine idéale.

Et c'est alors que notre pauvre « roseau » est miraculeusement devenu ce véloce outil du scribe biblique qui mesura ses phrases aux rythmes de son cœur.

Une autre excuse, moins transcendante, plus ingénue, se trouverait peut-être dans le fait chronologique. Cette année est celle des Noces d'Or de Massabielle. De semblables coïncidences, assez rares dans une vie d'homme, apportent, ce semble, avec elles comme une absolution au profit du téméraire qui, sous l'attrait des souvenirs, n'hésite pas à se faire auteur.

Que celui donc que n'a jamais séduit la poésie d'un jubilé — surtout d'un tel Jubilé — nous jette la première pierre ! Tant pis pour nous, du reste, si, pour avoir pris — en même temps qu'un pareil titre — un si radieux sujet, il nous arrive d'être opprimé par le poids de tant de gloire! Depuis le 11 février dernier, jour inoubliable où devant la Grotte bénie nous conçûmes notre rêve, une voix intérieure nous chantait dans l'âme : *quantùm potes tantùm aude*. Et puis, il nous a paru qu'en face de merveilles pour lesquelles les Anciens n'auraient point manqué d'entonner je ne sais quel *Carmen sæculare*, le moins que pût faire sans doute un prêtre de Marie, à défaut, hélas ! d'un volume splendide, c'était d'évoquer ses « Splendeurs ».

Daigne la Mère de toutes les indulgences voir l'intention mieux encore que l'œuvre, sourire à l'ouvrier, bénir les lecteurs et de ces humbles pages saillies moins de notre tête que de notre âme, se servir pour l'accroissement de son doux Règne comme son Fils se sert tous les jours des fragiles espèces tenues dans nos mains pour la confection de son Sacrement adorable ! !

Au Presbytère de Saint-Nazaire, près Perpignan, ce 8 mai 1908.

JUSTIN-MARIE ROUSSEIL.

LES SPLENDEURS DE LOURDES

(SOUVENIR DES NOCES D'OR)

CHAPITRE PREMIER

Terre Sacrée !

Le monde court à Toi, le monde Te vénère,
Le monde s'illumine à ta grande clarté
Car le Seigneur Te fit le Trône de sa Mère
Et la source de vie où boit l'Humanité.

Il n'est pas contestable que, comme il y a des temps saints dans tous les calendriers des hommes, on trouve également dans tous leurs cadastres des saints-lieux. Cela résulte de notre nature elle-même, laquelle étant essentiellement religieuse sent le besoin — et le devoir — de consacrer par la religion l'espace non moins que la durée, ces deux moitiés de notre terrestre existence.

Aussi, ne citerait-on ni un pays ni un siècle qui n'ait eu, de même que des fêtes spéciales, des endroits privilégiés afin qu'en ces haltes topographiques ou chronologiques de la vie tant individuelle que sociale, la créature, secouant un instant les chaînes des contingences, pût se sentir plus près du Créateur.

Voilà comment — pour ne parler ici surtout que des *sites* sacrés — plus les peuples, même païens, eurent de culture, plus ils obéirent à cette grande loi de la psychologie humaine. L'Inde des brahmanes et des boudhistes montrait avec émotion ses Fleuves augustes, l'Indus ou le Gange, au bord desquels passait par intervalles l'Esprit d'en Haut. Dans la Grèce des philosophes, des poètes et des artistes, le temple de Délos, orgueil des Cyclades ; celui de Delphes, une splendeur marmoréenne parmi les lauriers du Parnasse, mais surtout l'incomparable Parthénon d'Athènes étaient les sanctuaires officiels où siégeait le Divin. Rome même, si positive, ne possédait-elle pas son Capitole et cette « Roche immuable » qui servait de trépied visible aux génies de l'Olympe, cependant que le druidisme gaulois et germain apaisait Teutatès au fond de ses forêts silencieuses ?

C'est d'ailleurs, on le sait, sur les glorieux monts de Palestine que se firent, quarante siècles durant, les authentiques communications des hommes avec Dieu. Encore qu'en un sens cette contrée à part fût comme une vaste *Terre Sainte*, tellement l'ombre de Jéovah s'y étendit en d'incessants prodiges, il y eut là encore néanmoins des points préférés que visita plus complaisamment le mystère : tels Béthel, le Sinaï, l'Horeb et le Carmel et le Moria et l'Hermon. Le christianisme, en devenant la parfaite théophanie, pouvait-il ne pas avoir lui aussi ses grandes stations religieuses ? Bethléem, Nazareth, le Calvaire : étapes illustres entre toutes où le Surnaturel semble avec la Bénignité du Dieu Sauveur sortir de partout ! L'Eglise, qui est l'organisation sociale de l'idée chrétienne, ne manqua pas à son tour de rattacher à certaines portions de l'étendue comme de la durée elle-même les pieux souvenirs dont elle vivait. Elle eut ses Saints-Lieux d'Orient d'abord, d'Occident ensuite : Jérusalem et Ephèse et Antioche ; puis bientôt Rome, la Baume de Provence, la Crypte de Toulouse, en attendant que vinssent et Saint-Jacques de Compostelle et Montmartre de Paris et la Maison de Lorette. J'en passe évidemment, beaucoup même, faute de quoi le chapitre deviendrait vite un livre.

Chose remarquable ! c'est le Très Haut en personne qui de tout temps, au sein de la Révélation proprement dite, a pris l'initiative personnelle de ces sortes de prédilections. Qui ne connaît le refrain du chauvinisme mystique des Hébreux : « Le Seigneur aime les portes de Sion par dessus tous les tabernacles de Jacob. » ? De fait, c'est sur telle colline juive qu'Il manifestait sa gloire et rendait ses oracles plutôt que sur telle autre. Le Christ, à son tour, en faisant voyager la Divinité parmi nos ombres, ne recula pas devant de pareilles préférences. Pour les effusions de l'amitié, Béthanie avait visiblement son cœur ; aux heures de la prière, le jardin de Gethsémanie le fascinait ; et quand il fallait se livrer corps et âme à la pénitence, Il courait au désert. Depuis son apothéose de l'Ascension, on ne voit point que les goûts de l'Homme-Dieu se soient modifiés de ce côté-là ; et, s'Il a en ce monde quelque manifestation nouvelle à faire soit de sa puissance, soit de sa justice, soit surtout de son amour, Il sait trouver ou un Pathmos éblouissant, ou un Alverne ensanglanté, ou un gracieux Paray-le-Monial.

Car, d'autre part, on peut être sûr que ces sublimes options sont toujours assorties aux lieux qui reçoivent un tel honneur. Que l'on étudie à ce point de vue les divers endroits célèbres déjà énumérés et l'on trouvera qu'entre eux et les événements surnaturels dont ils devenaient tour à tour le théâtre, il existait comme une « harmonie préétablie. » Le positivisme contemporain a voulu expliquer cela à sa courte façon en préconisant « l'influence des milieux ». Nos Gerbet et nos Lacordaire, d'accord avec toute la pensée chrétienne, ont mieux vu et mieux parlé en saluant là le chef-d'œuvre d'une Prédestination véritable. « La Providence, écrit l'un, a préparé les grands lieux aux grandes choses ». « Il est, observe l'autre, des endroits bénis par l'effet d'un choix qui se perd dans les infinis secrets ».

Tous les deux, philosophes autant que poètes, ont enfin magnifiquement montré la souplesse exquise avec laquelle, répétons-le, le Calendrier aussi bien que le Cadastre chez les mortels restent partout et toujours sensibles à l'eurythmie du Musicien suprême dont l'infaillible archet dirige les événements.

Sans mysticisme aucun, ni encore moins sans fatalisme, nous croyons qu'il y a une prédétermination divine des lieux et des temps tout aussi bien que des hommes eux-mêmes qui s'agitent sur les uns, qui s'écoulent à travers les autres. Le *hasard*, lui, qu'on l'applique à la géographie inerte ou aux vivantes annales, n'est qu'un vain mot dont se couvre la sottise, pour ne pas dire la mauvaise foi des incroyants. Non, rien d'imprévu dans l'ordre du Cosmos. Pas une date qui n'ait sa portée, pas une glèbe qui n'implique sa raison d'être comme pas un cheveu qui tombe de nos têtes sans la permission du Père céleste. Relativement aux individus ou aux peuples, cela porte le beau nom de Vocation. Par rapport à ces deux « catégories » du Temps et de l'Espace qui, comme disait Aristote, nous mesurent en nous conditionnant, c'est la Providence. A ce compte, tout est providentiel ici-bas. Mais il saute aux yeux que le sont très particulièrement certains points de l'étendue aussi bien que de la durée qui eurent l'honneur dès l'origine d'entrer pour une part prépondérante dans le programme éternel.

*
* *

Or, tel apparaît certes, et au premier chef, en France, patrie des célestes élections, cet humble coin de terre qui s'appelle Lourdes !

De suite — tant le Divin ici éclate et déborde depuis que la Mère de Dieu y descendit — j'ose affirmer qu'après Jérusalem, la ville du Sacrifice, et Rome, la ville de la Force, c'est Lourdes, cité de la Grâce, qui est le plus Saint Lieu de la terre. Les faits ne manqueront pas de le prouver mieux que des dissertations.

En attendant — puisque les sites expliquent déjà les choses — étudions un peu à la double clarté de la topographie et de l'histoire le pays du Miracle.

Lorsque, après Tarbes, ont été dépassés les hauts plateaux qui s'allongent ainsi que les dernières étagères du Lannemezan, une vision splendide surgit tout à coup au regard : celle d'une très riante vallée qu'en son mystique isolement vous diriez enveloppée d'une atmosphère de poésie supérieure. Et, au cœur du Lavedan, c'est Lourdes la Gracieuse.

Quel paysage en vérité! Regardons-le en détail : ce cirque lointain de montagnes déchiquetées par les orages, aiguisées aussi comme des flèches et élevant leurs crânes nus au-dessus d'immenses champs de neige, n'est-ce pas un beau portique pour un temple idéal ?

Ce sont les superbes Pyrénées atteignant en ces solitudes grandioses leur maximum d'élévation. Salut à ces géants, l'Ardiden en forme de pyramide ; le Néouvieille dont la corniche est ébréchée ; le Vignemale aux quatre pennes portant le glacier de Montferrat ; et plus près, le pic du Jer, la coupole du Béout, les Espenettes, les Espélugues emmurant la bourgade, tout autant de sentinelles granitiques qui, fières de leur couronne de givre et de leurs ports d'azur, semblent en chœur monter la garde au passage de quelque Reine de féerie !...

Plus près, s'estompant dans la lumière, admirez aussi les belles collines bigourdanes arrondissant par pentes adoucies leurs croupes harmonieuses. Vous voyez là les ultimes contreforts de la Montagne de feu qui vient ici se faire petite, insensiblement, comme devant une grandeur insoupçonnée ; tandis que vers le bas, à mi-côte, commencent les sapinières parfumées de framboises et d'airelles, en attendant qu'apparaissent bientôt les rhododendrons et toute une flore aimée des troupeaux épars parmi les gazons éternellement verdoyants.

Or, à l'endroit où les sept plaines s'arrêtent, émues, devant les hauts sommets subitement entr'ouverts; au point précis de l'enchanteresse gorge qui par divers embranchements mène vers des thermes célèbres, voici, coquettement assise dans une oasis de fraîcheur, au pied même de sa Forteresse qui la protège en l'écrasant, la Ville prédestinée de Marie. Elle étincelle ainsi qu'une perle — la perle pyrénéenne — parmi les prés verts comme l'eau qui les arrose, au pays des blés d'Espagne, des capulines blanches et des bérets gris.

Tout autour, c'est, de plus en plus, un décor d'herbes touffues, de fleurs vivaces rivalisant de coloris avec celles de Luz ou d'Argelès mais plus ingénues, dirait-on.

Pour baigner ses pieds, le Gave de Pau, le plus fameux des Gaves, aux ondes sans cesse bouillonnantes, fait un demi-cercle à l'Est, s'enfuit bientôt en ligne droite et dans un vertige passe sur le front de la colline voisine, emplissant le morne voisinage des cavernes de sa chanson triomphale. C'est vers ces bords fleuris, où voltigent les arômes des pommiers, que la tranquille cité déroule en amphithéâtre ses toits inégaux, assez semblable à une Orante de chaume prosternée devant les monts glorieux.

« Petite ville et grand renom », porte un proverbe souventes fois appliqué à Bethléem ou à Nazareth. Il convient aussi à Lourdes; car si, numériquement et territorialement, elle fut toujours plutôt humble, la capitale de l'humble Bigorre, par ses destins quel prestige elle revêt! Sait-on, foi des légendes, que son origine première remonterait aux plus hauts siècles humains ?

Du temps de Moïse, en effet, il y aurait eu une jeune et belle princesse d'Éthiopie, répondant au mélodieux nom de Tarbis, qui, voyant son trône et sa main dédaignés par le Législateur des Hébreux, vint — pour distraire sa douleur de femme et de reine — du radieux Orient aux rives glacées de l'Adour. Ce pays des larmes lui plut peu à peu si bien qu'elle y construisit une ville à laquelle naturellement elle donna son vocable et ce fut *Tarbes.*

Quant à Lapurda, sa cadette, qui l'avait voulu suivre en ce sensationnel exode, elle l'envoya bâtir une cité-sœur à l'extrémité des cols voisins et voilà l'antique Lapurdum d'où — par une de ces syncopes que sait notre langue — est venue la moderne *Lourdes.*

Si cette tradition semi-biblique vous laisse froid, il y en a une autre qui nous enfoncera encore davantage dans la nuit des âges : celle d'une ville illustre s'élevant jadis à cette même enclave des monts, contemporaine de la mystérieuse cité d'Is et dont le nom aura péri avec tous vestiges par le débordement d'un lac (toujours existant, lui) qui la submergea, ne lui laissant qu'une fable aussi poétique que terrible.

Tout de même, j'aime mieux la version « tarbéenne » où l'Écriture sainte tempère la mythologie et reste d'accord avec le lexique.

Mais, voici qui se rapproche davantage de l'histoire : Crassus, lieutenant de César, au bout d'un siège des plus laborieux, finit par avoir raison de cette place de Lourdes, *Castrum Lapurdense,* laquelle, déjà importante alors et sortie victorieuse de plus d'une épreuve pareille, eut enfin à subir pour cinq siècles la domination romaine symbolisée là-haut, sur son roc tutélaire, par la citadelle énorme et trapue.

Après les Latins, les Wisigoths garderont, au profit de la foi nouvelle, la clef d'une aussi précieuse avant-garde. C'est bien en 406, au dire de tous les historiens, qu'entre Tarbes et Lourdes — plus près de Lourdes que de Tarbes — furent écrasés les féroces Vandales. Il suffit d'un moine, d'un prêtre, le Saint de la Bigorre, Meselin, pour soulever alors (comme on les soulèverait encore demain si des Barbares de gouvernement se ruaient en ces lieux) les rudes autochtones contre ces hordes de pillards.

Un peu plus tard, lorsque, vaincus à Poitiers, les Ariens essayèrent de ranimer en Occitanie leurs forces disséminées, c'est devant Lourdes, nous disent les vieux textes, qu'ils se virent réduits à composition définitive.

Demandez également au Croissant impur quelle défaite le chassa enfin pour toujours du sol de notre doulce France et il vous répondra que ce fut celle qu'en 732 il essuya dans la plaine d'Ossun, c'est-à-dire aux abords de la Ville fatidique sur laquelle reposaient déjà les promesses de l'avenir.

Est-ce à ces Maures et non aux Goths d'Aquitaine que serait due, ainsi que tant d'autres œuvres pyrénéennes, la bâtisse actuelle se hérissant au-dessus de la Ville, à 44 mètres de hauteur, comme un vautour qui veillerait sur l'ouverture des vallées? Telle est, paraît-il, l'opinion générale. En tout cas, nul ne saurait contester que dans cet inaccessible repaire s'était un jour réfugié Mirat, le fameux Mirat, un des plus renommés chefs de l'Islam. Et de ce belvédère admirable, auquel il aurait même prêté son nom propre, le fils du Prophète narguait la puissance d'un Charlemagne avec un tel succès que pour le réduire le grand empereur à la barbe toute fleurie ne trouva pas d'autre moyen que de le convertir. Tant il y a que Lourdes s'appela longtemps « Mirabel », la Belle-à-voir. De plus, les annales locales ont retenu le souvenir d'un siège fameux entre tous les autres qui semble bien ne pas se distinguer de celui dont nous parlons. Il paraîtrait même que de lui sont venues les premières armes héraldiques de la cité : l'*aigle d'or tenant au bec une truite d'argent*, par allusion sans doute à l'oiseau royal que du haut du donjon lâcha le musulman astucieux afin qu'en revenant de pêcher du lac d'alentour, il laissât choir parmi les assiégeants une part de son butin : ce qui en se vérifiant fit conclure à ceux-ci qu'une forteresse pouvant de la sorte jeter ses provisions était donc pour de longs jours imprenable. Et c'est ce qui engagea l'armée chrétienne à se retirer du moins pour un temps.

Au XIIIe siècle, sous ces historiques remparts de Lourdes nous rencontrons détruites par une poignée de croyants les suprêmes épaves de l'hérésie albigeoise déjà si malmenée aux champs de Muret.

Cent ans plus tard, pour défendre leur autonomie encore un coup en péril, on voit les mâles fils du Lavedan tenir tête aux troupes de Charles V commandées par un duc d'Anjou en personne. Au reste, pour ce qui concerne toute la Geste moyenâgeuse de Lourdes, c'est — le lecteur le pense bien — à son château féodal qu'il faut aller la cueillir « en fleurs de rocaille » d'où coula tant de fois, au nom d'une chevalerie sublime mais farouche, le sang des batailles épiques. A travers toutes ces péripéties diverses le vieux castel restait toujours, là-haut, dans sa solitude sauvage, l'asile inviolé des croyances comme des fuéros de Béarn.

Il fallut une Éléonore d'Aquitaine pour trahir, au prix de son mariage avec un Plantagenet, la fortune de cette citadelle qui avait pu subir la force mais qui oncques ne connut la capitulation, méritant bien de mettre à son blason cette devise : « *Bigoudain plus féal qu'un chien.* »

A partir d'alors, comment narrer toutes ses douleurs tandis qu'elle passait successivement d'un Lancaster et d'un Galles à un Simon de Montfort ou à un Comte de Toulouse ou à un Seigneur de Bigorre ? Hélas ! le triste traité de Brétigny donnait définitivement (pour autant du moins que sont définitives les félonies humaines) Lourdes et son château aux Anglais. Un jour prochain, il est vrai, on verra un Bertrand Du Guesclin venir lui-même dresser son patriotisme au pied du Fort pour le rendre à ses maîtres séculaires. Ce devait être en vain. En 1408 seulement, après un tragique siège de deux ans, nos pères le reconquirent enfin à tout jamais, espérons-le. Toutefois, quand, au siècle suivant, les Béarnais, à la suite de leurs princes, embrassèrent la prétendue

Réforme, ceux du Lavedan surent rester, eux, fidèles aux traditions ancestrales. Ici comme ailleurs, sous prétexte de pur Évangile, il y eut des luttes fratricides. Les Protestants visèrent bientôt, c'était naturel, la place de Lourdes ainsi qu'une proie bonne à prendre. Par là ils auraient la maîtrise de tout le pays Mais à Villars, leur chef, qui, incapable de vaincre, tentait de négocier, le commandant d'armes fit donner cette réponse que ne désavoueraient pas les héros antiques : « Allez donc dire à qui vous envoie que l'honneur m'a mis ici non pour rendre mais pour garder ! » C'était catholique cela au moins et c'était bien français aussi...

Inutilement, en 1567, la cruelle Jeanne de Navarre, égarée par le fanatisme calviniste, fera brûler l'héroïque ville des Lourdais, espérant ainsi détruire le suprême refuge de « l'impiété » romaine. Le château resta intangible comme le baptême de ses défenseurs. Et lorsque, vers le milieu de ce XVIe siècle si agité chez nous, le voisinage passa sous le drapeau de Calvin, le géant de granit tint encore, tint toujours. Il fut nécessaire que Henri IV abjurât pour que cette magnanime petite place reconnût le pavillon des d'Albret qui, séduits par les souvenirs d'épopée mieux encore peut-être que par les charmes du paysage, ne tardèrent point à établir là leur résidence.

Trop tôt après, n'ayant plus de libertés à défendre, le Fort de Lourdes, découronné de sa séculaire auréole, devenait une banale prison d'État, la Bastille des seigneurs mutinés de Gascogne. La Révolution et les régimes suivants eux mêmes ne le laissèrent pas dégarni d'hôtes politiques. Aujourd'hui, malgré la pieuse vigilance du patriotisme local, l'antique castel n'est guère qu'un fantôme, ombre ahurie d'un Passé splendide dressant avec quelque fierté encore ses derniers pans de murailles médiévales, non plus devant les ennemis successifs des autels et des foyers, mais en face de cette grotte des Espélugues qui, là bas, dans le mystère divin, inaugure un monde nouveau !

Voilà donc avec quel éclat, le long de plus de vingt siècles, luit au champ de l'histoire l'étoile de Lourdes. Qu'on ne trouve pas ces aperçus oiseux. D'abord, tout ce qui est du terroir de France a sa saveur ; puis cela montre au moins que ce petit pays ne fut jamais comme les autres.

Et que serait-ce encore si, à seule fin de lui donner sa physionomie complète, je voulais m'entraîner dans le broussailleux domaine des légendes populaires, évoquant tour à tour et les rites sanglants qu'un inexorable druidisme offrit bien des siècles sans doute sur les menhirs ou les dolmens de Massabielle « à la Vierge qui devait enfanter » ; et les sabbats horrifiques des fées incantatrices dont la si impressionnante liturgie se complaisait particulièrement en ces affreuses gorges ; et, pour tout dire, les hantises démoniaques que ne semble pas avoir épargnées à de tels lieux la malice de l'Enfer, prenant de bonne heure possession d'un désert qu'il entrevoyait sans doute comme devant un jour appartenir à sa plus mortelle Ennemie ?.....

Quoi qu'il en soit, un fait est là, indéniable : c'est

que presque depuis qu'il y a une histoire, toutes les invasions comme toutes les hérésies sont venues se briser à Lourdes. Eh bien, est-ce que cela aussi ne serait pas une Prédestination? Si, le cadre, disions-nous, explique les événements ; combien ceux-ci, de leur côté, à mesure qu'ils se débrouillent au fuseau de la destinée, attestent et éclaircissent, en la préparant, l'Idée providentielle!

Mais il est temps de retourner aux plus saints Lieux de France.

Dans cette ville toute pleine de gestes glorieux et où le Surnaturel paraissait imprégner l'atmosphère, il ne peut qu'être intéressant de chercher enfin par où passa l'héroïne du XIXe siècle — celle qui aura plus illustré Lapurdum que toutes ses sœurs et même que tous ses frères du Passé — pour se rendre à ses Visions.

Traversant la rue des Petits-Fossés, vers le milieu de laquelle était son triste gîte, sortant bientôt du bourg par la ruelle du Baous, Bernadette avait à passer le pont vieux et vermoulu du Gave ; après quoi, elle longeait un moment la prairie des Laffite près de l'endroit où s'arrondissait la rivière pour enlacer de la ceinture bleue de ses flots ce vaste non moins que gracieux domaine qui devait son surcroît de fertilité à tout un ingénieux système de canalisation. Le principal des canaux était celui de Sàvy actionnant plusieurs moulins installés dans ces parages, notamment celui des Nicolau où travaillait parfois François

Soubirous. Le dit courant suivait presque en parallèle le chemin de la forêt de Subercarrière, un sentier plutôt tout caillouteux, montant à peu près toujours et taillé dans la roche vive : c'est aussi par là, si l'on voulait éviter l'eau, qu'il fallait prendre pour atteindre assez péniblement et non sans se laisser glisser sur la pente abrupte jusqu'aux excavations d'en bas dénommées d'un terme générique « Massabielle. »

Ici, c'était un bloc énorme d'une seule coulée, s'élevant à pic tout en face, dans le voisinage immédiat du Gave. Arrivé là, le visiteur pouvait entrer dans une caverne naturelle mesurant environ douze mètres de largeur sur huit ou neuf de profondeur. On aurait dit d'un oratoire naturel dont la troublante nef, toute dentelée, s'enveloppait d'ombres noires cependant que ses amples draperies de pierre lui servaient de pourtour. C'était là la caverne fameuse sur le compte de laquelle couraient, nous l'avons dit, de génération en génération, les plus terrifiantes anecdotes. Peu de coins semblaient certainement aussi propices que cette solitude bouleversée aux rituels mystérieux Aussi, très peu de gens, par crainte du Malin, accédaient-ils en ces sites d'horreur. C'est à peine si, surpris par la tourmente ou grillés par le soleil, les bergers du pays, non sans se signer du reste au préalable, y parquaient parfois leurs troupeaux. Encore sentaient-ils alors le besoin d'apporter l'eau potable pour le bétail car l'intérieur était absolument sec. A part, aux parois, quelques suintements venus des pluies et dans la grotte même une petite flaque de boue humide à hauteur du fleuve, jamais personne n'avait vu ici de l'eau. Sur la voûte, transperçant ce vieux massif, s'ouvrait une sorte de fenêtre qui aboutissait à une baie ogivale par où filtrait la lumière du jour. C'est au-dessous de cette fente principalement que le gigantesque rocher, à forme plutôt quadrangulaire, laissait pendre toute une sévère tapisserie de mousse, de lichens et d'églantiers retombant l'hiver en cascades rabougries, revêtant en été je ne sais quel luxe d'âpre floraison...

Et, sempiternellement, au pied presque du granit, le Gave tumultueux fuyait, tordant avec fracas le bouquet de ses fleurs d'écume bouillonnante.

Ainsi s'érigeait là-bas, rival de celui d'Endor ou de Cumes, cet antre redoutable qui par un coup de baguette magique allait devenir le Thabor radieux de la plus pure et de la plus douce des Vierges.

Depuis, en effet, que la Mère du Christ a sanctifié ces lieux, quelle métamorphose! Avant tout, parmi les merveilles écloses sous son influence, il faut signaler, dans la niche même où Marie apparut dix-huit fois, la Fontaine à laquelle sa visite donna lieu et qui est le joyau de la Grotte comme la Grotte est le joyau de Lourdes.

Qu'à l'état latent elle existât déjà cachée sous les sables, sans que du reste nul humain s'en fût jamais aperçu ni douté même, ce n'est pas certes invraisemblable ; encore que beaucoup pensent plutôt qu'elle aura été créée sur place le 25 février 1858, lors de la neuvième apparition. Toujours est-il que le miracle — inconcussible — est au moins dans la découverte si prestigieuse de cette source ainsi que dans son soudain et progressif écoulement, lequel se chiffre depuis par 122.000 litres en 24 heures, sans qu'elle se fatigue, même sous l'embrasement de la canicule, de verser de quelque urne mystique une boisson aussi savoureuse que cristalline dont l'excédent va alimenter les bains des malades. Car il y a les Thermes de Notre-Dame comme il y a sa Clinique : des thermes où pour qu'y guérissent les corps doivent préalablement être sanctifiées les âmes ; une clinique où la science la plus austère, représentée par le plus austère des docteurs, passe le temps à contrôler le Surnaturel, n'enregistrant les cures merveilleuses que lorsqu'il n'y a pas moyen de faire autrement.

On sait que l'occultisme catholique (il en est un) a voulu voir entre l'Eau et la Madone, à Lourdes, des rapports particuliers. Nos liturgistes affirment bien qu'il n'existe presque pas de choses saintes sans avoir leur point de départ dans ce précieux élément. C'est l'eau que couvait l'Esprit à l'origine pour féconder le monde. L'eau du déluge vint plus tard ainsi qu'un terrible sacrement de purification universelle. Au temple, l'ablution précédait toujours les divins rites. A Siloë, c'est dans la célèbre Piscine aux cinq portiques que se plongeait, quand il y en avait moyen, toute infirmité humaine. Sur les rives du Jourdain, l'onde du Baptiste s'évertuait encore à refaire vigoureusement une race de dégénérés. C'est surtout depuis que du cœur blessé de l'Homme-Dieu sortit l'Eglise en une symbolique effusion de sang et d'eau que tout dans notre christianisme se régénère par l'eau comme se rachète par le sang : témoins, l'Eucharistie où fermente le sang adorable et le Baptême qui ne cesse d'épancher sur les consciences le flot rédempteur.

Aussi, partout la fontaine passe comme le symbole le plus aimable en même temps que le plus expressif de la grâce d'en haut coulant dans nos âmes pour rejaillir jusqu'à la vie éternelle. Mais, entre Marie et l'Eau les analogies sont remarquablement frappantes. Dans un volume des plus incitants, Grillot de Givry les a célébrées. A son sens, Lourdes par ses piscines serait une « ville initiatique » comme en eurent la Palestine et la vieille Asie, le Ciel communiquant à son onde, jaillie exprès pour cela, une puissance obédientielle suffisante à toutes les cures physiques ou spirituelles. Je préfère de beaucoup, du double point de vue rationnel et chrétien, cette ingénieuse théorie à l'abracadabrant système d'un Baraduc, dont il y aura lieu de reparler en détail une autre fois,[1] venant naguère nous expliquer les prodiges des bords du Gave par des *plaques radiographiques !...*

Ce qu'il y a c'est que la lumineuse Dame dit formellement à sa Voyante — par elle donc à toute l'Humanité : — « Allez boire à ma Fontaine et lavez-vous-y ! » Ce qu'il y a aussi, c'est qu'au seul contact de ce liquide où (la chimie l'a prouvé surabondamment) n'entrent pas plus d'agents curateurs que ceux qu'y a mis le miracle, les corps se ragaillardissent et les âmes se transfigurent.

Une pareille vertu peut-elle surprendre si l'on songe

[1] Dans une Etude sur *Le Surnaturel à Lourdes* que nous espérons, s'il plaît à Dieu, pouvoir publier bientôt.

que cette eau est non seulement un gracieux cadeau fait par le Ciel à la Terre mais encore l'emblème par excellence de la Mère de Jésus ? En combien de passages inspirés l'Esprit-Saint appelle Marie la *Fontaine de Dieu* ? D'ailleurs, avouons-le, quel plus aimable véhicule pouvait être assigné aux dons toujours prêts à nous venir du cœur et des mains de la Reine de toute miséricorde ? Cela fait comprendre aussi comment partout où Elle eut des autels dans les innombrables sanctuaires que lui dédia la religion des peuples, de ses pieds se mit toujours à se répandre une source de vie, *de sub cujus pede fons vivus emanat*.

Pensait-il déjà au petit filet de Massabielle, le prophète Joël quand il chantait si longtemps à l'avance : « De la Maison du Seigneur sortira une Fontaine et elle arrosera le torrent des épines » ? Quel lecteur ne fait ici les applications de lui-même ? Avec plus de précision encore, il faut entendre Ezéchiel s'écrier, ravi : « J'ai vu une eau sortir du Temple du côté droit et tous ceux jusqu'à qui arrivait cette eau étaient sauvés ». Mais nul mieux qu'Isaïe n'a entrevu, ce semble, le mystère de l'onde mariale explosant soudain dans la solitude de Béarn.

Qu'on relise tout son chapitre LIII : « Après avoir salué le passage du souffle divin à travers le désert réjoui, exalté la splendeur de ces lieux et la beauté du culte que désormais y obtiendra le Seigneur, le grand Inspiré fait défiler devant son siècle la théorie des malades de l'avenir, criant à chacun de ces Juifs pusillanimes l'espérance qui donne la force, une espérance d'ailleurs que l'événement montre bientôt ne pas être vaine puisque voici, sous le stylet de l'écrivain hébreu, telle qu'on la croirait prise aux registres d'un Boissarie, la nomenclature authentique des guérisons obtenues. « C'est alors, en effet, vaticine-t-il, que les aveugles recouvreront la vue, que les oreilles des sourds se rouvriront, que les muets reprendront l'usage de leur langue et que les paralytiques bondiront comme des cerfs ». Or, tous ces prodiges d'où jailliront-ils? De la Fontainede l'Almâh que déjà glorifie son Voyant. Ecoutons encore : « Dans le désert des eaux se sont mises à faire irruption, des torrents ont coulé dans la solitude et cette terre qui était aride a eu pour étang des piscines et tout homme altéré a pu se rafraîchir à des robinets intarissables ». Qu'on ne m'accuse pas de paraphraser! Je traduis presque littéralement.

Même dans sa claire-vue de l'avenir est-ce que le Devin d'Israël ne va pas jusqu'à prédire les saintes caravanes qui accourront vers ces sublimes sources? « Le chemin des eaux, dit-il, sera saint; et par là ne passeront point les pieds profanes — ceux des touristes, par exemple, ces frelons de nos pèlerinages. Lourdes, sa caverne mystérieuse, sa blanche Dame, la Fontaine sacrée : tel sera le but unique, exclusif pour quiconque aura le bonheur d'y voler sur les ailes de la foi et de l'amour. « Quant aux insensés » — les mondains sans doute élégamment désignés en bonne compagnie sous le nom de baigneurs — ils n'auront point à venir ici; et qu'y feraient-ils, grand Dieu? La puissance elle-même du démon, cette méchante Bête, expirera au seuil du domaine de l'Immaculée : *non erit ibi Leo et mala Bestia non ascendet per eam nec invenietur ibi.*

Aussi, à entendre toujours le prophète, ce pays prédestiné est-il la terre classique de la parfaite liberté des enfants de Dieu, sans qu'aucune tyrannie contraigne l'essor de leurs théories religieuses : *Et ambulabunt qui liberati fuerunt.* La voilà bien la pompe de nos féeriques processions !

Or, au spectacle de ce qui se verra là-bas, de ce qui s'y ressentira surtout, même les grands pécheurs, pourvu qu'ils restent sincères, se convertiront, se souvenant enfin à quel prix ils ont été rachetés et par le sang d'un Dieu et par les larmes d'une Mère. *Et redempti à Domino convertentur.* Et alors, parce que la vraie mission de Lourdes, sa gloire aussi la plus pure, est la louange divine, on les apercevra sur cette Esplanade, où se déroulent tant d'incomparables triomphes latreutiques, venir eux aussi en la nouvelle Sion le cantique sur les lèvres : *Et venient in Sion cum laude.* Pour conséquence, autant dire pour caractéristique, la joie, une joie spirituelle et même corporelle, une joie qui éclatera en tout l'être des pieux pèlerins et que rien ne pourra leur ravir : *Et lætitia sempiterna super caput eorum.* Lourdes donc ce sera bien ici-bas le Paradis retrouvé d'où la souffrance, fille du péché, devra s'enfuir sous les sourires enchanteurs de la Madone et où pour quelques jours du moins on n'entendra plus, comme si on était déjà au Ciel des cieux, les tristes gémissements de notre vallée de larmes : *fugiet dolor et gemitus ;* car, même s'ils s'en reviennent avec leurs misères, les pauvres malades en reporteront — par le meilleur de tous les miracles — la douce Résignation et la sainte Espérance.

Après une telle description des bienfaits de la Grotte, faite près de trois mille ans à l'avance par ce sublime Auteur, dont je ne m'excuse pas de n'avoir point su écourter l'élan lyrique, comment être surpris encore que les parois de la Roche sacrée soient couvertes d'ex-voto ? Il n'y a là, non, aucun vain étalage. L'instinct de notre cœur ne nous porte-t-il pas à traduire par des marques sensibles la joie intérieure et surtout la gratitude à la suite de quelque délivrance insigne ? C'est ainsi que les antiques Patriarches déjà — ces modèles de l'Humanité religieuse, instruits qu'ils étaient sur les genoux même de Dieu — ne manquèrent jamais, en retour d'une faveur reçue du Ciel, de bâtir des autels ou au moins de dresser des pierres. « C'étaient là, observe la Bible, les vœux qu'ils rendaient au Très-Haut. »

L'antiquité païenne elle-même, tant chez les Grecs que chez les Latins, n'échappa point à cette loi de nature et aux colonnes de tous les Temples du Polythéisme on vit de ces exhibitions émouvantes, filles de la piété.

En élevant la reconnaissance aux hauteurs de la Religion dont elle constitue un des caractères essentiels, le Christianisme ne se fit pas faute à son tour d'autoriser, d'encourager même une semblable pratique afin que fût éternisée de la sorte sur les murailles des églises l'action de grâce de ses fidèles.

***

Jusqu'ici, j'ai essayé de crayonner le côté plastique, si je puis ainsi dire, de la célèbre grotte pyrénéenne. Mais la vertu même qui s'échappe, invisible, de cette excavation comment l'exprimer? Dirons-nous qu'à travers la déchirure du granit c'est l'au-delà qui se voit et se livre ?

Oui ! Massabielle est bien la porte du Ciel, le seuil de l'Infini, autrement auguste certes que la Sède de Tarbes ou la Cathédrale de Paris ou le Pilar même de Saragosse.

Aussi, voyez comme en ce tabernacle de Marie avec les hommes tout s'oublie de la terre: et les riantes Pyrénées et ce ciel toujours bleu et ce Gave solennel et ce paysage de rêve ; tellement le mystérieux trou de la pierre y fascine tous les regards en captivant tous les cœurs. N'est-ce pas, par exemple, que lorsque la blanche statue s'aperçoit là-haut, comme vivante, dans son marbre immaculé, pour sourire aux foules, on croirait que ses yeux qui pourtant n'ont point de regard s'illuminent en faveur de chaque pèlerin? Seraient-ce, ô mon Dieu, les effluves de la vie éternelle autrefois descendue sur cet autel qui rayonnerait encore à travers l'inerte matière et dans le fond sombre de l'anfractuosité voltigerait-il toujours quelque chose de l'idéale Femme ?

Non, la poésie humaine n'a rien à faire ici. Ce qui est vrai, strictement et magnifiquement vrai, c'est que depuis que par cette échancrure datant de la création surgit, voilà un demi-siècle, dans la gaine de l'heureux roc, la Toute-Pure qui est aussi la Toute-Bonne, cette Terre est sainte, sanctifiant, vous dis-je, ceux qui la foulent, au point qu'il ne peut pas y avoir ici d'athées.

Un Zola lui-même s'y sentit un jour « étreint à la gorge » et Huysmans a trouvé une de ses jolies phrases, quand il a écrit que « pour oser rester là sans vergogne, il faudrait avoir l'âme blanche de Bernadette », tant on se sent indigne, « un peu honteux même de se promener par ici ».

Aussi bien, supposé qu'il fût possible de ne pas respirer le Surnaturel aux pieds de Marie, le sceptique devrait l'y palper encore. N'est-ce pas vraiment un visible miracle d'en haut qui a fait germer tout autour de vous comme une création nouvelle? Lorsqu'on a visité ces parages il y a cinquante ans et qu'on les revoit aujourd'hui, le moyen de ne pas confesser qu'un souffle résurrecteur est passé par là ?

Qu'était donc, nonobstant ses beaux gestes de jadis, au commencement de 1858, la petite cité morte de quatre ou cinq mille habitants perdue en ce finistère de la France sans que beaucoup se doutassent de son existence même ? Il est vrai qu'à la belle saison Lourdes devenait chaque année le carrefour de l'Europe courant aux stations à la mode. Mais comme il n'y avait rien à y voir, on ne faisait que passer ici, le coche vous y déposant toujours à l'entrée de la nuit pour en repartir dès l'aurore. Même l'incontestable joliesse du paysage ne pouvait retenir une heure de plus le civilisé moderne haletant d'émotions autrement émoustillantes.

Mais, attendez un peu : le moment n'est pas loin

où ce « passage » deviendra un centre, un foyer, un rendez-vous international, vers lequel, oublieux de toutes les balnéaires attractions, se feront transporter les malades des deux hémisphères. Et les élégantes performances s'y verront aussi — par une de ces palinodies dont le ciel seul a le secret — accomplir, à la remorque des pèlerinages nationaux décidément rentrés dans les mœurs, un raid de pénitence et de prière au prix duquel les anciens sports sembleront bien mesquins.

Voilà la transmutation des étrangers. Admirons celle des indigènes: Que sont devenus, s'il vous plaît, les vieux chaumes de misère sur ces jeunes boulevards où défile à présent la terre entière? Ah! elle s'est donc évanouie comme par enchantement la bourgade biblique, si atone et si endormie, avec ses toitures de paille et ses murs mousseux ? Mansardes, boutiques et cultures mêmes : tout a dû disparaître pour faire place à une cité fantastique insoupçonnée encore la veille. Il n'y a pas eu jusqu'au torrent impétueux et envahisseur qui n'ait été contraint d'aller faire ailleurs son lit et ces collines entières réputées inattaquables ont bondi comme les agneaux dont parle un prophète, ouvrant d'abord leur flanc marmoréen d'où devait sortir la matière d'un monde nouveau, puis à mesure finissant par s'adoucir, par s'aplanir en rues superbes, en larges artères où circule depuis le Progrès avec tout son éblouissement contemporain.

Maintenant, de la gare, qui bon an mal an voit débarquer près d'un million de pèlerins, jusqu'à l'esplanade — sorte de place cosmopolite capable de contenir cent mille êtres humains, — comptez si vous le pouvez (vous dirai-je comme Dieu à Abraham) tous les hôtels, tous les palais et cette succession ininterrompue de somptueux bazars, de riches magasins, avec partout, le long de cette fantasmagorique opulence, un cachet de distinction religieuse qui, unique au monde, vous fait oublier Paris et vous repose de Londres.

Telle est bien, oui, la cité phénoménale s'étendant soudain de nos jours en ces bas-fonds abandonnés où naguère confluaient le peu odorant ruisseau du Lapaca ainsi que celui si perfide de la Merlasse pour y mieux bouillonner en chœur avec les cours descendus d'Azun et de Gazost et d'Isabie et de Gavarnie.

Au fait, il y a comme cela présentement trois Lourdes : l'ancienne encore assez fidèle (et tant mieux !) à ses traditions comme à ses bérets comme à ses capulines, mais resserrant de plus en plus du côté du Fort le cercle de sa physionomie originale ; ensuite, la nouvelle, rivale des grandes capitales dans son rayon forcément exigu ; et enfin, l'Autre, celle qui, puisqu'elle vient de Dieu, n'est ni ancienne ni nouvelle et vers où tout converge.

Repliée derrière le rideau de ses arbres comme pour mieux jouir d'ineffables extases, ceignant son douaire d'une verdoyante parure et de Gardiens invisibles, auxquels donne le mot d'ordre Saint-Michel, on peut dire qu'elle se résume toute en ses trois temples qui, comme trois lys, ont germé du bulbe terreux de la Grotte.

Quel Miracle lapidaire que ce glorieux édifice étayant ses assises graduelles l'une sur l'autre de même que les essors progressifs de la foi, de l'espérance et de l'amour !

C'est d'abord le Rosaire, au narthex byzantin, à l'arche unique, à l'ample coupole, au campanile captant la pleine lumière à travers vingt rosaces éblouissantes

Puis, aux premières terrasses apparaît la Crypte entièrement taillée dans le roc, construction vraiment cyclopéenne s'ouvrant par un seul œil, le long d'un étroit corridor, sur la splendeur du Saint des Saints où l'éclat des lampes se joue autour de l'autel d'or avec le silence des âmes. Tombeau auguste qui répond au centre même de la Caverne sacrée et vers lequel depuis un demi-siècle affluent discrètement bien des douleurs mais d'où s'en retournent aussi tant d'espérances !

Voici enfin étinceler la Basilique, cette Basilique, apogée de l'architecture parthénique, lançant comme une prière sa sveltesse blanche aussi haut que puisse l'y porter le génie à la poursuite de l'idéal, véritable exaltation de l'Immaculée, son Magnificat de granit, spontané et hardi et lyrique autant que l'enthousiasme qui l'inspira, incomparable Poème dont chaque dentelle semble un sourire du ciel comme chacune de ses pierres est une générosité de la terre !

Après l'appareil extérieur, la magnificence du dedans. Mais le moyen de peindre avec une malhabile plume et ce ruissellement de bannières — écharpe d'or, de broderies et de soie — et ce scintillement de feux et cette profusion de tableaux et ce peuple de statues et cette efflorescence de bas-reliefs ? Quelle richesse partout, en bas, au centre, au sommet! Dans la rotonde inférieure parcourez donc en artiste non moins qu'en croyant les quinze mystères du Rosaire qui sont à la fois une splendide page d'esthétique et de théologie. Arrêtez-vous, à l'église moyenne, devant chacune des œuvres de sculpture, de gravure, d'orfèvrerie aussi admirables que trop modestement dissimulées. Mais surtout, à la cathédrale aérienne, tombez en extase, ainsi que Bernadette, en face de cette Vierge couronnée de la couronne de douze étoiles au sein d'un décor véritablement céleste. *Signum magnum apparuit in cœlo !*

Et quel culte, comme nulle autre part ailleurs après Saint-Pierre de Rome, il se déploie ici ! Oui, à la lettre, par sa beauté aussi bien que par sa piété, la Liturgie de Lourdes est l'avant-goût des cieux.

Témoins, ces Matines du 10 février 1908 et cette Grand'messe pontificale du lendemain où l'on se serait cru au milieu des hosannâhs de la Jérusalem d'en haut. Lumières sans nombre, fleurs de tous les méridiens, tapis éblouissants, vitraux délicieux, suaves carillons, orgues merveilleuses, savante musique : non, rien ne manque ici de ce qui donna un jour à un de nos plus anciens Monarques l'illusion du Paradis.

Et ce qui est encore sans doute plus beau pour le regard attentif que toute cette hiératique pompe c'est la Prière, la Prière mêlée à la Douleur et transfigurée par la Résignation et s'envolant sur les ailes de la douce Confiance. La voilà la symphonie mille fois plus parfaite que celle des fanfares humaines ou des célestes sphères évoluant en un rythme impeccable au firmament étoilé de Lourdes.

Car (nul n'en disconviendra, je pense) c'est surtout en ces lieux qu'il se prie beaucoup et bien, soit au sein du remous des multitudes dont le bruit est une louange à Dieu comme celui des fleuves ; soit mieux encore peut-être aux heures silencieuses lorsque par dessus le saint Rocher désert passent les aigles et que du faîte de leurs vertigineuses tours chantent les cloches leur introuvable cantilène. *Ave, Maria*. .

Quelle vertu en ces instants sort du creux de la muraille pour surnaturaliser l'homme, pour transfigurer les peuples! et combien heureuse est l'expression de l'Evêque de Perpignan, appelant dans une de ses récentes Pastorales cette grotte « un second baptistère de Rheims » !

..... Eh! bien, avais-je tort de soutenir qu'il y a ici-bas des sites hors de pair éternellement préordonnés aux desseins d'en haut ?

C'est ainsi que la Providence imprime à chacune des œuvres qu'elle fait siennes d'une façon spéciale un symbolisme à part qui n'est que le reflet de l'Infinie sagesse. N'est-ce pas par la porte du Symbolisme que la créature raisonnable pénètre dès ce monde dans l'Invisible ?

Mais Lourdes réalise tout particulièrement cette loi du Plan divin. Comme elle devait être le théâtre des triomphes de la Reine des cieux, le Thabor de l'Immaculée Conception, ne fallait-il pas que du côté de la nature, ainsi que de l'art, ainsi que de l'histoire humaine, ainsi que de la grâce divine, tout répondît par un sourire de paix, de splendeur, d'harmonie et d'amour à cette Figure incomparable ?

Assez sur ce thème que l'on n'épuiserait jamais.

Nous avons maintenant, après avoir contemplé le lieu de la scène, à étudier les événements sans pareils qui allaient s'y accomplir.

CHAPITRE DEUXIÈME

Les Apparitions

Première Apparition. — Donc, c'était le 11 février 1858 (un jeudi-gras pour le monde, la fête de la sainte bergère Geneviève pour l'église de Tarbes), aux approches de l'*Angelus* de midi. Vêtue d'une robe noire toute usée et raccommodée, avec le capulet blanc sur les épaules, avec aux pieds de grossiers sabots de sapin, voilà que la jeune Soubirous — dont le petit nom de « Bernadette » devait rayonner bientôt d'un pôle à l'autre à l'envi des plus glorieux, — dévalait sous la piquante froidure d'une grise matinée de brouillard, en compagnie de sa cadette et de Jeanne Abadie, une voisine âgée d'un peu plus de 13 ans comme elle, la rampe de la ville haute pour aller aux rives du Gave cueillir « de secs rameaux ».

Inconsciente du destin qui l'attendait là-bas et presque d'elle-même, elle s'en venait dans la grâce rustique de son innocence, plus agréable encore à l'âme qu'aux yeux par ce discret rayonnement d'une nature liliale, chez qui la candeur se rehausse ineffablement de la simplicité. Petite pour l'âge, avec des traits délicats révélant une santé plutôt frêle, le teint un peu hâlé par l'air vif des landes de Bartrès, où s'était écoulée en partie son enfance, derrière les brebis de son père nourricier, elle avait une mise tout à fait assortie à la très pauvre situation de la famille, son mouchoir, noué à la bigourdane, laissant voir à peine des cheveux noirs et fins sans réussir à dérober ce beau front d'une pureté de lignes incomparable où semblait se mirer le ciel. Sourcils bien arqués ; yeux bruns, mais paisibles et lumineux ; bouche particulièrement expressive surtout pour traduire la bonté ou la compatissance ; physionomie générale enfin marquée de douceur et aussi d'une certaine flamme d'intelligence qui chez elle n'était peut-être que le reflet d'un grand bon sens rassis autant que ferme : telle s'avançait, avec la charmante insouciance de son printemps en haillons et l'humilité timide de son précaire sort, la fille du meunier sans farine, qui, ne sachant ni A ni B, comme une autre pastoure nationale, ne paraissait bonne qu'à tenir la houlette à moins que ce ne fut à manier les fuseaux.

On sait le reste : et l'ouragan sonore qui soudain, par deux fois, l'accueillit au bord du canal de Sâvy, sans qu'autour d'elle, sur les peupliers de la rive, tremblât une feuille ; et l'intense lumière dont se trouva en même temps enveloppée tout en face la solitaire roche de Massabielle ; et enfin dans l'anfractuosité du granit pyrénéen la vision fantastique d'une Femme hors pair, tant par l'extraordinaire splendeur qu'elle projetait que par la suavité indéfinissable qui se dégageait de toute sa personne : Être réel, du reste, et nullement vaporeux, puisque l'enfant, à la fois ahurie et ravie, l'apercevait fort bien se mouvoir, regarder, sourire, remuer parfois aussi les lèvres en quelque mystérieux colloque avec l'au-delà.

Devant un pareil phénomène, que pouvait faire la naïve paysanne sinon, d'instinct, tomber à genoux ?

Cependant la « Dame » (c'est ainsi que l'appellera désormais notre voyante), à mesure qu'Elle s'avançait vers le bord de l'excavation, semblait devenir et plus belle encor et plus suave. Chose étrange ! sa clarté, un nuage d'or — si resplendissante pourtant — ni n'éblouissait ni ne fatiguait. Ainsi rayonne l'Etoile du matin toute en fraîcheur et en caresses !

De taille moyenne, on lui aurait donné de 16 à 17 ans, tellement en Elle une grâce printanière s'alliait à je ne sais quoi d'éternel, comme si c'était son privilège propre de synthétiser idéalement avec toute la Bonté réalisable toute la transcendante Beauté.

Aussi, à quel type terrestre ou même céleste nos inhabiles pinceaux pourraient comparer cette Forme divine ? On ne décrit pas l'Indescriptible. Disons du moins — pour réjouir notre religion tout en satisfaisant le plus possible notre curiosité — qu'au témoignage de l'Extatique la courbe ovale du visage était chez l'Inconnue d'une harmonie parfaite ; que les yeux bleus exerçaient une irrésistible attirance ; que sur les lèvres vermeilles respirait la mansuétude ; que le front majestueux paraissait comme le siège de la Sagesse ou le trône de la Vertu. Robe blanche, à l'instar des neiges immaculées encore étincelantes à l'horizon ; voile blanc aussi aux plis moins savants que chastes et tombant jusqu'aux pieds nus fleuris de deux roses autrement belles que celles, quand elles s'épanouissent sous les tièdes haleines, de l'églantier sauvage qui maintenant avait le grand honneur de servir d'escabeau à la Vision. Pour ceinture, un ruban du ciel noué à la taille. Ni diadème, ni collier, ni joyaux d'aucune sorte. A leur place un chapelet aux grains pareils à des gouttes de lait pendait, par une chaîne d'or rutilant, des doigts d'albâtre qu'on aurait dit égrener le rosaire. Et avec une bienveillance inexprimable l'Être lumineux regardait l'humble bergerette, qui déjà nageait dans une stupeur délicieuse. Bientôt, afin de la mieux enhardir encore, Il esquissa en un geste doux et grave tout ensemble le signe de la croix : ce qu'observant, la voyante voulut l'imiter. Désormais donc, sans le moindre effroi, la voilà en communication intime avec l'Étrangère.

Quel spectacle tout de même que celui qui s'offrait ainsi à son regard fasciné ! Ce que l'Apôtre a écrit de ses ravissements surnaturels, que « l'œil de l'homme n'a jamais rien vu, ni son oreille rien ouï, ni son cœur rien goûté d'analogue », Bernadette aurait bien pu nous le redire au sortir de cette trop courte extase d'un quart d'heure environ. Désormais, nul objet extérieur — pour si attrayant qu'il soit — ne pourra arrêter son attention conquise ; et lorsque quelque remarquable figure de femme lui sera montrée à titre de parallèle, elle ne trouvera qu'une significative moue de dédain. C'est de la sorte encore que, le jour où Fabisch, le célèbre sculpteur lyonnais, dévoila devant l'ignorante Lourdaise son chef-d'œuvre, espérant bien, — après tant d'efforts — avoir atteint la copie qui reproduirait enfin le mieux la sublime Réalité, la paysanne visiblement déçue n'eut que cette réponse : « C'est bien beau, Monsieur, mais comme ce n'est pas cela ! »

Eh ! n'avait-elle pas considéré face à face la Beauté essentielle, pour autant du moins qu'elle peut, rejaillir sur le front de la Mortelle sans rivale, qu'un Père appelle « la statue merveilleuse sortie toute vivante des mains de l'Artiste éternel avec une perfection souveraine ? »

C'était bien, en effet, l'archétype créé ou créable de toute esthétique qui venait de poser là devant l'Enfant et les psychologues ont eu raison de déduire du fait d'une telle vision, si fort au-dessus des concepts du génie lui-même, sa surnaturalité. Non, on n'invente point cela, surtout quand on n'est qu'une pauvre fille de la montagne. L'hallucination, elle — puisque certains esprits mal tournés n'ont pas reculé devant ce gros mot — se borne à reproduire, avec des combinaisons fantaisistes et d'ordinaire grotesques, un objet déjà vu mais elle ne créa jamais ; encore moins ne saurait-elle concevoir ce que ne soupçonnèrent ni un Vinci ni un Raphaël ni un maître de Fiesole lui-même. — Autre détail qui indique assez combien authentique était l'extase : de toutes les estampes mariales dès l'abord présentées à la petite Soubirous comme termes de comparaison, aucune ne lui plut de celles que porte aux nues notre goût classique (sans en excepter les fresques de l'Angelico), sauf pourtant une seule qui était justement la copie de la toile fameuse attribuée par la tradition à saint Luc, peintre inspiré de l'Almâh !

On pense donc si, dès cette après-midi de février, le cœur de la Bergère ou mieux tout son être subjugué demeura à cette Grotte devenue pour elle la porte du Paradis ! L'attraction qu'éprouvent depuis tous les pèlerins vers le rocher étrange qu'est-elle en vérité au prix de l'aimant mystérieux qui désormais y rivera la montagnarde ? C'est que la hantise du Divin l'avait envahie pour toujours. Plus d'appétit et point de sommeil. Et les alarmes familiales pas plus que les menaces policières ne réussiront à lui barrer l'accès de l'enchanteresse caverne. Ce que c'est en vérité d'avoir une fois entrevu le Surnaturel ici-bas et que sera-ce quand commencera à nous apparaître là-haut la pleine gloire de l'Immaculée ! *Nec oculus vidit...* Il fallait apercevoir maintenant la fillette immobile et prosternée comme l'image de la Contemplative devant ce nouveau Sinaï ou cet autre Thabor. Aussi, sitôt qu'elle avait le moyen d'y revenir, avec le sourire des anges sur les lèvres, avec le nimbe des Bienheureux autour de son visage ineffablement métamorphosé, elle était si belle en ces minutes que les plus sceptiques ne pouvaient ne pas reconnaître là le Surhumain si sensiblement réfléchi sur ces traits villageois ; et, quoique la radieuse Dame ne fût visible que pour sa seule élue, à la lumière de Bernadette tous devinaient la lumière de Marie, tellement cette admirable transfiguration devenait de suite le meilleur des critères !

*
* *

Deuxième Apparition. — Le 14, dimanche de la Quinquagésime, au sortir de la grand'messe paroissiale, une Voix intérieure pousse irrésistiblement l'adolescente (comme jadis Jeanne d'Arc) à partir du côté des Espélugues. Elle y arriva un peu avant une heure, entourée de cinq ou six jeunes compagnes qui au préalable avaient pris la candide précaution de se munir d'eau bénite en vue, sans doute, de quelque exorcisme nécessité par les événements. Tout ce virginal essaim dut d'ailleurs promettre à la mère Soubirous, rigide sur le terrain des observances religieuses, de rentrer pour les Vêpres.

Une fois en présence du roc morne et désert, toutes, imitant leur modèle, de se mettre à genoux et de réciter le chapelet chacune pour son compte, lorsque vers la troisième dizaine, notre Privilégiée, sous l'emprise soudaine de la céleste Forme, s'écrie avec un tressaillement de bonheur : « La voilà ! la voilà !! » Aussitôt, comme mue par un puissant ressort, l'Enfant se relève, monte hardiment jusqu'à la crypte toute ruisselante de clartés ; et, de même que le jeudi précédent, son âme, son corps, tous ses sens se liquéfient dans les joies de la sublime extase. Une grosse pierre lancée tout à coup des hauteurs de la Grotte (nous tenons cela de la jeune espiègle elle-même), par Jeanne Abadie n'en put troubler le cours.

Tel alors était, paraît-il, le changement à vue survenu en la personne de la pastoure que ses amies, qui encore ne l'avaient jamais constaté pleinement, en devinrent très inquiètes. Pour la faire revenir à elle, pour se prémunir aussi personnellement contre tout maléfice possible, elles supplièrent Bernadette d'asperger la Vision suivant le rite et la formule des gens de la campagne. Ce fut Marie Hillot qui lui passa le liturgique liquide ; et lorsque, plutôt par complaisance que par crainte, l'Enfant, à peine retournée de sa céleste hypnose, jeta timidement quelques gouttes de l'eau lustrale sur la Dame qui décidément était trop belle pour pouvoir être méchante, celle-ci approuva le geste, sourit plus suavement même et ne bougea point. N'était-ce pas bon signe ? Bientôt le ravissement reprit plénier ; et au voisinage de cette pauvre ignorante ainsi perdue en Dieu, chacun (même le fils du meunier appelé pour rompre le charme) éprouva ce respect fait de religion toujours si naturel au cœur de l'homme sous le frôlement du Mystère.....

Hélas ! une heure après, quand le prosaïsme de la vie ordinaire s'offrit de nouveau à elle, quel désenchantement pour la Sainte redevenue comme tout le monde, quoique au fond de son être spirituel elle gardât indélébile la béatifiante aperception ! L'entrée subite, voire brutale de sa mère au moulin des Nicolau où l'on avait réussi à l'entraîner ne put la lui faire perdre. Le Ciel d'ailleurs, devant cette transitoire persécution domestique qui n'était que le prélude d'une autre beaucoup plus grave hélas !, ne manqua pas, comme c'est sa règle, de susciter à son élue un appui et une défense en la personne de la vieille meunière criant à Louise Castérot, déjà prête à brandir une houssine : « Ne frappez pas, malheureuse, votre fille est un ange ! ».

Dès le soir, tout le bourg était au courant de l'étonnante affaire et les commentaires allaient leur train, les uns croyant déjà à une intervention providentielle, tandis que les autres, le plus grand nombre, ne voulaient voir là qu'un rêve morbide de pauvre petite hallucinée sinon même quelque comédie de mauvais goût.

*
* *

Troisième Apparition. — Nous voici au 18, jeudi après les Cendres et octave de la première manifestation. Au petit jour, après une messe entendue à la paroisse, l'Enfant, escortée cette fois de deux vaillantes chrétiennes, Madame Millet et Mademoiselle Peyret, descendit allègrement vers la Grotte. L'une de ses suivantes portait à la main un cierge bénit de la dernière chandeleur ; l'autre cachait sous son fichu de laine une feuille de papier, une plume et de l'encre, avec le dessein chez celle-là d'allumer le flambeau devant l'Etre énigmatique et chez celle-ci de lui tendre de quoi écrire son nom ainsi que le but de ses troublantes démarches.

Incoërcible de plus en plus dans son essor, l'Extatique les eut vite distancées, bondissant comme un daim — elle si modeste et toujours haletante par l'oppression de l'asthme — à travers les escarpements plutôt périlleux de l'abrupte colline par où la contraignait de passer ce jour-là une épandage momentanée du canal de la Merlasse. Aussi, quand arrivèrent les pieuses femmes, était-elle déjà depuis dix minutes en prière, et, pour récompenser sans doute tant de zèle, la blanche Dame ne se fit pas attendre.

Précédée, selon que c'était l'étiquette, de la splendide phosphorescence qui emplissait vite l'antre auguste et qui n'allait s'affaiblissant par degrés qu'après le définitif retrait de la Visiteuse, Celle-ci se montra avec sa grâce souriante au-dessus de l'enfant agenouillée, lui faisant signe d'approcher encore davantage et même poussant déjà la familiarité jusqu'à l'appeler par son petit nom, un nom qui devait bien plaire à la Reine du Ciel ! C'est à ce moment précis qu'entraient dans la grotte nos deux retardataires. Naturellement, pas plus que les volages témoins des scènes antérieures, ni elles ne virent ni elles n'ouïrent quoi que ce soit. Quant à Bernadette, la transformation la gagnait à mesure ; et alors, de nouveau, elle semblait moins une fille des hommes qu'un ange de la gloire. Ses voisines, émues jusqu'aux larmes, l'ayant chargée de demander à l'insaisissable Forme si elles pouvaient rester, sa réponse fut qu'elle voulait là, au contraire, du monde, beaucoup de monde, mettant déjà dans cette aimable invitation les pèlerinages de l'avenir. A leur tour donc, les dignes Lourdaises se prosternèrent sur ce sol broussailleux de même que sur une terre sainte et se mirent à allumer le cierge bénit. C'était, évidemment, la première fois depuis la création que de religieuses clartés luisaient en une pareille solitude On sait que, comme l'eau qui allait bientôt y chanter, la lumière est pour les croyants pleine de symbolisme et fait partie intégrante du culte. Jamais plus elle ne devait s'éteindre ici. A sa flamme viendraient désormais s'embraser tant de flambeaux matériels et mieux encore spirituels qui depuis un demi-siècle ont mué cette sombre caverne en le plus incandescent des Sanctuaires.

Cependant, enhardie par la bienveillance croissante de la Femme, la petite, se haussant sur ses talons, osa lui présenter le fameux papier, la priant de vouloir bien y écrire sa requête. Une telle proposition la fit sourire, mais de ce sourire indulgent qui ne laisse point de confusion ; puis, afin d'indiquer que cet expédient plutôt ingénu n'entrait pas dans son programme, Elle se recula jusqu'à disparaître un instant pour, du reste, se montrer bientôt de nouveau et parler enfin distinctement. Oh ! cette voix de la céleste Tourterelle commençant à roucouler dans le creux de la muraille marmoréenne, combien douce elle sonna aux oreilles de la chaste bergère ! Quelles inflexions mélodieuses elle lui trouvait auprès desquelles toute musique, même celle des Esprits purs, n'est que cacophonie ! Bernadette fut particulièrement touchée qu'une telle Majesté lui dît « vous » ; et aussi, que, pour être mieux comprise — pour se faire surtout aimer davantage — Elle condescendît à s'exprimer en patois, « en patois de Lourdes encore ! », remarquait-elle plus tard. Nous connaissons la teneur de ce premier Discours apporté d'un autre monde. « Ma fille, demanda d'abord la Vision, voulez-vous me faire la grâce de venir ici quinze jours ? ». Quelle dignité, mais en même temps quelle politesse vraiment divines ! Il est écrit que le Seigneur traite toujours avec révérence la liberté humaine. Quand l'Enfant eut promis, en échange la douce Inconnue ajouta avec un sourire maternel plein d'espérances : « Et moi je vous promets de vous rendre heureuse, non point ici-bas, mais là-haut ». Sur cette phrase, qui valait (ç'a été souvent dit), un décret de canonisation anticipée, le phénomène fascinateur s'évanouit dans le féérique éblouissement de Massabielle.

Comme c'était, ce jeudi-là, jour de marché en la petite ville de Bigorre, il y eut, on n'en doute pas, une vive rumeur des Espélugues au Marcadal et bientôt, par extension, dans tous les pays qu'arrosent les gaves aux flots d'azur.

*
* *

Quatrième Apparition. — Le lendemain, 19, première journée de la mystérieuse Quinzaine, Louise Casterots, remuée jusqu'aux entrailles par toutes les étranges nouvelles qu'apportait la renommée jusqu'à son taudis, tint à accompagner elle-même sa fille à la Grotte. Au point du jour donc, toutes les deux, flanquées de la tante Bernarde, marraine de la petite, longèrent discrètement leur rue des Petits-Fossés, bien enveloppées dans leurs capuchons car la bise était glaciale Avant peu toute une caravane les eut rejointes aux abords de la rivière. N'était-ce pas là les prémices des *Foules de Lourdes* qui ne cesseront plus d'y affluer toujours plus nombreuses, avec la triple tendance inhérente à toute agglomération de ce genre, les uns flairant un piège démoniaque dans une aussi impressionnante Affaire, les autres n'y voulant voir (je l'ai dit) qu'une intrigue intéressée ou peut-être encore une hallucination morbide, cependant que le plus grand nombre aimait déjà à saluer ici le Divin authentique. Que se passa-t-il sous les yeux de la famille enfin accourue ? Après les rites habituels (inclinations, prosternements, prières), la fillette, comme ci-devant, entra en son extase, une extase plus accentuée peut-être que les fois précédentes. Lorsque la trop heureuse ménagère vit sa Bernadette ainsi surnaturalisée et comme prête à s'envoler en quelque élancement irrésistible, avec toujours de ces sourires introuvables qui illuminaient son visage, habituellement banal, avec des courants de prodigieuse allégresse qui faisaient vibrer son corps fragile, elle pleura, elle eut peur, elle se plaignit qu'on lui avait changé son enfant, tandis qu'autour d'elle les témoins stupéfaits se disaient en se montrant la jeune Thaumaturge : « Qu'elle est belle ! » Le délice dura demi-heure à peu près au milieu du silence recueilli de la foule. Quand Bernadette en sortit, calme mais dilatée visiblement, sa première tendresse fut pour sa mère, prouvant ainsi que la Religion, même montée jusqu'à ces cimes, loin de nuire aux légitimes sentiments de la nature, ne fait, en les purifiant, que les aviver encore.

Et tandis qu'elle regagnait la côte au milieu du cortège ami dont l'émerveillement commençait à se traduire par la vénération, la Voyante, redevenue la pauvre fille d'un moulin en panne, laissa entendre que, satisfaite de sa ponctualité, la belle Dame se réservait de lui confier, à brève échéance, d'importantes révélations. Elle finit par raconter aussi qu'à l'instant où ce matin-là leur dialogue était le plus intéressant, un tumulte de rumeurs sinistres, contrastant d'abominable façon avec le doux parler de l'Etrangère, avait retenti tout auprès, comme s'il fût sorti de l'intérieur du sol, au-dessus des eaux du canal ; et ces bruits se heurtaient, se croisaient, s'interpellaient ainsi que les clameurs désordonnées d'une foule en querelle. Même, à un moment, une de ces voix cria, stridente et haineuse, sans doute pour qu'en fût intimidée la timide campagnarde : « Sauvez-vous ! Sauvez-vous ! » Mais il suffit que la Femme de lumière levât la tête, fronçât les sourcils et avec une impérieuse autorité regardât vers le fleuve pour que de suite toute cette fantasmagorie, à coup sûr infernale, cessât par enchantement. Le diable aurait-il entrevu à cette heure ce qu'allait être contre lui le coin de terre fatidique où jusque-là il avait tenu ses mystères ; et n'essayait-il point dès lors de mettre en échec le Plan providentiel, ainsi qu'il le tentera dans la suite de tant de manières tantôt violentes et tantôt subtiles ? Seulement, que peut l'insolence des mauvais Anges jointe même à leur fureur, en face de Celle qui, aussi terrible qu'une armée rangée en bataille, a pour éternelle mission de dompter l'Enfer tout entier sous son talon victorieux ?

***

Cinquième Apparition — Le lendemain, samedi, lorsque se montra la jeune Sainte sur le théâtre des événements, accompagnée encore de sa mère, les abords de Massabielle se trouvaient déjà noirs de monde, sans d'ailleurs que cette multitude, dont tous les yeux étaient tournés vers elle, parût la gêner ni la surprendre. Comme si de rien n'était, Bernadette s'en va très simplement s'agenouiller à sa place ordinaire, une pierre, vers le centre de l'excavation ; et, prenant son rosaire, se met à prier. Les « Ave » allaient se déroulant en même temps que s'écoulaient les grains depuis quelques minutes à peine, quand voici surgir la ponctuelle Messagère. Et aussitôt la pastoure de lui rendre sourires pour sourires, saluts pour saluts, ne sachant que faire pour mieux exprimer ses respectueux autant qu'affectueux hommages ; et cela avec une telle grâce que la mère Louise, plus déroutée encore que contente, disait à qui voulait l'entendre : « Vraiment, je ne reconnais plus ma petite ». C'est qu'en effet, l'extase ce jour-là battit vite son plein. On s'approchait, on se haussait le plus révérencieusement du reste, retenant la parole, suspendant le souffle, afin de bien suivre le prodige. Ne pouvant hélas! rien découvrir du côté de la grotte elle-même, éclairée et habitée pour la seule Voyante, heureux s'estimait-on toujours d'en pouvoir saisir la prestigieuse répercussion sur le visage angélisé de l'Enfant. Après cette trop courte scène, d'une quarantaine de minutes à peine, Bernadette avoua que sa Dame avait daigné, se faisant Maîtresse de catéchisme, lui apprendre, *mot par mot*, une prière intime, à son usage exclusif. Que nous aimerions à savoir et à redire cette oraison tombée du cœur de la mère de Dieu ! O Marie, enseignez-nous à prier de telle sorte !...

*
* *

Sixième Apparition. — Dès l'aube de ce premier dimanche de carême, tel était, sur tout le versant du Gave, le nombre des curieux accourus nuitamment, pour se trouver au rendez-vous escompté, qu'à 6 heures la petite Soubirous eut de la peine à se frayer un passage au milieu d'acclamations de plus en plus enthousiastes.

Or, dans l'assistance s'était enfin glissé en ce jour un médecin renommé pour son scepticisme autant que pour son savoir. Convaincu à part lui-même que la soi-disant Visionnaire n'était qu'une malheureuse névropathe, il s'était décidé à venir en personne, avec le secret espoir de démolir d'un mot, au nom de la Science, tout ce puéril échafaudage de pathologique mysticité. Mais, à la simple vue de l'Extasiée perdue en son rêve extraordinaire, il eut bientôt diagnostiqué un cas hors de concours que sans doute il ne serait pas très facile de solutionner médicalement. Aussi, retourna-t-il à la grotte plusieurs fois de suite, toujours plus attentif... et plus désarçonné. Nul n'ignore que, la grâce de Dieu ne faisant jamais défaut à l'homme de bonne volonté, le Docteur Dozous (car c'était lui), finit par y voir clair. Reconnaissant avec une loyauté et une indépendance trop rares la sur-naturalité des faits de Massabielle, il se convertit publiquement. Ce fut ainsi le premier savant conquis par Bernadette. Il ne devait pas être le dernier certes. Quand donc notre praticien eut bien constaté que la petite, malgré son rapt céleste, gardait la pleine possession d'elle-même, dans un calme et une sérénité inaltérables, passant elle-même deux ou trois fois son cierge éteint par le courant d'air à une personne voisine pour le rallumer et gardant d'un bout à l'autre le pouls tranquille, la respiration normale, la circulation régulière, sans trace aucune de surexcitation nerveuse, il n'en coûta pas à sa conscience de confesser que le doigt de Dieu était là.

C'est d'ailleurs justice de dire ici que l'Esculape de Lourdes fut traité par le Ciel en témoin privilégié ; puisque, à la date précisément où nous sommes, il lui fut permis de vérifier, en plus de la joie quasiment béatifique de Bernadette, sa profonde tristesse. De fait, la Voyante devint ce jour-là un moment triste, très triste même ; et le docteur aperçut deux grosses larmes rouler le long de ses joues ardentes. On apprit bientôt le mot de l'énigme : la Vision, après s'être montrée gracieuse et souriante, ainsi que toujours, envers sa chère interlocutrice, avait tout à coup pris un air sombre, navré en portant au loin ses regards, comme si par delà l'étroit horizon de Béarn elle découvrait d'affligeants spectacles... C'étaient (selon qu'Elle ne tarda pas à s'en expliquer avec l'Enfant consternée) les Fautes du monde — déjà trop grandes alors — qui venaient obscurcir ainsi accidentellement la félicité essentielle de la Reine des Cieux et mettre une indicible mélancolie sur cette Face dont la paix triomphale réjouit les Séraphins. La conclusion d'un aussi pénible épisode fut qu'il fallait « beaucoup prier pour les pauvres pécheurs ». Tout de même n'est-ce pas qu'on ne se serait point attendu à surprendre là-bas, dans son paradis des Pyrénées, comme sur la cime d'un nouveau Calvaire, l'Immaculée-Conception ainsi en proie aux affres de la souffrance morale ? Et pourtant ceux qui ne veulent parler que de la poésie de ce site introuvable, des suavités qu'on y goûte, du bien-être spirituel dont on y jouit, n'ont pas le sens de Lourdes, car ils oublient que la Mère Douloureuse, *Mater Dolorosa*, présente là comme partout où il y a des larmes à répandre, y a pleuré sur leur compte ! La Réparation, l'Expiation aux rives du Gave : le voilà, oui, l'aspect principal — et trop peu soupçonné encore — de nos Pèlerinages. Plaise à Dieu que s'en pénètrent, de mieux en mieux, les pieuses caravanes à mesure que monte le mal contemporain ! Alors en vérité ce Thabor changé passagèrement en Golgotha deviendra ce que Marie le veut : la montagne de la Transfiguration nationale

Mais, ainsi que c'était inévitable, la divine joie ne resta pas longtemps absente du cœur et de la physionomie de la Dame qui, après avoir retrouvé sa liesse et son sourire coutumiers, s'envola dans le reflet de ses propres splendeurs.

Quant à Bernadette, le soir même de cette inoubliable journée où elle avait vu les pleurs de la Mère du Christ, une terrible épreuve devait fondre sur elle. A peine de retour à son misérable réduit, ne voilà-t-il point qu'elle est conduite entre deux gendarmes au parquet pour s'y entendre vitupérée et même menacée âprement par le Procureur impérial, avec défense formelle de ne jamais plus accéder aux trop célèbres roches ! Cette scène du Prétoire ressembla étonnamment à celle où dix-huit siècles au préalable avait dû comparaître en Judée la plus sainte des Victimes. Le nouveau Caïphe, M. Dutour, déploya en vain toute sa stratégie cauteleuse pour réduire cette incroyable obstinée, alléguant tour à tour l'ordre public mis en péril, la majesté de la Loi foulée aux pieds et jusqu'à la sainteté de la Religion compromise. Tout aussi inutilement, le Commissaire Jacomet, de légendaire mémoire, vint à la rescousse, d'abord brutal, puis retors. Le témoin de Marie trouvait riposte à tout, une riposte aussi naturelle que topique sans que les sévices l'émussent ni que les caresses la touchassent ni qu'elle se laissât désarçonner le moins du monde par les adultérations voulues du procès-verbal ou par toute sorte de faux témoignages. Un intellectuel, bel esprit, s'il en fut, M. Estrade, Receveur des Contributions indirectes, qui assistait fortuitement ou providentiellement à l'interrogatoire, en demeura si fort estomaqué qu'il songea à se convertir, jugeant avec raison que pareille attitude de la part d'une telle ignorante de treize ans en face des Pouvoirs humains était décidément surhumaine. L'arrivée brusque du père que la pusillanimité inhérente aux pauvres gens poussait à confirmer de son veto involontaire les rigueurs de la justice, ne put davantage ôter du cœur de la Bergère le ferme dessein de revenir à Massabielle, où tout l'entraînait malgré elle, dès que le lui permettraient les événements.

Aussi, combien triste dut être, sous le chaume des Soubirous, cette froide veillée de dimanche, particulièrement au gré de la petite fille ! *Foris pugnœ, intus timores.* Car, il n'y avait pas à dire, à la tribulation extérieure venaient s'ajouter, dès à présent, pour elle, les intérieures angoisses. D'un côté, l'Apparition l'amorçait ; de l'autre elle se voyait retenue par la piété filiale. Que faire ? Allait-elle à l'extase fascinatrice et si bonne et si douce sacrifier le Devoir, ce Devoir, mot austère et sublime que renforçait encore l'auguste autorité du Décalogue ? Cruelle énigme !

... En attendant qu'il plût à la Puissance lumineuse elle-même de dénouer ce drame de conscience, Bernadette, avec son sens chrétien, se rendit de bonne heure, le lendemain, 22, non plus à la Grotte, comme elle soûlait faire jusque-là, mais à l'école. Cela alla bien toute la matinée. Le soir, quand il fallut retourner chez les Sœurs, ce fut une autre affaire. Parvenue, son petit panier au bras, à la bifurcation qui mène vers l'hospice, elle sent comme une barrière qui l'arrête, invisible autant que réelle. Vainement, à plusieurs reprises essaye-t-elle d'avancer où l'appelle l'obéissance ; impossible ! Alors, croyant comprendre avec sa casuistique enfantine que c'est dans la direction du Gave que l'invite le Ciel, elle s'y laissa aller plutôt qu'elle n'y marcha, comme soulevée automatiquement par une force invincible et, quoiqu'elle eût pris un chemin détourné pour mieux déjouer toute surveillance, on pense si elle fut vite rendue à son poste.

La maréchaussée ne tardait pas non plus à se mettre à ses trousses. Rendons ce témoignage à Pandore, troublé plutôt, qu'il eut du moins l'esprit de ne point interrompre la longue prière de la sainte. Mais, ô nouvelle épreuve ! il n'y eut cette fois-ci ni vision ni transfiguration ! Que pouvait signifier pareille éclipse? Le Ciel entendait-il punir par ce refus soudain et si inattendu une faute plus physique que formelle ou bien la Femme de gloire aurait-elle déjà oublié ses solennels engagements? *Lamma sabacktani!*... Ainsi, au fond d'une caverne semblable, avait jadis été délaissé le Sauveur en personne; ainsi, sur les pentes désolées du Golgatha, la fille de Sion s'était vue, en un soir lamentable, abandonnée à elle seule sans que nul s'offrît pour consoler son amertume vaste et profonde comme l'océan. — Nous qui, à la lumière postérieure des faits, pouvons en saisir la portée véritable, comment — bien loin de l'incriminer — n'admirerions-nous pas ici plutôt la délicatesse extrême de la Vierge tenant à respecter, au prix d'une abstention qui dut lui coûter doublement, l'autorité paternelle jusque-là même où celle-ci se mettait en flagrant désaccord avec ses plus chers désirs à elle ? D'autre part, parce que c'est la loi d'en-haut de tirer le bien du mal, il advint aussi que le chagrin sans pareil de la fillette eut raison des sévérités forcées d'un François Soubirous ; et par là ce qui aurait dû être l'obstacle suprême finit au contraire par tout aplanir, le père donnant désormais congé à son enfant trop malheureuse de se rendre à Massabielle aussi souventes fois qu'elle pourrait le vouloir.

Cependant, les esprits forts de la bourgade ne le comprirent pas ainsi ; et déjà ils ricanaient à l'aise, observant, au cercle, non sans faire les gorges chaudes, que « la dame avait peur des gendarmes » ; ajoutant que « pour peu que ce renard de Jacomet s'en mêlât elle se déciderait bien à changer de domicile »...

* * *

Septième Apparition. — Par malheur pour la sagesse charnelle, il faut qu'elle soit toujours courte par quelque endroit. La preuve c'est que dès le lendemain matin, 23, la Vision eut lieu comme ci-devant. Entre les innombrables spectateurs que n'avait point découragés la déception de la veille, elle eut même pour témoin non pas le premier venu mais ce M. Estrade que nous avons vu si ébranlé déjà par les épisodes du Commissariat de police et qu'allait achever de mettre à genoux l'incident du jour. Après donc une fervente prière par laquelle elle semblait supplier son hiéroglyphique Amie de se montrer à nouveau, voici que soudain l'humble pastourelle fait un soubresaut d'admiration comme si une vive lumière l'avait frappée et semble naître à une nouvelle vie. Regardons-la maintenant en tête à tête, en cœur à cœur avec l'Être supérieur. Quelle demi-heure plus divine qu'humaine et comment la décrire ? Il vaut mieux le demander à l'employé du Gouvernement lui-même, qui sur place burinait à mesure, en traits immortels, les détails extérieurs de cette contemplation : de quelle manière étincelaient les yeux de notre héroïne, tandis qu'à ses lèvres fleurissaient les angéliques sourires et qu'en sa personne entière se repandait une beauté sans pareille ici-bas... On aurait dit alors vraiment que cette âme de splendeur, trop à l'étroit dans sa frêle prison de chair, faisait effort pour transparaître et laisser éclater son interne jubilation.

En ces minutes bénies, Bernadette n'était plus Bernadette. « C'était plutôt, affirme le premier des historiens de Massabielle, un de ces Êtres privilégiés à figure surnaturelle que l'apôtre des grandes visions nous représente dans le ravissement au pied du trône de Dieu. »

Devant un tel spectacle, un cri de foi partit de tous les assistants — sans en excepter le fonctionnaire en cause. Pour lui aussi, comme pour son gai compagnon le docteur, sonnait enfin l'heure non pas de philosopher ou de gouailler mais d'adorer. Après l'homme de la Faculté, le salarié de l'Administration. Quels beaux trophées pour une petite bergère ! Peu à peu viendraient à leur suite, disciples de l'humble enfant, tous ceux, académiciens et politiciens, que n'asservirait pas la luxure ou le lucre ; car, qui ne le voit aujourd'hui ? contre Lourdes il n'y a que ces deux ennemis-là. Tout ce qui est désintéressé et pur — il faut ajouter, de nos jours, et libre — se porte vers ce rocher comme les aigles vers leur aire. Cependant, l'Élue, après s'être remplie de l'ivresse de sa vision, prit tout à coup l'attitude de quelqu'un qui écoute et répond tour à tour, souriante tantôt, tantôt sérieuse, approuvant parfois d'un signe de tête, ayant l'air d'autres fois de demander des éclaircissements.

Dès que parlait la Dame, une joie intense — la joie de Lourdes ! — faisait tressaillir sa confidente ; au contraire, lorsque celle-ci adressait des questions ou des prières, sa pose revêtait une humilité attendrie jusqu'aux larmes. Par intervalles, le colloque était suspendu. Alors, la Voyante revenait à son chapelet mais non sans plonger encore son regard insatiable dans la bienheureuse niche. Puis ce fut, comme toujours, le tour des nobles saluts de la montagnarde à la Reine, « saluts si distingués qu'on ne trouverait point les pareils dans le meilleur monde », assure M. Estrade. Quant au signe de croix qu'à diverses reprise traça Bernadette, le même témoin oculaire « estime que si au ciel on le fait encore il ne doit pas y être plus religieusement esquissé ».

Enfin, après toute une heure presque de ce face à face avec l'Invisible, on aperçut la miraculée se traîner à genoux vers le sommet de la Grotte, là se recueillir plus profondément que jamais, baiser la terre avec une évidente componction, retourner après de la même manière à son point de départ. Et un dernier éclat illumina sa physionomie qui, perdant par dégradations insensibles les reflets de l'au-delà, redevint vulgaire quoique toujours aimable.

Il ne restait donc à l'obscure paysanne qu'à se mêler à la foule de laquelle en apparence elle ne se différenciait plus. Interrogée de toutes parts, on l'entendit répondre que sa royale Visiteuse lui avait confié trois secrets absolument personnels dont le mystère, nonobstant bien des tentatives indiscrètes d'esprits trop curieux, est descendu avec la dépositaire dans le caveau monastique de Nevers. *Sacramentum Reginæ abscondere bonum est.* Tout ce que Bernadette consentira à en dire c'est que la Dame en les lui livrant lui parlait « moins par les oreilles que par le cœur ». *Mente cordis sui.*

***

Huitième Apparition. — Le 24, un mercredi, la matinale enfant eut à fendre des haies humaines et subir des hommages incompris avant de pouvoir arriver à son prie-dieu de granit. Les choses se passèrent d'abord ainsi qu'à l'ordinaire, c'est-à-dire radieusement. Mais bientôt, aux douces clartés de l'extase succéda encore comme un nuage de tristesse. A un moment même, on vit la petite laisser tomber ses bras à la façon de quelqu'un à qui serait annoncée une mauvaise nouvelle et sur ses joues empourprées ruisselèrent des larmes. Elle se leva ensuite, la mine toujours contrite, pour gravir l'escarpement de la grotte tout en collant contre terre à chaque prostration ses lèvres frémissantes. Arrivée sous l'églantier qui tombait en avant, elle fit de nouvelles révérences à l'Être impalpable, et leva la tête comme pour prendre des ordres ; après quoi, retournant vers la multitude angoissée par cette mimique, son céleste visage tout inondé de pleurs, elle cria trois fois avec des sanglots : « Pénitence ! Pénitence !! Pénitence !!! ».

Mots lugubres comme le Crime qu'ils évoquent, austères comme le Repentir auquel ils convient et tout de même lumineux comme l'Espoir en Dieu que déjà ils préparent ! L'épilogue de cette scène poignante fut le commandement que l'Apparition adressa à sa confidente de « prier pour les pauvres pécheurs ». Et le dialogue se termina par la révélation d'un quatrième secret que, comme les précédents, nous ne saurons nous autres, profanes, que dans la claire éternité.

Revenue à sa place, la Voyante y retrouva la paix accoutumée que pourtant manqua bientôt de troubler l'irruption aussi intempestive que burlesque d'un maréchal des logis venant « au nom de la Loi », bougonna-t-il, « mettre ordre à toutes ces singeries. » Ce qui provoqua, comme on suppose assez, l'indignation des assistants dont la colère peu rassurante eut d'ailleurs vite mis en déroute le trop zélé homme d'armes.

Quant à l'effet produit sur tous par le poignant appel de l'extatique, il est facile à deviner. Chacun en s'en revenant se demandait si une semblable sommation faite ainsi de la part du Ciel n'impliquait pas, en face de prévarications graves, l'approche de graves épreuves, à moins que par une satisfaction adéquate, qu'indiquait assez également le triple cri de la Prophétesse, ne fût apaisée enfin la divine justice... Oserai-je ajouter qu'en formulant un aussi sévère programme à la veille presque d'Événements publics dont le poids allait tant aggraver, hélas! notre responsabilité nationale et, par un trop logique contre-coup, mettre même en question l'intégrité de de notre sol, la Reine de France — tandis que du haut de son observatoire pyrénéen Elle promenait, en ces tragiques heures, son regard endolori sur son peuple de choix — découvrait déjà, sans aucun doute, parmi nous, l'abomination de la désolation, c'est-à-dire et cette fatale guerre de 1870, effet de nos péchés passés mais cause aussi de nos malheurs présents ; et ce régime de honte que l'antipatriotisme avec la complicité de l'Étranger, de l'Ennemi, fit pousser sur nos ruines fumantes pour être « non pas un gouvernement mais un châtiment » ; et jusqu'à cette Séparation deux fois impie, chef-d'œuvre des sectes cosmopolites qui en chassant Dieu de chez nous, de chez Lui, escomptent déjà les imminentes funérailles du plus beau des Royaumes après celui du Ciel ?

Je livre ce formidable problème à mes contemporains, à ceux qui, oubliant les leçons de Lourdes aussi bien que celles de la Salette ou (ce qui revient au même) de l'Évangile, semblent, malgré tout, avoir pris pour devise : « Après nous le déluge ». Qu'ils sachent ces dilettanti des rives fleuries du Gave et des sentimentales dévotionnettes, qu'en dehors de *la Pénitence, de la Pénitence, de la Pénitence* il n'y a pas plus de salut pour les peuples que pour les individus.

***

Neuvième Apparition. — C'était le jeudi, 25 février. Ce matin-là il y eut un extraordinaire concours de monde se massant aux alentours de Massabielle, débordant dans l'île, envahissant les crêtes de la colline, se juchant même sur les arbres du rivage. Après ses habituelles exorations, Bernadette se leva tout uniment comme si elle était seule au sein de cette foule, alla vers le fond de la caverne en feu ; et, écartant les branchages nerveux, baisa le roc à l'endroit où il servait de piedestal à la Reine des anges. Puis, une fois à sa stalle d'orante, ce fut près d'un quart d'heure la plus heureuse des visions. Soudain, l'Extasiée a l'air tout perplexe. Hésitante, elle se tourne du côté du fleuve, fait plusieurs pas en avant comme pour s'y rendre ; mais bientôt elle s'arrête, regarde en arrière à l'appel sans doute qui lui est adressé, écoute attentive, ébauche un signe affirmatif et reprend sa marche non plus vers le lit du courant mais vers l'angle gauche de l'excavation. Là, encore on la voit s'arrêter, promener à plusieurs reprises autour d'elle un regard indécis et lever une fois de plus les yeux vers la baie resplendissante pour mieux interroger sans doute ; enfin, résolument, elle se baisse sur place et de ses faibles doigts se met à gratter le sol. Au bout de quelques secondes, le petit trou qu'elle venait de creuser se trouvait plein d'eau. Il est vrai que celle-ci était d'abord bien boueuse. Aussi, ce ne fut qu'après force hésitations que la jeune fille en prit un peu dans la main, la but, s'en lava le visage et acheva cette très curieuse scène en mangeant une pincée de la plante, *la dorine*, qui poussait à côté.

A quoi rimait donc tout ce cérémonial d'un nouveau genre si bien fait pour dérouter les spectateurs, voire même pour les induire en tentation relativement à l'équilibre mental de leur compatriote ?

Heureusement, la petite ne tarda pas à livrer la clef

de l'énigme. Tout le monde sait aujourd'hui qu'en l'invitant à boire et à se laver — non pas au Gave mais dans le mystérieux bassin qui allait jaillir sous le contact de son ouvrière — la Dame, de plus en plus maternelle, entendait ouvrir là, au prix d'un grand miracle, la vraie Fontaine de Jouvence où accourraient bientôt se désaltérer, se purifier et se vivifier les corps. Quel symbole expressif entre tous de cette autre Piscine salutaire qui convierait ici les âmes à se régénérer dans les mystérieuses eaux de la pénitence sacramentelle ! Quant à la manducation si surprenante elle aussi de l'herbe saxifragée, combien elle soulignait, dans la pensée de la prophétique Femme, le besoin qu'ont les pécheurs représentés par la pauvre Soubirous de s'assainir en se mortifiant !

C'est de la sorte que la confession et l'expiation, ces deux planches de tous les naufragés spirituels, furent, ce jour-là, indiquées à Lourdes par la Mère de Dieu en personne, grâce à une de ces allégories vivantes dont jadis usèrent si volontiers les Voyants hébreux. Et cependant bientôt — pour employer le style de l'Ecclésiastique - le petit bassin, lui, devenait un grand canal et le grand canal fut vu un beau fleuve et le beau fleuve se trouva être comme une mer : témoin, la mondiale expansion de l'eau de la Grotte dont le débit est depuis de 122 000 litres par vingt-quatre heures, dont la vertu surtout ne cesse de multiplier les cures — cures physiques et cures morales mille fois plus précieuses encore — ; mais à la condition qu'il faudra d'abord, tout comme l'innocent Enfant, « brouter » la plante amère du repentir et de la souffrance sans lesquels il n'y a point de santé possible pour l'âme des pécheurs pas plus que sans un sévère régime il n'est de vitalité pour les corps. La Vierge de Massabielle a préconisé en ce jour ce végétarisme supérieur qui seul a toujours fait les grands saints et aussi les grands hommes.

Donc, lorsque ces évolutions, bizarres en apparence, impressionnaient mal un peuple de témoins, cela montrait seulement qu'il en faut peu à la prudence des prudents pour chavirer devant les arcanes du mystère. Il paraîtrait même que déçue, mécontente, la multitude s'éloigna, comme s'étaient jadis éloignés les superficiels disciples du Docteur Galiléen dès qu'il leur parla de sa chair à manger et de son sang à boire. L'homme animal est bien partout le même ! Cela n'empêcha point d'ailleurs la pieuse Enfant de continuer à jouir tout son saoûl de la divine monstrance avec aux lèvres l'éternel sourire d'en haut et sur le front le rayonnement angélique jusque vers les huit heures du matin, moment où se clôturait d'habitude l'inénarrable entrevue.

Cependant, le surnaturel filet d'eau, lui, continuait à faire son chemin silencieusement mais progressivement. Vers le soir de ce fameux jour, quelle ne fut pas la surprise de quelques pèlerins attardés d'apercevoir couler du haut du talus un ruban cristallin qui, de minute en minute, grossissait à vue d'œil au point de former le long de son parcours une assez large rigole, tandis qu'il s'en allait rejoindre les vagues d'en bas en chantant sa sonore chanson !

Dès que Lourdes apprit le cas, elle en fut stupéfaite

jusqu'au trouble, sachant très bien que jamais, de mémoire d'homme, trace liquide n'avait été vue dans ces parages. Et ce fut une théorie non interrompue de visiteurs, ou croyants ou même encore simplement curieux. Au dire des plus difficiles, il n'en fallait pas davantage pour réhabiliter l'Extatique devant la trop mobile opinion. D'ailleurs les renversantes guérisons dont commençait à être le véhicule cette eau merveilleuse se chargeaient d'achever l'apologie. En attendant, il restait acquis que, plus puissante qu'un Moïse frappant de sa verge le rocher arabe pour en extraire une onde providentielle, la Dame de céans avait fait couler de ce granit pyrénéen ou peut-être des fontaines du grand abîme — comme parle l'Ecriture, *fontes Abyssi magnæ* — des flots limpides et rafraîchissants qui, à l'instar du fleuve biblique, réjouiraient « la cité de Marie », consolant la foi, apaisant la douleur, désarmant la science, éloignant tout mal et attirant tout bien. Quel beau chant d'une divine épopée serait en vérité l'histoire d'une telle source si un barde ou un Ange voulait nous en narrer les péripéties émouvantes depuis son écoulement mystérieux du sein du néant jusqu'aux prodiges sans nom et sans nombre dont elle demeure parmi nous la cause efficace autant que gracieuse ! (1)

(1) Le célèbre hydréologue, Richard de Montlieu, a passé huit jours à la Grotte pour étudier la provenance de cette Eau et sa conclusion fut que la source existait déjà, comme un trésor de la nature destiné à faire éclater en temps opportun les munificences de la grâce. Cela n'empêche pas, ajoute-t-il, que cette Fontaine étant *non apparente* et même *absolument impossible à découvrir*

Le 26, lorsque revint l'Enfant, il y avait bien en face des Espélugues six mille personnes accourues de toutes parts à seule fin de la voir, de l'acclamer et de la proclamer « Bienheureuse » : ce qui signifie que dans la foule les canonisations, comme les ostracismes, vont vite. Cet engoûment, assez naturel certes, n'en cachait pas moins un piège, le piège terrible de la faveur populaire qui, succédant à une injustice irréfléchie, pouvait surprendre chez la vierge la candeur et l'humilité plus importantes encore que le don des miracles. Mais le Ciel eut pitié de l'héroïne, et, quoique la prière de celle-ci ne fût pas ce matin moins ardente que les autres fois, il ne se produisit rien d'anormal, je veux dire de surhumain, au grand désappointement de tous. Ces intermittentes lacunes avaient en tout cas un avantage : celui de faire voir que les apparitions dépendaient donc d'une Cause autre que l'auto-suggestion d'une fillette maladive, puisque c'est précisément lorsque Bernadette les désirait le plus — et tout un peuple avec elle — qu'elles n'avaient point lieu.

Dixième Apparition. — Le samedi, 27, notre Voyante, en guise de se tenir à sa station préférée, vint se prosterner à l'endroit où, sur un ordre

pour une enfant, il y a fallu « une inspiration spéciale et surnaturelle ». Là est le miracle ; comme on doit le voir en outre et dans son prodigieux développement de l'eau et dans son débit hors de toute proportion et plus encore dans les effets thaumaturgiques qu'elle n'a plus cessé d'avoir.

auguste, l'avant-veille, elle avait égratigné la glèbe et fait suinter une flaque limoneuse. A la vue de cette eau aussi claire qu'abondante, sans en marquer la moindre surprise, elle se munit du signe de la croix, boit, et enfin se lave. Ce devrait être là — à ne pas en douter — le rite même de tous les bons pèlerins de l'avenir. De retour à son roc, déjà elle nageait dans l'enviable extase quand la voix bien connue redevenue subitement attristée lui dit : « Bernadette, baisez la terre pour les pécheurs ! » Oh ! cette sollicitude des pécheurs ! Elle ne quitte décidément pas la noble Dame. On croirait que plus elle rayonne pure et limpide et éblouissante à Massabielle, plus aussi elle s'y préoccupe miséricordieusement de tout ce qui est souillé, en ce monde ; et, comme s'il ne suffisait plus de prier à l'intention des pauvres coupables, elle veut qu'en leur faveur sa Fondée de pouvoirs accomplisse une série d'actes pénitentiels, tels que celui, passablement répugnant, d'appliquer ses chastes lèvres sur le sol foulé par tous les passants.

Cette mortification doublée d'une humiliation ne coûta pas du reste au zèle de la zélée Bergère. Mais bientôt, non contente de s'en être acquittée pour son compte, voilà que, avec des larmes dans les yeux, on la vit se hisser intrépidement sur le rosier comme sur une tribune mouvante pour mieux, de là-haut, inviter toute la foule à baiser la poussière de même ; et (ô irrésistible prestige de la vertu chez le plus faible des êtres !), sous l'influence de cette paysanne devenue l'oracle du Ciel, comme dans nos guérets les fiers

épis se laissent ployer par la caresse des brises, ain
se courbèrent tous les fronts jusqu'à terre !

C'était bien là — au profit de la multitude tou autant que de l'Élue — une graduelle initiation l'exercice laborieux de la vie purgative en attendan que fût rendue possible la révélation la plus illumina tive qui se pût souhaiter. Ainsi évoluait harmonique ment l'œuvre spirituelle de Lourdes et déjà par le conversions éclatantes qui se succédaient comme pa les guérisons inexplicables dont l'une n'attendait plu l'autre, les âmes se laissaient prendre de tous côté aux pièges de l'infini amour.

⁂

Onzième Apparition. — En la matinée du 2 dernier jour du mois, la brillante Forme, après avo comblé de privautés sa confidente, sembla se recueilli Puis, sortant de ce solennel silence, prélude toujour de quelque grande chose, elle dit à l'enfant : « All signifier aux prêtres qu'il doit se bâtir ici une chapelle Quelle commission imprévue ! Bernadette en demeur d'abord interloquée. C'est qu'il n'était pas si facil pensait-elle, d'aborder ce rude homme de curé Lourdes qui, par ses airs rébarbatifs, « avait le do de lui inspirer plus de terreur que deux gendarmes Mais puisque la Dame avait parlé, il ne restait qu obéir. Voilà donc la petite qui, après une courte hal chez les siens, prend son courage à deux mains monte au presbytère. Avec un tel personnage c pense qu'au début cela n'alla pas tout seul. La pa vrette tremblait de tout son être. Enfin, quand après quelques préliminaires fort peu amènes, elle fut sommée de s'expliquer nettement, la fille des Soubirous parla sans détour du sanctuaire à construire. Les ironies croisèrent les objections et les reproches même sortirent de la bouche de M. Peyramale. Il est vrai que le Pasteur ne garda pas longtemps le beau rôle (puisque c'en était un, théologiquement parlant), vis-à-vis de son audacieuse ouaille ; car celle-ci donnait à mesure, respectueusement mais fermement et aussi ingénieusement, réponse à tout ; à telles enseignes que l'homme de Dieu en demeura interdit. Il voulut alors savoir de la Voyante elle-même cette affaire étrange à partir de la première heure ; et cependant que l'humble mais inconfusible interprète d'en Haut déroulait avec une précision impeccable sa mirifique épopée, il la dévisageait profondément, religieusement presque, sans perdre un seul mot ni un seul mouvement de cette physionomie exceptionnelle, se rendant bien compte que devant lui il avait « une âme de cristal » par où transpirait le ciel.

Pourtant, la chapelle à édifier ne pouvait tenir dans la tête du positif recteur. Il revint donc bientôt sur ce point délicat, le clou même du message, et avec sa brusquerie foncière il dit à sa visiteuse : « Tu rapporteras à ta Dame que pour que je l'exauce là-dessus il faut d'abord qu'elle me prouve qui elle est et quels titres elle possède à une pareille prétention ».

Evidemment la sagesse parlait en cela par les lèvres sacerdotales. Dans l'Eglise de Dieu, depuis

5

qu'est close la Révélation proprement dite, le Surnaturel privé n'est admis, encore un coup, *que quand il n'y a pas moyen de faire autrement*. La petite commissionnaire avait certes assez de sens chrétien pour le comprendre. Elle salua gentiment et sortit non sans laisser dans l'âme du digne prêtre comme un céleste parfum d'édification mêlé à beaucoup de trouble religieux.

*
* *

Douzième Apparition. — Le lendemain, plusieurs milliers de gens guettaient dès l'aurore à Massabielle l'arrivée de l'Extatique. Elle s'y rendit à son heure, modestement endimanchée, ayant à côté sa tante Lucile et pressant le pas comme quelqu'un qui a hâte de jouir d'un festin de choix. Bientôt autour d'elle ce fut une zone de têtes humaines s'étendant jusque sur le long des deux rives : amphithéâtre mobile d'où émergeait la paysanne figure qui, au sein d'un silence impressionnant, irradiait sur cette multitude les reflets glorieux de l'au-delà ; car la Dame ne se fit pas longtemps désirer. Mais en la matinée actuelle il n'y devait avoir que des communications secrètes sans rapport aucun avec le public. Apparemment, elles étaient faites pour la gouverne personnelle de Bernadette dont il ne fallait pas négliger l'éducation ni le progrès intérieur parmi tant de péripéties de tout genre. Lorsque, au terme de ces sacrés colloques, la fillette voulut se rapprocher du pied de la roche pour y accomplir ses dévotions finales, impossible d'avancer d'un pas tellement compacte était la presse et besoin fut que deux aimables militaires, accourus là, eux aussi, du Château-fort, ouvrissent un passage. Tous ses devoirs une fois terminés, l'Enfant, qu'escortaient avec un respect de plus en plus débordant des groupes sans nombre, se rendit tout droit à la vieille église pour y entendre la messe dominicale, étant donné que les plus sublimes Extases ne sauraient dispenser les saints eux-mêmes des élémentaires devoirs de la vie chrétienne.

⁂

Treizième Apparition. — On était au 1er mars. Un incident, petit en apparence, fort instructif en réalité, marqua le commencement de l'entrevue. Comme toujours serviable, Bernadette, par complaisance pour une voisine, avait déjà à la main un chapelet d'emprunt afin de l'égrener à la place du sien propre. La Vision lui en fit reproche, l'invitant à ne se servir que de son seul rosaire, et par là nous suggérant la pieuse déférence et le soin jaloux que nous devons avoir à l'endroit de tout objet bénit, spécialement de celui qui, enrichi des indulgences de l'Eglise, est à la fois le principal instrument de nos gains spirituels et comme la chaîne d'or par où nous sommes filialement rivés au culte de Marie.

Or, ce fut précisément ce malencontreux échange qui donna lieu chez les témoins à une méprise regrettable. Ceux-ci, en effet, habitués à reproduire de leur mieux tout ce qu'ils voyaient faire à leur modèle, se mirent à arborer eux aussi leurs chapelets, croyant s'associer de la sorte à quelque ovation d'un nouveau genre. Mais d'un geste la Voyante réprima vite cette fausse manœuvre qui, selon une expression de la Bible, aurait pu empêcher la « musique divine » dont déjà elle jouissait. Quant à la Dame, elle savait trop lire dans l'intention d'un chacun pour qu'elle s'offensât le moins du monde du quiproquo. Il lui suffisait d'avoir donné là une précieuse leçon de choses à son élève et, sans doute, par elle à nous tous.

*
* *

Quatorzième Apparition. — Ce mardi, 2 mars, les épisodes là-bas se déroulèrent d'abord à l'ordinaire : prière, transfiguration, joie spirituelle qui rejaillissait sur les traits de la jeune meunière.

Pourtant, au sortir de l'extase, la tante Basile fut frappée de l'air soucieux de sa nièce et lui en demanda la raison. La raison qu'elle fournit était qu'à nouveau, comme réplique à M. le curé, la Vision venait de la charger de lui transmettre son embarrassante requête touchant l'oratoire à bâtir! C'est cela qui à présent tourmentait — et pour cause — la modeste ambassadrice. Afin de se donner un peu plus de cœur, elle se fit accompagner à la cure par sa bonne parente. L'accueil ne fut guère plus chaleureux que ci-devant, surtout quand le Pasteur entendit que, en outre de la construction postulée, l'incroyable Femme voulait qu'on y vînt « en procession ».

N'était-ce donc pas ainsi et le culte intérieur et la

solennité sociale que requérait cet Etre d'énigme ? Or, l'abbé Peyramale trouva qu'attendre de son initiative à lui de telles manifestations liturgiques c'était du coup ne rien savoir aux choses religieuses ; car ce n'est jamais d'un simple prêtre mais de l'évêque que relèvent des mesures de cet ordre. Il allégua ensuite que des nouveautés semblables, bien loin de favoriser l'idée chrétienne ne feraient que lui nuire dans l'esprit de ses gens ; et avec sa logique implacable mais un peu courte il conclut que ces désirs ou ces ordres ne pouvaient émaner de la véritable Reine du Ciel. Les réponses de l'Enfant n'eurent point le don d'apaiser ces doutes professionnels. Aussi bien l'homme de Dieu avait tant peur d'être dupe ! Il frissonnait à la pensée seule de quelque sacrilège et ridicule « imbroglio ». Que décider ? Tout à coup, une idée géniale (il le crut du moins) traversa son esprit. « Va dire à Celle qui t'envoie de faire fleurir instantanément l'arbuste de la Grotte devant la foule réunie et alors je serai son très humble serviteur. »

Les deux pauvres visiteuses sourirent. Il ne leur restait évidemment qu'à se retirer. Brave cœur de prêtre qui voulait de la sorte rabaisser le Surnaturel débordant magnifiquement depuis quinze jours à Massabielle au niveau d'un vulgaire phénomène de botanique ! Il ne voyait point alors qu'un pareil miracle n'eut été que puéril, d'abord parce que forcément transitoire ; ensuite, parce que dénué de toute valeur démonstrative aux yeux de ceux qui n'ignorent pas que la nature a de ces germinations prématurées ;

enfin et surtout, parce qu'entre les diverses choses dont cette Grotte était décidément le théâtre et le fait d'un rosier qui reverdit vers la fin de l'hiver il n'y avait aucune relation suffisante pour permettre de dégager l'esprit même des événements. De quel droit, d'ailleurs, un mortel — fût-il doyen ou chanoine — imposerait à la Providence *tel* miracle à faire ? Mais est-ce que du côté des Espélugues il n'en fleurissait pas assez vraiment, d'ordre moral, pour s'obstiner aussi étroitement à en demander d'ordre physique ? Comme si toutes ces conversions retentissantes et tout cet ébranlement merveilleux fait de prière non moins que d'enthousiasme ne valaient pas un peu plus sans doute que la floraison hâtive d'un églantier ! Eh bien, puisque à tout prix il fallait des faits sensibles, palpables à ce terrible théologien, ne l'étaient-ils donc point et les transfigurations de Bernadette et l'insensibilité de sa main impunément soumise tout un quart d'heure au baiser de la flamme du cierge et le jaillissement si spontané de la fontaine et mieux que tout encore les nombreux cas déjà de guérisons prodigieuses obtenues par l'eau de la Dame ?...

Mais, voilà, M. le Curé, si austère, voulait des fleurs !

..... Le lendemain de cette stérile audience, 3 mars, devait encore être un jour d'épreuve pour la jeune Soubirous. Ni vision, ni colloques ! Cet amer contretemps, expiation peut-être du scepticisme exagéré du prêtre, ne diminua du reste en rien la ferveur de sa paroissienne. S'humiliant et se renonçant, elle sut se dédommager du moins par une oraison plus abondante ; puis, ayant, selon l'usage, baisé le sol et esquissé le signe de la croix, elle regagna paisiblement la rue des Petits-Fossés.

La multitude, frustrée dans son attente, montra moins de résignation. On prétendit notamment que l'ère des Apparitions était désormais close. « Pas du tout, répondit la Voyante avec la robuste candeur de sa foi, puisqu'il en manque une encore. »

*
* *

Quinzième Apparition. — De fait, le lendemain, qui amenait le terme de la sensationnelle Quinzaine, fut marqué par un concours peu banal. De toutes parts, en prévision de ce qui ne pouvait manquer de se produire d'extraordinaire à cette échéance remarquable, affluèrent nuitamment les caravanes. Si bien que de bonne heure la mairie de Lourdes crut sage d'appeler d'office la troupe à l'aide de la force municipale.

Mais, ce n'est pas d'agents galonnés qu'eurent jamais besoin les Foules de Lourdes ! Jusqu'au moment psychologique (7 heures du matin), on peut dire que de véritables fleuves humains ne cessèrent de se déverser dans le trop étroit vallon où le ciel donnait ses grandioses rendez vous à la terre. Quand survint Bernadette, il y avait là pour la voir, pour l'interroger, pour baiser la frange de son humble robe, pour lui décerner un hosannah colossal, près de 30.000 pèlerins, chiffre réellement prodigieux si l'on tient compte des rigueurs de la saison, si l'on songe aussi que le chemin de fer ne sillonnait pas encore ces abruptes

Pyrénées. Inutilement policiers et soldats se tinrent sur le pied de guerre. Du commencement jusqu'à la fin pas l'ombre d'un accident ou d'un incident ne vint nécessiter ni expliquer leur intervention.

Or, au milieu de l'universel branle-bas, que faisaient les Soubirous dont le nom volait de bouche en bouche ? Que devenait surtout leur fillette, âme de toute cette religieuse effervescence ? Eux, comme toujours, vaquaient silencieusement à leur obscure besogne à peine suffisante pour assurer un morceau de pain noir aux mioches ; elle, après avoir terminé sa prière matinale devant le crucifix de cuivre appendu au-dessus de son triste grabat, sentant son heure venir, prenait le chapelet à la main et, tranquille, recueillie, sans remarquer même l'immense cohue, se dirigea vers la Grotte.

Sitôt que sa silhouette déjà légendaire avait été aperçue au seuil de l'humide logis, il passa partout comme une commotion électrique, avec ce mot d'ordre que se renvoyaient les groupes : « La Voyante ! la Voyante !! » Dès lors, tout le long de la nouvelle « voie sacrée » il fallut que des gendarmes protégeassent contre les ardeurs d'un mystique délire la modeste Triomphatrice qui, au retour de ses conférences avec la Souveraine des mondes, ne trouverait pour pitance au cachot qu'une écuelle de bouillie de maïs. Plongée en Dieu et en la Dame de ses rêves, elle s'avançait donc, la tête enfoncée dans son capulet blanc, « pareille, nous disait un jour Henri Lasserre, à la simplicité qui s'ignore ».

Cependant le drame intime ne tarda pas à se

dérouler de l'habituelle façon : L'enfant se signa, baisa la terre, but à la fontaine, mangea de l'herbe, étendit les bras en croix, récita son rosaire... Elle commençait la deuxième dizaine lorsque la soudaine métamorphose de tout son être avertit les foules suspendues à leur héroïne qu'elle était « envahie ». C'est au cours de ce transport délicieux que pour la troisième fois mandat lui fut donné d'aller, servante du ciel, réclamer et la chapelle et la procession auprès de qui-de-droit. Mais ce jour-là encore la prudence des gens d'église devant passer, paraît-il, même avant leur zèle, qui-de-droit ne bougea point — pas plus à Lourdes qu'à Tarbes — au risque de scandaliser la conscience chrétienne, aimant mieux en attendant prier, enquêter et ainsi gagner du temps. Ce qui, soit dit entre parenthèses, était bien la meilleure des façons de travailler au succès des divins vouloirs ; et à ce point de vue — le vrai — l'attitude ou, si l'on préfère, la tactique d'un Laurence comme d'un Peyramale fut donc admirablement providentielle. De même que, suivant saint Augustin, l'incrédulité première de Thomas a fait plus pour la foi de l'univers que les enthousiasmes de Pierre ou les effusions de Jean, ainsi hésitant si longtemps devant le Surnaturel de Massabielle ces deux chefs religieux que le Ciel avait mis là-bas pour cela même préparèrent sans s'en douter son plus rationnel triomphe. Il est vrai que le Pouvoir civil apportait, lui, beaucoup moins de circonspection, parlant déjà de couper court à l'imposture ou à la folie, faisant garder la grotte et ses abords *manu militari*, menaçant même d'enfermer la Voyante... Mais que pouvaient tous les ukases de l'Empire dit libéral devant les desseins d'en haut ? Retournons à la Vision.

Encore qu'elle se prolongeât un peu plus que d'habitude, elle ne fut marquée cette fois par aucune circonstance particulière. Il semblait qu'en ces derniers jours c'était moins pour l'instruire que pour la fortifier et la consoler que s'entrouvrait le Paradis sur la tête de Bernadette à mesure qu'approchait l'inévitable martyre. En attendant, la seule vue de sa douce Reine, même lorsqu'elle restait silencieuse, suffisait à faire vibrer cette âme de droiture, lui insufflant de plus en plus avec le courage une paix supérieure. La Providence a toujours de ces prévenantes délicatesses en faveur de ses ouvriers de choix, surtout au voisinage de la tentation.

D'ailleurs, tous ces thérapeuthiques résultats qui se multipliaient sur les pas de l'Extasiée, quel diplôme ils étaient pour sa mission ! Déjà, en effet, on citait couramment les cures stupéfiantes des Louis Bourriette, des Justin Bouhohorts, des Blaise Maumus, des Thérèse Crozat, des Marie Daube, des Bernande Soubies, des Jeanne Crassus, des Benoîte Cazeaux, des Blaisette Soupenne, etc., etc.

C'est avec cette brutalité — si j'ose dire — que dès les débuts le Divin entrait ainsi en scène pour jeter le gant à l'Incrédulité savante et à la Politique ombrageuse.

Mis au pied du mur de l'évidence, que firent les fiers-à-bras du voltairianisme local ? Afin de discréditer les vrais miracles par le ridicule, ils en fabriquèrent de faux. Déjà !! O esprits-forts — esprits faibles — voilà bien de vos coups!... Seulement, comme il est dans le destin de l'Iniquité de se mentir toujours à elle-même, il arriva que ces phénomènes renversants eurent pour témoins non seulement un peuple en pâmoison, mais des savants froids et austères, les Dozous, les Peyrus, les Vergez, dont les implacables procès-verbaux, rédigés séance tenante, sonnèrent la défaite du matérialisme aux abois, inaugurant ainsi dès lors cette *Critique du Surnaturel* que la compétence et la conscience de médecins comme les Saint-Maclou et les Boissarie ont de nos jours portée à son apogée sous les yeux du scepticisme confondu.

Avant donc de prendre congé de la Dame pour affronter encore un coup le curé Peyramale, la petite, chez qui l'extase ne supprimait jamais la logique, osa ce matin encore lui demander son nom. L'heure n'était point venue de cette révélation suprême et l'effacement de la resplendissante Forme fut toute la réponse provisoire.

Désormais, jusqu'au 25 mars, il n'y aura plus d'apparitions. Cela n'empêchera point Bernadette de revenir aussi souvent que possible à Massabielle. Que de fois, après la classe, elle se détachait de ses compagnes et, vitement, à la dérobée, se dirigeait du côté des saintes roches afin d'y faire ses dévotions familières ! L'école venait-elle à vaquer ? Elle en profitait pour couler de douces heures dans la crypte où était maintenant toute son âme. Déjà, sous l'inspiration de la piété publique, l'intérieur en avait changé d'aspect : un autel champêtre y avait été élevé sur lequel se dressait la statue de la Vierge et tout autour c'étaient des fleurs embaumantes, des cierges ardents, avec une harmonie presque ininterrompue de ferventes prières ou de mélodieux cantiques. En vue du prochain monument à édifier, les aumônes pleuvaient aussi de toutes parts dans l'excavation sans que jamais (chose frappante!) s'y produisît le moindre larcin, tellement chacun, quel qu'il fût, se plaisait, dès à présent, à regarder ce lieu singulier comme le vestibule même du Ciel !

*
* *

Néanmoins, pendant l'intervalle de ces trois longues semaines, l'avis général fut que la Dame n'avait pas dit son dernier mot ; et lorsque arriva la veille de l'Annonciation, tout le monde à Lourdes — les indigènes aussi bien que les étrangers assez nombreux qu'y retenait toujours l'appât des prodiges — se déclara convaincu, en vertu on ne sait de quel pressentiment, que le lendemain il y aurait du nouveau aux Espélugues. N'allait-ce pas être la grande Solennité mariale ?

Mais, c'est surtout l'enfant qui au fond de son cœur caressait ce cher espoir. Bientôt même elle commença à entendre distinctement l'appel céleste et mince ne dut pas être alors son allégresse de se sentir ainsi de nouveau conviée à offrir ses tendresses à la Reine des Cieux au jour béni où l'avait honorée l'archange.

Le soir du 24, à l'âtre familial, elle révéla aux

parents réjouis son imminent rendez-vous. Quelle veillée idéale sous cette chaumière plus enviable que les palais des rois et qu'elle contrastait fort avec une autre pas bien lointaine encore où avaient été fulminées des défenses ! La nuit fut sans sommeil mais non sans délices ! Combien de soupirs jaillirent de cette âme séraphique, soupirs précurseurs des prochaines salutations aussi respectueuses et aussi amoureuses que celles de Gabriel !

Eh ! déjà se levait sur le monde le plus joyeux des Anniversaires, celui qui venait rappeler à tous la divine scène de Nazareth.

C'était aussi la journée par excellence que très aimablement avait choisie la Vierge afin de faire à sa fidèle confidente une fête plus radieuse que toutes les autres.

Ce matin là, aux bords du Gave, l'atmosphère était d'une pureté translucide. Sur les montagnes d'alentour, étincelaient encore les dernières neiges qu'à mesure fondait dans une tiède caresse le soleil levant ; et de tous côtés à l'approche du renouveau la vie se prenait à reverdir. On aurait dit, comme prélude des prochaines Pâques, la résurrection de la nature s'éveillant enfin, au sein de la poésie des choses, pour chanter, elle également, un hymne d'amour à la Femme devant qui s'agenouillaient les purs esprits.

Dès que la Voyante, qui semblait avoir des ailes, reprit son matinal pèlerinage, l'ovation parmi l'universelle joie fut plus vive que jamais ; et bientôt à l'odeur des parfums de son Héroïne, Lourdes se trouva prosternée là-bas dans la sensation du merveilleux. Or, cette fois la belle Dame n'avait pu attendre qu'arrivât Bernadette, comme si Elle était divinement impatiente de lui faire partager son bonheur. Grande, on n'en doute pas, fut la surprise et aussi la confusion de l'Enfant, lorsque en franchissant le seuil de la grotte elle vit que la majestueuse Forme se trouvait déjà sur son trône, douce, souriante, enchanteresse. Il semblait même qu'elle se fût faite plus blanche et plus lumineuse mais surtout plus suave en souvenir sans doute de tout ce qui était commémoré de glorieux pour Elle à pareil jour !

Peut-être aussi que par cet insolite déploiement d'éclat Elle voulait — pour y répondre enfin — provoquer à nouveau sur les lèvres enfantines la plus palpitante des questions.

Tant il y a que le premier besoin de la bergère fascinée et humiliée à la fois fut de demander pardon pour son irrespectueux retard. Mais l'Etre de béatitude indiqua qu'il n'y avait point d'excuses à faire. Alors eurent lieu les révérences, prostrations et autres liturgies ; puis, sur le rustique rosaire s'égrenèrent, avec une flamme qu'elle ne s'était encore jamais connue, les « Ave » de la Contemplative. Subitement, la pensée lui vint — moins d'elle certes que d'en Haut — de supplier cette Beauté si captivante et en même temps si encourageante de vouloir bien consentir à dire son nom. Deux fois de suite l'interrogation resta vaine. L'Inconnue souriait de ce sourire (répétons-le) que ne savent que Lourdes et le Ciel, mais gardait un impénétrable silence, tandis que sur ses traits d'une virginité indicible se peignait à mesure une plus vive satisfaction et qu'elle tenait ses mains jointes sur son cœur comme pour en contenir l'irrésistible élan. Telle serait l'Humilité dans l'Apothéose !

Quand enfin par cette rigueur apparente les pieux désirs de l'Enfant eurent atteint leur maximum et que son âme se trouva ainsi le mieux préparée à ouïr la grande nouvelle ; alors, au troisième ultimatum, la radieuse Dame, déployant les bras, étendant les mains dans le sens de l'Extatique, puis levant en haut les yeux et rejoignant à nouveau ses mains vers la hauteur de la poitrine, laissa entendre ces mots où parut passer tout le ciel :

« Qué soy l'Immaculé Councepciou ! ! »

Car, nul ne l'ignore, ce fut en patois, en patois bigourdan, que daigna ici encore s'expliquer sur Elle-même devant l'ignorante pastoure la Mère de Dieu, à l'exemple de son adorable Fils qu'on entendit toujours — même pour énoncer les plus sublimes choses — parler araméen afin de mieux se mettre ainsi au niveau de l'intelligence commune ?

Mais que pouvait vraiment importer la forme dès qu'était enfin livré le fond, ce secret des secrets, ce Sacrement ineffable à peine entrevu des Anges dans le mystère de l'éternelle Prédestination et qui, défini naguère aux hommes par la magistrature infaillible, devrait maintenant sa pleine popularité au ministère de la chétive fille des Soubirous ?

O trop fortunée Pastourelle qui mérita alors, seule sur la terre, d'apprendre de la bouche de Marie la formule la plus émouvante et la plus lumineuse peut-être de tout le dogme catholique, celle qui, éclairant le Passé, console le Présent et porte l'Avenir !

En cette heure, au ciel de la Grotte, mieux encore que jadis à cet autre de Pathmos ou même qu'à celui de l'Eden, apparaissait enfin dans tout son éclat de grâce naturelle, préternaturelle et surnaturelle, ainsi que l'avaient rêvée les Chérubins, soupirée les Patriarches, annoncée les Prophètes, chantée les Poètes, saluée les Sybilles, la Femme des Promesses, toute revêtue du soleil comme d'un manteau, ayant la Lune sous les pieds en signe de domination et portant sur la tête une couronne de douze étoiles, éblouissant symbole de sa maternité royale. *Signum magnum apparuit in cœlo !*

De même qu'autrefois tressaillit le Paradis terrestre à l'instant tragique où y retentit, parmi les anathèmes de la chute, le proto-évangile de la délivrance, cette *Annonciation* des temps meilleurs concrétisée déjà dans la lointaine silhouette de l'Eve véritable ; de même encore que sur son roc sauvage d'Asie mineure le Voyant de l'Apocalypse se sentit inondé d'une allégresse sans pareille en contemplant l'Immaculée devant laquelle fuyait le dragon ; ainsi, et mieux même, durent bondir, aussi souples que les béliers bibliques, nos solitudes pyrénéennes quand, ayant perçu la céleste définition, elles purent de pic en pic, de vallée en vallée, en transmettre l'écho incomparable. O bien aimées montagnes natales ! Non, vous n'êtes pas les plus hautes ni les plus célèbres de France ; mais, en retour, combien vous me semblez les plus saintes depuis qu'à dix-huit reprises successives la Reine du temps et de l'éternité vous foula de son pied virginal ; depuis surtout que vous avez été trouvées dignes de répercuter comme une enchanteresse musique ce que dans l'Empyrée adorent les Bienheureux, ce qu'au pays des larmes soupirent à l'envi sur tous les rhythmes les mortels !

Ce que pouvait être cette splendeur de la Sans-tâche à l'heure solennelle où elle étala ainsi son rayonnement sur le Thabor de Bigorre, il est impossible de la concevoir, encore plus de le dire. La Thaumaturge elle-même n'en croyait pas ses yeux ; et lorsque, en présence d'ordres indéclinables, elle eut bientôt à s'expliquer là-dessus, les termes comme les comparaisons, comme les hyperboles de nos fragiles dialectes trahirent visiblement son idée. Elle en souffrait la première et plus d'une fois s'en plaignit. C'est qu'aussi bien Celle dont en cette matinée inoubliable elle venait de saluer face à face la gloire est par essence le *nec plus ultra* de toute Perfection passible après l'infinie Perfection.

Quant au délectable parler de la Vierge, on pense s'il versa de suite des flots de lumière, de paix et d'ivresse dans l'être de l'Enfant. Oh ! ce que dit l'Epoux de la voix de l'Epouse au divin Livre des Cantiques n'est rien à côté de la mélodie de cette langue de l'Almâh. C'était ici vraiment la musique de la mystérieuse Colombe, dont les roucoulements très chastes, bien mieux que les accords de la lyre d'Orphée, rendirent le Rocher attentif et firent se fondre de bonheur l'âme de Bernadette. Quand, plus privilégié qu'un saint Paul, on a vu une telle gloire, entendu une pareille harmonie, goûté une si vive joie, que pourrait-on faire décidément dans ce monde si vulgaire et si agité ? Le mieux n'est-il pas d'aller cacher « au creux de la pierre », je veux dire dans le silence d'un cloître, le mystère de la Reine ? Oui, mais en attendant, il restait à la Bergère d'être l'Evangéliste de ce qui lui avait été montré. Encore ne lui fut-il pas une petite affaire de garder intacte dans sa mémoire la phrase sacrée et inouïe — si inouïe qu'elle en devenait effrayante — dont elle avait été constituée messagère. Tout le monde sait que pour n'en point perdre une syllabe elle les répèta toutes de la grotte à la cure non d'ailleurs sans en défigurer parfois l'incompréhensible teneur. Quelqu'un, par exemple, qui resta particulièrement abasourdi de la communication ce fut M. le doyen de Lourdes, comprenant vite qu'un semblable langage était décidément trop au-dessus des moyens d'une pauvre petite paysanne — la plus arriérée des montagnardes — pour ne point venir en droite ligne de Dieu ou de sa Mère.

A Massabielle, après cette triomphale vision, il n'y avait plus à présent pour la jeune Soubirous comme pour tout le monde qu'une masse inerte de sombre granit. Je me trompe ! Désormais surtout, cet antre, aussi auguste que le Sinaï, puisque la majesté divine s'y était authentiquement manifestée, allait devenir la *great attraction* du globe, entraîné là moins encore par les prodiges sensibles de tout genre qui s'y accumulaient que par les charmes tout puissants de l'Immaculée-Conception.

Quant à la foule, à genoux devant la fente ogivale tandis que s'y passaient ces sublimes choses, une joie spéciale l'inondait inexplicablement alors. Elle était loin quand même de se douter qu'à côté d'elle, parmi ces broussailles, souriait Celle qui par son sourire illumine les cieux et qu'y parlait la Vierge-Mère dont le verbe est l'éternel ravissement de la Trinité trois fois sainte. Pourquoi faut-il ajouter que lorsque le long de sa course au presbytère la Voyante eut en partie du moins dévoilé l'énigme, il se rencontra des esprits assez frustes pour se déclarer déçus, cette abstraite élocution ne disant rien à leur sens épais ?

Le plus grand nombre néanmoins, sur la foi de la Voyante, sut y reconnaître le portrait vivant de la céleste Madone et une émotion inexprimable s'empara de toute l'heureuse bourgade en apprenant bientôt que sur ses terres venait non seulement de se montrer mais encore de se nommer Marie ; et chacun voulait baiser à présent les parois du granit qui lui avait servi de reposoir ou de chaire, étreindre comme autant de reliques les sèches brandilles dont Elle s'était fait un appui, sans trop oser du reste fouler une terre dorénavant consacrée d'où semblait à chaque pas jaillir le divin.

*
* *

Dix-septième Apparition. — Après cet inénarrable drame, on croirait que ce pouvait être fini à Massabielle ; et pourtant il n'en devait pas être ainsi. En effet, le 7 avril, mercredi de la Résurrection, la Mère de Dieu, estimant sans doute qu'il était juste de faire part à la jeune fille de ses allégresses pascales, l'attira à la grotte. Là, subjuguée par la douce entrevue, Bernadette fut l'objet d'un phénomène *sui generis*, aussi gracieux que symbolique mais surtout très démonstratif Comme l'Enfant dont une main parcourait le rosaire soutenait de l'autre, selon son habitude, un cierge allumé qui reposait à terre, elle ne s'avisa point, dans l'excès de l'extase, que la flamme montait assez verticalement pour atteindre son épiderme de laquelle elle n'était séparée que d'à peine quelques centimètres. Et tout un quart d'heure dura la combustion sans que la Voyante s'en aperçût, sans même (ce qui devenait autrement singulier) que sur la peau s'en accusât la moindre trace ! Le docteur Dozous, que la Providence avait voulu présent encore à cet épisode, et qui eut la montre à la main d'un bout à l'autre pour mieux mesurer la durée du phénomène, ne pouvait en revenir. Ainsi qu'il le déclara après coup, le plus fort était, non qu'il n'y eût point eu de souffrance (la catalepsie réussissant à la supprimer parfois) mais que les tissus fussent restés un si long temps parfaitement indemnes, alors qu'il est dans la nature du feu de détruire tout organe qu'il envahit, voire même de carboniser un cadavre. Il y avait donc là évidemment, au dire des plus grincheux praticiens, un miracle, un vrai miracle, un miracle de premier ordre ; sans compter qu'un peu plus tard, à la contre-épreuve, quand le même médecin essaya, à la dérobée, de lécher avec la flamme du dit cierge la main de la petite paysanne revenue à l'état normal, celle-ci ne manqua pas de se récrier vivement : « Vous me brûlez, Monsieur ! ».

*
* *

Dix-huitième Apparition. — Enfin, ce fut le 16 juillet, en la fête de Notre-Dame du Mont-Carmel, qui vint mettre le terme à tant de prodiges.

Un mois et demi s'était écoulé depuis que l'héroïne avait fait sa première communion avec la pureté et l'amour qu'y apporteraient les séraphins s'ils pouvaient s'asseoir au banquet mystique. Cette suprême Vision semblait donc venir, en ce beau jour, comme le couronnement et le sceau des faveurs émanées, tout un semestre, de la Mère de l'Eucharistie. D'autant que, le matin même, Bernadette avait eu la grâce de recevoir pour la troisième fois Jésus sacramenté. De ces deux bonheurs, manger le Pain des Anges et contempler la Reine des Anges, quel dut être le plus grand aux yeux de l'Elue ? De tels biens se confondent plutôt qu'ils ne s'opposent, comme on voit des arcs-en-ciel se mêler pour mieux inonder le firmament de splendeurs. Ainsi répondit, en substance, à une dévote curieuse l'ignorante villageoise. « Ces choses-là, disait-elle, vont ensemble. » Exquise et profonde théologie ! De fait, comment séparer le Fils de la Mère, l'Immaculée de l'Hostie ?

Donc, ce fut sur la fin de cette sainte journée — à la fois si eucharistique et si mariale — que, tandis que priait l'Enfant dans l'église natale, un appel bien connu retentit à nouveau au fond de son cœur. En cette heure même l'*Angelus* du soir tintait au clocher roman. Aussitôt, la Jeune vierge de Lourdes se leva, comme jadis s'était levée celle d'Israël pour aller à Hébron ; et prenant sur son passage sa plus agile tante Basile, elle fut vite au divin rendez-vous. Il y avait si longtemps — trois mois et demi presque — que tout là-bas demeurait dans l'ombre et le silence! Nul doute qu'en cette belle nuitée le ciel s'y manifesterait merveilleusement. Par malheur, une Administration de plus en plus tracassière avait multiplié les obstacles au voisinage de la grotte, comme si par l'Empereur défense dût être faite à Dieu de faire ici des miracles. Qu'à cela ne tienne ! La religion est plus ingénieuse encore que la tyrannie. Pour obéir à la céleste invite sans contrevenir tout de même à la Loi terrestre, la petite, très simplement, courut s'agenouiller sur l'autre côté du Gave, en face du béni rocher et avant peu autour d'elle ce fut tout un cercle de dévotes femmes. Ainsi qu'aux dates les plus heureuses, dès que l'émule des Anges eut porté ses yeux avides sur la fameuse brisure, son visage commença à s'illuminer et on l'entendit une fois de plus crier dans le tressaillement de tout son être : « La voilà ! la voilà ! Elle nous regarde, Elle nous salue, Elle nous sourit par-dessus la palissade. » C'était surtout à l'Enfant qu'allaient et ces regards, et ces saluts et ces sourires ineffables. Ne les avait-elle pas bien mérités en ne faisant guère que souffrir des gens du Pouvoir, depuis notamment son immortelle extase de mars ? Dans le vain espoir d'étouffer son œuvre naissante de quelles avanies ne l'avait-on point saturée? Et combien encore il lui restait à souffrir, en vertu de cette inexorable loi qu'en ce monde toute apothéose se paie cher ? Sous peu sa mère mourrait dans l'indigence et elle même devrait dire adieu à ses chères religieuses de l'Hospice où fut sa providence, perdre de vue les collines de Bartrès qui avaient réjoui ses jeunes ans, quitter Lourdes, vraie terre sainte où était à jamais son âme depuis les événements sacrés, s'arracher enfin à cette Grotte chérie au prix de laquelle il n'y avait plus rien ici-bas pour s'en aller loin, bien loin, dans l'inconnu, s'ensevelir derrière les grilles d'un cloître étranger où déjà l'attendaient la douleur matérielle et l'épreuve morale ! N'est-ce pas que tout cela valait une particulière caresse de la bonne Dame ? Et puis à une tragédie sans pareille dans les fastes des hommes il fallait bien un dénoûment digne de l'exposition et du nœud. Maintenant qu'elle était là, en cette harmonieuse soirée estivale, l'héroïne rustique, toujours vibrante, toujours généreuse, à genoux parmi les prés fleuris qu'arrose le Gave, l'heure semblait on ne peut plus favorable. Déjà à l'horizon enflammé le soleil se couchait dans sa gloire et, autour de Massabielle déserte, les ombres de la nuit s'essayaient à étendre leur mystère. Encore un regard de la Mère à sa fille, encore un salut, encore un sourire, si suavement expressifs qu'il sembla à l'enfant ne les avoir jamais trouvés pareils.

Hélas ! c'étaient — trop tôt — les mélancoliques

adieux de la terre ; parlons mieux, c'était plutôt l'au-revoir joyeux dans l'éternité du Paradis où l'Immaculée Conception avait solennellement promis de rendre un jour heureuse sa très pure, très humble et très fidèle Voyante !!

CHAPITRE TROISIÈME

La Voyante

Après la plus divine des histoires, son héroïne terrestre.

Quel dommage qu'il n'existe pas encore une Histoire en règle de Bernadette ! Henri Lasserre lui-même, en son style incomparable, a écrit plutôt celle de la Dame. Pouvillon, lui, avec son idéalisme éthéré, nous a transmis moins une narration biographique qu'un délicieux roman fait de poésie et de tendresse. Quant à Mgr Ricard, à l'heure où il avait à prendre la plume contre le plus hypocrite blasphémateur de Lourdes, la polémique l'absorbait trop pour pouvoir donner une « Vie » proprement dite. Je sais pourtant, par delà les monts au pied desquels la Providence tailla Massabielle, une retraite sainte et féconde où, malgré les rigueurs de l'âge jointes à celles de l'exil, s'élaborent sur toute la carrière merveilleuse de notre Extatique des documents vécus qui pourront bien être une révélation. En attendant qu'en vienne l'heure pour la plus grande gloire de la bergère pyrénéenne — ou qu'en tout cas surgisse chez nous mêmes son définitif Historien — les nombreux dévots de l'aimable Voyante ne seront pas fâchés sans doute de trouver ici, sous la plus modeste des signatures, une ébauche monographique aussi exacte que possible de Celle qui devait remplir son siècle et l'avenir de l'éclat de ses vertus non moins que de sa mission.

C'est à Lourdes, au moulin de Boly — près de l'endroit où la rivière de Lapaca se marie au Gave — que cette Enfant prédestinée vint au monde, le 7 janvier 1844, de François Soubirous et de Louise Castérot : jeune couple très chrétien qui faisait marcher là les meules patrimoniales en une assez bonne aisance, quoique déjà l'incurie et le nonchaloir de l'époux ne fussent pas sans laisser concevoir quelque alarme pour plus tard.

Baptisée, comme c'est la grâce de beaucoup de saints, dès le lendemain même de sa naissance, la nouvelle arrivée reçut de sa tante maternelle, Bernarde — pieuse fille dans les bras de laquelle elle fut tenue sur les fonts paroissiaux — les noms de la Très-Sainte Vierge elle-même et du Docteur melliflue qui a le mieux célébré la Mère du Christ ici-bas. « Marie — Bernard » ! Appellatifs prophétiques plus même qu'harmonieux, lesquels, adoucis encore par une de ces désinences où se complait la familiarité populaire, allaient bientôt, une fois encore, devenir immortels. A l'aînée d'un ménage qui n'inspirait que de la sympathie, la bienvenue au jour sourit dans tous les yeux et il y eut des réjouissances autour de ce premier berceau. *Quæ putas Puella ista erit ?...*

Au bout de six mois, du reste, en faveur d'un nouveau rejeton, il fallut confier « la Bernadette » à Marie Aravant, une brave chrétienne de Bartrès, petit village distant de trois kilomètres à peine de Lourdes, laquelle, pleurant de fraîche date le départ de son ange, fut bien contente de pouvoir allaiter l'héritière des Soubirous.

Les soins dévoués de la nourrice durèrent près de deux ans ; après quoi, force fut de rendre leur fillette aux caresses des siens. Ceux-ci ne tardèrent pas à s'apercevoir que le séjour de la montagne n'avait pas précisément fortifié la chère petite. Plutôt frêle et languissante, elle parut dès lors atteinte de cet asthme, peut-être congénital, qui devait demeurer l'épreuve de toute son existence. Le malheur fut que trop vite ses parents, dont la négligence aux affaires en compromettait de plus en plus la tournure, ne trouvèrent pas les moyens d'assurer à cette santé affaiblie la suralimentation nécessaire.

C'est donc dans ce milieu de gêne qu'eut moins à se développer qu'à végéter la jeune vie souffreteuse sur laquelle planaient déjà de si extraordinaires destins.

Pour comble, voilà qu'en 1855 (alors donc que l'enfant — qu'avaient suivie coup sur coup quatre autres frères ou sœurs — entrait dans sa onzième année), l'infortune prévue vint brutalement chasser la famille du moulin paternel et la contraindre à habiter une masure des plus précaires au quartier de Lapaca. Dorénavant, toute la ressource de la maisonnée ne sera que dans l'effort bien tardif du père qui, ne pouvant plus moudre pour son compte, louera ses services au jour le jour sans beaucoup réussir à écarter les privations de ce foyer nomade. Telle même avant peu deviendra la détresse qu'il y aura encore besoin de renoncer à un aussi humble gîte et, profitant de la très opportune compassion d'un vieil oncle, d'aller se blottir dans un taudis lamentable de la rue des Petits-Fossés.

Ce local, qui de tout temps avait servi de refuge aux dépenaillés, voire même de prison aux malfaiteurs, portait le sinistre surnom de « cachot ».

J'ai tenu à le visiter le lendemain des radieuses Fêtes du Cinquantenaire, pénétrant là comme on entre dans un Sanctuaire auguste. Or, à l'aspect de cette unique pièce sombre, humide, malsaine, aux murs décrépits, aux dalles usées ; devant ces rares ustensiles de misère, j'ai, tandis que la vénération me jetait à genoux, senti jaillir de ma paupière une larme de religieuse pitié au souvenir de la Confidente du Ciel qui dut couler ici des années si pénibles !

On pense bien qu'au fond de ce réduit insalubre, presque aussi dénué que celui de Bethléem, l'enfant vit de suite s'aggraver son état chronique. Non pas que les Soubirous qui l'adoraient ne fissent l'impossible pour être à ses petits soins, lui achetant — en guise de la bouillie de maïs, pitance ordinaire des « drôles » — du pain blanc, du vin et du sucre. C'est ainsi en outre qu'ils voulaient qu'elle fût habillée plus chaudement que les autres et qu'elle eût aux pieds des bas de laine : préférences aussi justifiées qu'incapables hélas ! de rendre une robustesse bien perdue et qui, du reste, n'allaient pas sans provoquer la jalousie, souvent même les coups des plus jeunes.

Pour tout cela, dès l'hiver suivant, la tante — marraine tint à prendre chez elle sa dolente filleule à seule fin, disait-elle, de la « ravitailler un brin ».

Lorsque sept ou huit mois d'un régime aussi intelligent qu'affectueux parurent avoir produit quelque résultat, Bernadette demanda elle-même à réintégrer le géhenne domestique. A partir d'alors aussi recommencèrent avec les besoins les souffrances de la malade, encore que pour aider à ne pas mourir de faim elle louât souvent sa bonne volonté dans une maison du voisinage. Sa grande compensation, du moins (vu qu'elle était très pieuse dès les langes), était de pouvoir retrouver, tous les soirs, sous ce chaume de ruine, les vertus de Job au contact de ses parents malheureux? Aussi bien, qu'aurait-on pu leur reprocher? François n'expiait-il pas avec courage en travaillant plein ses bras? Et Louise surtout, au sein d'une telle angoisse, cessait-elle d'être « la femme forte » louée par nos Saints Livres? Chaque nuit, après le plus rudimentaire des soupers, la prière se faisait en commun. C'était la voix pure autant que délicate de l'aînée qui dévidait les traditionnelles formules bigourdanes, égayant par ses inflexions pénétrantes la tristesse de ce mélancolique asile, Le dimanche, la famille entière était aux offices ; et, lorsque arrivaient Pâques fleuries, père et mère montraient d'avance aux enfants par l'exemple le chemin de la Table divine où la part des pauvres est d'aucunes fois plus belle que celle des riches.

Cependant, vers la saint Jean de 1857, la nourrice, ayant là-haut à chercher une jeune gardienne pour ses bêtes, fit appel aux aptitudes supposées de la si chère citadine.

Voici donc notre fillette, déjà dans ses treize ans révolus, retournée à Bartrès, le délicieux petit pays de sa prime enfance qu'elle n'avait jamais bien perdu de vue ni où elle n'était pas oubliée certes. Dans la mansarde lourdaise il y eut, on le suppose bien des larmes — de part et d'autre — à l'heure de la séparation. Mais la pauvreté a des grâces d'état pour se faire à ces sacrifices du cœur que rachète, du reste, l'économie du pain commun. Les nouveaux compatriotes eurent tôt reconnu, distingué et aimé la bergerette dont la modestie toujours souriante et l'exquise limpidité semblèrent dès l'abord comme la bénédiction de leurs landes solitaires. Aussi, ne sortait-elle jamais à la tête de ses brebis sans que de tous côtés lui vinssent des paroles de bienveillance et elle-même répondait avec cette candeur épanouie qui ajoutait tant aux grâces de sa fruste personne. « Vraiment, disait d'elle un jour à l'instituteur le curé du village, si un enfant fait penser aux deux jeunes bergers de l'Apparition des Alpes, c'est bien cette pastoure ». Bernadette et Mélanie ! La Salette et Lourdes !! Quelle association déjà pleine de prophétisme !

Ce n'est pas du reste qu'à ce moment de son histoire la Soubirous fût ce qu'on appelle une fille précoce. Chez elle, ni grande intelligence, ni vive imagination, ni heureuse mémoire. Les éléments du catéchisme, qu'à chaque veillée tâchait de lui inculquer sa seconde mère, n'entraient qu'avec peine dans son concept et y demeuraient plus difficilement encore. C'était bien toujours la vulgaire paysanne qui, dans son pays natal, naguère, lors de ses intermittentes présences aux leçons de la doctrine, n'avait pu arrêter l'attention des prêtres tant, affalée sur son banc, à la dernière place, elle ne trouva jamais de réponse au moindre questionnaire.

Tel était donc le « Néant » que la Providence s'était choisi, qu'elle tenait en réserve, qu'elle élaborait en secret, sans que rien y parût au dehors, pour faire dans son Élue et par son Élue d'étonnantes choses. Car, si la lettre humaine glissait à la surface de cette âme, il faudrait se garder de croire que l'Esprit de Dieu, ce Maître merveilleux des natures neuves, ne développa pas en celle-ci, et de bonne heure même, « la science des Saints », laquelle se puise beaucoup moins dans les livres que dans l'oraison et se manifeste — sinon toujours par des éclats de génie — du moins par l'efflorescence spontanée de toutes les habitudes chrétiennes.

J'ai prononcé ce grand mot d'oraison. Oh ! la pauvre fille du meunier failli n'en habitait pas précisément les cimes classiques. Sur la fin de sa carrière, au couvent de Nevers, n'avouera-t-elle point qu'elle se sentit toujours incapable de méditer ? Seulement, dans son chapelet de montagnarde — le seul volume, après le spectacle des champs et des cieux, où elle sut lire — elle rencontrait, à son insu presque, en même temps que les flammes de la dévotion, les clartés de la foi : le tout du reste divinement accommodé à son rang comme à son âge, comme à sa prochaine mission.

De sorte que, à tous égards, ce fut une heureuse et féconde époque — quoique courte — que celle que Bernadette passa derrière les brebis de ses parents adoptifs ou, pour mieux dire, à l'école de l'invisible Pédagogue. Eh ! n'est ce pas là que, depuis Abel et David, s'élevèrent les êtres d'élite ? Geneviève de Nanterre et Jeanne de Domrémy, qui devaient sauver la France, l'une de l'invasion barbare, l'autre de la conquête anglaise, étaient deux pastourelles avant de devenir les anges de leur patrie et les saintes de nos autels. De même, sous l'action latente de la grâce, achevait de se former leur sœur béarnaise durant une aussi suave idylle où il put sembler, tellement le Surnaturel transpirait déjà en elle par tous les pores, que les anges la portassent sur leurs ailes en des envolées délicieuses.

Mais, il se faisait temps que cette adolescence en fleur allât enfin à la rencontre de l'Epoux des vierges qui réjouit les jeunesses chastes en les nourrissant de sa chair et en les enivrant de son sang. Voilà ce qui fut cause que la mère Soubirous — pour satisfaire aux désirs de sa fille non moins qu'à ses scrupules personnels, — sitôt qu'elle eût appris que Bartrès était sans prêtre par suite de l'entrée en religion du bon abbé Ader, rappela l'absente au logis à l'effet d'y préparer la première communion.

C'est le 10 janvier 1858 qu'eut lieu le retour sous le misérable toit familial. Ici, avant de poursuivre le cours de cette histoire — embaumante déjà dans son obscurité comme l'hagiographie même — recueillons-nous pour nous rendre bien compte de ce qu'était, à une heure à tel point solennelle, Celle que guettait la vocation la plus singulière.

« Simple, douce et pure et bonne » ; ce sont là les quatre notes caractéristiques qu'aujourd'hui encore s'accordent à attribuer à leur jeune concitoyenne de passage les derniers survivants du rustique hameau.

Avec cela, très positive, presque terre à terre. Les traits physiques eux-mêmes étaient banals, quoique aimables. Mais, en revanche, oh ! la belle conscience ! Tout en cette âme — redisons-le pour mieux avoir la clef de bien des choses — était blancheur comme les lys des vallons voisins ou les neiges des altitudes d'en face. A quatorze ans (sur la foi de l'abbé Pomian, son confesseur) quand elle s'approcha de son Dieu, elle n'avait perdu aucun des charmes de l'innocence baptismale. Il paraît — c'est elle qui l'a dit — que son embarras, aux approches du grand jour, ne fut pas léger de ne pouvoir découvrir que « six péchés véniels » pour les pleurer aux pieds du Prêtre. Et quels péchés encore, susceptibles chez bien d'autres de passer quasiment pour des vertus !

Voyons-la, au début de ce dur hiver de 1858, s'en aller à la besogne que permettaient ses forces, toute engoncée dans sa pauvre bure avec la jupe à plis lourds et le plat corsage et le foulard noir en pointe venant se nouer sous le menton de manière à enfermer son pâle visage dans la fente d'une ogive..... On dirait déjà d'une jeune et fragile novice ! Mais, prenez-y garde : à travers cette chétivité même, quelle flambée d'âme ! Le mystère, en vérité, rayonne, impressionnant, de ces yeux, lacs de virginité mille fois plus lucides que ceux perdus sans nom sur les hautes cimes et où se mirent en silence, dit-on, toutes les gloires du firmament pyrénéen. Quant à ses lèvres minces et frémissantes, regardez comme elles s'entrouvrent en un sourire discret qui semble bien l'inlassable expression de la bonté compatissante.

Comme son émule de Lorraine, ne sachant ni A ni B, Bernadette s'en dédommage, du moins tant qu'elle peut, sur son cher rosaire, assaisonnant de nombreux et combien dévots *Ave Maria* le quotidien labeur. A l'heure du repos, on la surprend, entre la houlette et la quenouille, se jouer enfantinement avec les fleurs champêtres, les pierres polies, l'onde courante et mieux encore avec le plus jeune de ses blancs agnelets, tandis que de jalousie « Montagne », la chienne hirsute, lui vient lécher les mains. Par exemple, l'ombre seule du Mal — d'où qu'elle sorte — la fait tressaillir. Au contraire, d'instinct, dès que sa tâche lui en laisse le loisir, elle se porte vers tout ce qui lui semble petit, pauvre, douloureux et ignorant et pur comme elle.

Ainsi se révélait, dès lors, au seuil d'une puberté difficile, cette créature exceptionnelle qui, logeant une âme très saine et très robuste dans un corps de souffrance, plaisait plus en définitive par l'ingénuité diffuse en tout son être que par des dons supérieurs : nature absolument quelconque vue du côté réel ; la fille, si l'on veut, la moins apte qu'il se pût aux transports et aux rêves ou même encore (ainsi que — répétons-le — nous l'avons entendu dire si bien un jour à Henri Lasserre chez le curé de Lourdes) : « la simplicité qui s'ignorait elle-même. »

C'est en un pareil état physique et moral que, retournée parmi les siens depuis un mois juste, elle partait donc, à la recherche des brindilles sèches, du côté des Grottes, par une froide après-midi hivernale, toute frissonnante aux baisers de la bise, quoique lourdement couverte et chaussée de laine chaude dans ses sabots montagnards, avec la capuline obligatoire jetée sans art par dessus le mouchoir de sa tête.....

J'ai assez dit déjà ce qui advint moins d'une heure après.....

..... Maintenant, la poésie bucolique de Bartrès ayant pris irrémédiablement fin, c'était bien l'épopée de Lourdes qui venait d'éclater, fulgurante, déconcertante, en attendant — pour que fût complète la trilogie de la Bigourdane comme celle même de la Champenoise — qu'arrivât le drame de Nevers. Oui, poésie bucolique toute en fraîcheur rurale ; oui, épopée traversée de célestes lumières ; oui, drame suprême se dénouant par les crépitements du volontaire sacrifice sur le bûcher de l'holocauste religieux : tel est le saint triptyque qui tiendra désormais l'histoire en haleine tant qu'il y aura une histoire.

Aussi bien — j'ai hâte de l'ajouter — ce serait ne rien entendre à notre étonnante Héroïne que de croire que ses épreuves ne datèrent que du cloître. A vrai dire, celle qui était née en souffrant, souffrit toujours, mais surtout à partir du jour où elle se vit admise aux sauvages Espélugues à communier si directement, si personnellement avec le Divin. De pareilles privautés, dont avaient eu peur à leur heure les Moïse et les Elie, se paient toujours cher ici-bas ! La première lutte de Bernadette, on l'a lu, fut contre elle-même, contre ses craintes, ses hésitations et ses doutes ; puis, il y eut un rude assaut à soutenir de la part de la chair et du sang lesquels, redoutant les railleries du monde mais surtout les tracasseries de la justice, cherchèrent d'abord à lui barrer le chemin de ses irrésistibles rendez-vous ; après, il fallut s'aguerrir contre le Pouvoir civil dont la prétention brutale et burlesque allait jusqu'à vouloir ôter à Dieu le droit de faire là-bas des miracles ; ensuite, ce fut au tour de la Science, d'une certaine Science, d'opposer systématiquement aux certitudes expérimentales de la timide Voyante des montagnes d'objections ou des pièges de perfidie ; enfin — pourquoi ne l'ajouterions-nous point sans embarras ? — il n'y eut pas jusqu'aux gens d'Eglise qui par leur incompréhensible mais nécessaire attitude ne lui furent bien amers. J'allais oublier la Maçonnerie dont on est sûr de saisir la main noire partout où il peut y avoir une infamie à commettre. Ici, couverte par la Préfecture de Tarbes et donnant le ton à plusieurs journaux de la capitale, voire même de la région, elle jeta, sous l'impulsion de Satan, son père, son masque ordinaire, appelant « menteuse, hystérique, hallucinée, comédienne, jouet des prêtres ou de l'orgueil ou de l'avarice », la plus calme, comme la plus candide, comme la plus désintéressée vierge de France.

Pauvre Bernadette ! faible roseau agité par l'orage sans autre appui que sa conscience et le souvenir des sourires de sa Madone! Que d'avanies elle eut à subir le long de ce splendide semestre des apparitions et bien au-delà encore ! Rien ne lui fut épargné de ce qui peut abattre une ignare et chétive et miséreuse enfant du peuple : ni les interrogatoires captieux ni les enquêtes violentes ni les flatteries subtiles ni à la fin même les menaces ouvertes. Ce triste Commissaire Jacomet et cet indigne Préfet Massy surtout semblaient rivaliser de sauvagerie autour de cette innocence. Et il se rencontra un Sanhédrin de Docteurs vendus à l'Etat ou aux Loges (ce qui déjà alors était tout un) pour déclarer l'Extatique « folle » et réclamer son internement dans un cabanon ; quand bien même à l'examen médical le moins suspect certes n'apparût aucune trace de lésion cérébrale ; parlons mieux, quand bien même nul tempérament psycho-physique ne se fût jamais trouvé — nonobstant l'affection que nous avons dite — en plus parfait équilibre. Ainsi diagnostiqua, bon gré mal gré, comme jadis l'ânesse de Balaam, la docte Faculté. Mais que peuvent tous les verdicts contre la passion sectaire? Il fallut qu'auprès du Pilate impérial, qui était alors occupé à « se laver les mains » d'attentats autrement sensationnels dont il demeure quand même responsable, une intervention toute-puissante se produisit — celle de la vertueuse Eugénie alarmée par le péril de mort aussi soudain qu'énigmatique du jeune Prince — pour que du Trône émanât enfin l'ordre de ne plus persécuter la confidente de la Souveraine des Cieux. La Religion, à son tour, suffisamment éclairée par la suite des faits, sortit de sa coutumière réserve ou de son apparente défiance qui avait tant scandalisé ; et, en la personne de M. l'abbé Peyramale d'abord, de Mgr Laurence ensuite, prit hautement le parti de l'admirable Bergère. Ce Mandement du 18 janvier 1862, en proclamant que « tous ces prodigieux phénomènes de Massabielle, *envisagés du côté de la jeune fille,* ne pouvaient s'expliquer que une cause divine », arrivait bien, après une telle tempête, comme le rafraîchissement providentiel. Sans compter que le Chef même de l'Eglise universelle tint bientôt lui-même à apporter la sanction suprême à la trop juste apologie. On pense que je veux parler du fameux Bref de Pie IX qui mettait décidément sur l'œuvre et donc sur la personne de Bernadette la première auréole canonique. Deux ans après (4 avril 1864), avait déjà lieu, au pied des Cavernes, l'inauguration de cette « chapelle » si souvent réclamée par la Dame et qu'il Lui coûta tant d'obtenir. Ce fût, paraît-il, une vraie magnificence. Seulement, par une de ces conduites du Ciel qui, en faveur de ses élus, à côté des fleurs mettent toujours des épines, celle qu'on avait vue six années de suite à la peine ne fut point à l'honneur ; pas plus du reste que son curé devenu son bras droit. Tous les deux, manifestement marqués pour être d'une façon ou d'une autre des « Victimes » jusqu'au bout d'une aussi surhumaine Affaire — en guise de se trouver à la Grotte, ce jour-là, le plus doux de leur vie, afin d'y chanter à la tête d'une multitude en délire, l'hosannâh de la victoire — gisaient sur un lit de douleur : l'un dans son presbytère désert, l'autre à l'hospice des Religieuses où l'avait fait venir une recrudescence de son mal. « Et tout cela, dit l'Écriture, afin que nul ne se glorifie devant la face de Dieu qui n'a besoin de personne. »

Cependant, le peuple chrétien, lui, comprenant peu ces mortifications inéluctables, ne ménageait pas, de plus en plus, les triomphes à sa Prophétesse. Comme si une vertu surnaturelle transpirait d'elle en magique attraction, tout le monde voulait la voir, l'entendre, la toucher. Qui dira le nombre et parfois aussi la qualité de ses visiteurs ? Tels les Dupanloup, les Donnet, les Landriot, les de Mérode, les Prince Chigi, un Louis Veuillot, une amirale de Bruat. On raconte que l'illustre Evêque d'Orléans, fougueux en tout, s'agenouilla devant la fillette pour en recevoir une bénédiction : ce qui vexa fort, et à juste titre, le très sage pasteur de la paroisse. Le plus frappant, c'est qu'à travers toutes ces fatigantes interviews notre Voyante restait toujours sereine, libre, simple et naturelle. Malgré sa visible insuffisance de culture et même d'esprit, dès qu'elle en venait au divin récit, elle se montrait étonnante de facilité dans le discours aussi bien que d'ingéniosité et souvent même de saillie dans la riposte. Une telle conviction surtout s'échappait alors de cette bouche virginale qu'il devenait impossible d'écouter sans croire. Tour à tour naïve, spirituelle, sérieuse ou enjouée suivant l'occurrence, elle subjugait tout son monde, évêques, prêtres, moines, journalistes, professeurs, médecins, psychologues, en restant inaltérablement simple et douce et modeste. Ainsi était déjà apparue cette autre pastoure nationale du XVe siècle — avec qui on ne se lasserait jamais de comparer Bernadette — lorsque successivement la Basoche, l'Ecole et l'Eglise montèrent le siège devant sa déroutante rusticité.

A Lourdes comme à Chinon, toute diplomatie échouait au pied de tant de candeur impeccable et ce ne fut pas certes le moindre des miracles que jamais rien ne pût l'effleurer, pas même les ovations sincères ou les flatteries insidieuses ou les offres tentatrices. Jusqu'au bout, cette émule des anges eut la grâce de rester une enfant, de cette classe d'enfants, dis-je, à qui appartient vraiment le Royaume des cieux et sur les lèvres desquels le Seigneur se plaît à placer la louange parfaite.

Mais, continuons cette photographie spirituelle :

A côté d'un pareil effacement, quel détachement, farouche, irréductible ! C'est comme cela qu'une riche et catholique famille, séduite par ce nimbe céleste que les vertus non moins que les prodiges formaient déjà autour de son front, proposa dès les premiers jours à la pieuse enfant de l'adopter. Elle en recula d'horreur. La sainte Pauvreté, compagne de l'humble Simplicité, captivait trop vraiment cette âme naturellement grande pour qu'un appât terrestre la pût émouvoir. Il en sut bien aussi quelque chose plus tard le beau Monsieur qui jusqu'au parloir du couvent osa, au nom d'un donquichottisme mystique, faire plus tard miroiter devant elle et sa fortune et sa main !

C'est précisément par cette complète négation de son « moi » que jusque dans les tribulations extérieures elle trouva le secret de ne pas perdre la paix du dedans ; car il n'y a pour être maîtres de soi-même comme de l'univers que les dépouillés.

Et pourtant, pense-t-on que ce ne fut pas une particulière douleur à cette aimante enfant toute dévouée à sa Madone de voir la sainte Grotte profanée près de six mois par la force ?

Naguère encore, l'Extatique était là, à cette place si pleine de douces souvenances où elle aimait tant à revenir, lorsqu'une charrette impie (la seule qu'il eût été possible de réquisitionner dans toute la ville) emporta sous ses yeux noyés de larmes les ex-voto déjà multiples de la gratitude des foules. Même ces nombreux cierges, allumés un matin à la flamme de son extase, avaient été bêtement éteints un à un ; et, pour suprême défi, on ne tarda pas à empêcher, au moyen de palissades, l'accès de la source tout aussi bien que celui de la crypte ; cependant qu'à la rescousse de la Politique surgissait de temps en temps encore quelque docteur savantasse, un Voisin, un Diday — en attendant les Charcot et les Bernheim — pour prétendre que les cures trop incontestables qui s'échappaient de cette fontaine étaient dues à ses qualités minérales ; comme s'il n'y eût eu là que des thermes rivaux de ceux de Barèges ou de Cauterets !

Il est vrai que tout cela ne refroidissait guère les pieuses caravanes. La Vision avait demandé « du monde, beaucoup de monde » ; et Bernadette voyait déjà se succéder les multitudes. Toujours ainsi donc envers elle ce remarquable mélange de joies et de peines qui feront bien la providentielle antithèse de toute sa vie.

Sur ces entrefaites (fête Dieu 1858), sonna enfin pour la fille des Soubirous l'heure tant soupirée de sa première Communion. Ce que fut cet embrassement solennel à la fois et intime de l'Innocence avec l'Amour, il faudrait la lyre d'une Eugénie de Guérin ou le pinceau de l'ange de Fiesole pour nous l'apprendre. Quand cette paysanne qui avait des intelligences avec la gloire éternelle descendit de l'autel — radieuse, enflammée et modeste — toute la paroisse comprit bien que Dieu venait de se donner à elle comme Il ne se donne pas en ce monde ordinairement.

Pourquoi fallut-il que de cette nouvelle extase, qui lui faisait revivre ses plus beaux jours, vint encore trop tôt la tirer la persécution un moment suspendue comme par une sorte de trêve de l'Eucharistie ? A présent, dans l'impuissance d'incriminer l'eau du miracle ou la prophétesse qui l'avait fait sourdre du sable aride, on s'avisa, sous prétexte d'intérêt public, d'interdire le terrain de Massabielle en tant que fonds communal ; d'où barrières dressées, gendarmes apostés, procès-verbaux à foison, amendes à outrance : ce qui naturellement jeta Lourdes et la contrée dans une fermentation extrême. Quelle haine donc portait déjà l'Enfer à cette Grotte et comme il fallait qu'elle lui fît peur !

Tant de commotions diverses ajoutées à beaucoup de fatigue empirèrent l'état de la Voyante qu'on jugea sage d'envoyer à Cauterets non pour une cure balnéaire mais pour le repos et la distraction. Trois semaines après, du reste, elle regagnait ses pénates, ne pouvant tenir loin de cette *Terre sacrée*.

C'était le moment où, en route vers toutes les stations à la mode, l'élite mondaine de chez nous et même de l'étranger traversait la bourgade désormais si fameuse. Les visites reprirent donc de plus belle. Il était écrit que cette enfant devait servir de « Témoin » au Surnaturel devant toutes les grandeurs d'ici-bas ; et ainsi allait, s'étendant, par le jeu même des circonstances, la réputation peu à peu mondiale de la cité de Marie. A l'hôpital des Sœurs comme au nouveau logement des Soubirous, entre lesquels se partageaient maintenant les journées de Bernadette, la consigne fut de laisser pénétrer tous les curieux. Il faut dire ici que, depuis la dernière crise de la jeune asthmatique, le saint curé Peyramale — de crainte que n'achevât d'y dépérir une santé à ce point précieuse — tint à tirer enfin ces pauvres gens, qui ne le demandaient pas certes, de leur trou, pour les transplanter dans un appartement bien modeste encore, mais enfin plus salubre, de la rue du Bourg.

Comme j'étais allé au « Cachot », je voulus, le 12 février, me rendre aussi, afin que fût complet mon pèlerinage, à la dernière demeure terrestre de la Confidente du Ciel, où près de huit années consécutives affluèrent les sommités catholiques et même incroyantes du XIXe siècle.

Qu'on se figure, au bas d'un léger fléchissement du sol, une grossière masure sans apparence au-dehors, sans symétrie au dedans. Devenu propriété municipale ou, pour mieux parler, « relique de la Ville », pas de garde à la porte de cet habitacle : y entre qui veut ainsi que jadis au moulin ancestral. D'ailleurs qu'y garderait-on vraiment ? Nul cicerone non plus, la piété étant assez perspicace pour découvrir bien des choses que ne dit pas le Bottin ; moins encore de pourboire : l'âme de la pieuse fille qui rayonne sensiblement sur ces aîtres en resterait toute marrie. Là, dès l'abord, on éprouve la sensation sinon de l'indigence certainement de la pauvreté dans ce qu'elle eut de primitif. L'immeuble se compose de deux pièces : un rez-de-chaussée, sorte d'ancienne étable, d'où s'exhalent encore des relents ; puis, à l'étage supérieur, auquel il faut accéder par un escalier à moitié vermoulu, voici la petite salle informe qui dut servir de cuisine et de chambre puisqu'on y voit toujours quelques mauvaises chaises, une table de bois blanc ayant besoin d'étai comme celle de Philémon et Baucis, deux modestes lits dont une couchette, plus modeste encore, que protège un grillage circulaire contre tous les pieux vandalismes. Agenouillez-vous ! Car c'est ici que reposa, de temps à autre, la vierge pyrénéenne avec laquelle conversait la glorieuse Reine du monde. Plus d'une fois, ses parents l'entendirent, la nuit, s'entretenir avec quelque Etre invisible. Passez ensuite en revue ces images de sainteté, ces fleurs en papier peint, ces rubans défraîchis : ornements naïfs, luxe de qui n'eut pas le nécessaire et plutôt fait pour souligner le dénûment que pour le voiler ! Mais, le véritable prix de ces rares ustensiles n'est-il pas d'avoir été les contemporains et comme les compagnons de l'Extatique qui les vit là à cette même place, qui les y appendit peut-être, avec laquelle donc ils vécurent de la communion mystique qui se noue souvent entre les grandes natures et les petites choses ?

*
* *

Mais il est temps sans doute de nous arracher, avec notre Héroïne elle-même, au pays des Extases où elle n'aurait désormais plus rien à faire puisqu'elle y avait assez souffert l'œuvre sublime dont elle ne fut aussi bien que l'instrument secondaire et transitoire.

Ses adieux au saint Rocher ne laissèrent pas que d'être particulièrement déchirants, ainsi que l'a raconté naguère, après tant d'autres, mon ami l'abbé Archelet, dans son beau volume sur Lourdes. S'éloigner de cette excavation n'était ce pas pour Bernadette quitter le seuil même du Paradis ?

Le Ciel arrangea tout de manière que ce fût un 16 de juillet 1866 — le jour d'un bien doux anniversaire ! — que, sous les noms inamissibles de Sœurs Marie-Bernard, âgée de vingt-deux ans à peine, elle entra, comme novice (le postulat ayant été déjà fait dans la succursale de Lourdes même), à la Maison-Mère des Dames de Nevers.

La Supérieure générale de cet admirable institut voué à l'instruction des petites filles et au soin des malades était alors la Révérende Mère Imbert, une femme sagace autant que prudente qui avait, disait-on, le flair des âmes. L'Evêque diocésain s'appelait Mgr Forcade, prélat dont la piété sembla n'avoir d'égale que la sagesse : encore deux personnages donc triés sur le volet par la Providence pour intervenir dans une histoire où tout réellement est providentiel. Les débuts furent ce qu'ils devaient être chez une telle Appelée. Bientôt la communauté entière, saintement orgueilleuse de cette Fleur des champs, comme parle la Bible, s'embauma au parfum de ses vertus. Non pas qu'ici pas plus qu'au pays natal l'aînée des Soubirous-Casterot fût extraordinaire en quoi que ce soit. La même simplicité qui l'accompagnait jadis en pleine apothéose sur les bords du Gave l'enveloppa encore au couvent de Saint-Gildard, et si quelque chose l'y différenciait de ses compagnes c'était bien, avec une humilité sans apprêts, un bon sens et une mesure sans défaillances. Ce qui veut dire qu'elle eut vite conquis les moniales comme elle avait précédemment fasciné les foules ; et cela tout le temps à son insu ! Aussi, quand le nouveau Père en Dieu de la jeune religieuse, tenu au courant de l'harmonieux essor de cette âme, apprit qu'à Paris, en pleine clinique, un pathologiste de renom venait d'avoir assez de légèreté ou de mauvaise foi pour dire que l'ex-Voyante de Massabielle avait dû être enfermée dans une maison d'aliénés de la Nièvre, voici la riposte sobre mais topique que lui adressa Mgr Forcade : « Je puis et dois affirmer que Bernadette, admise au noviciat des Dames de Nevers, s'est, dès la première heure, toujours montrée d'une sagesse peu commune ainsi que d'un calme dont rien n'approche ». Absolument pareil fut le témoignage rendu par les médecins de la Maison.

C'était, cela, le certificat de salubrité psycho-physique ; mais, l'autre, la santé surnaturelle, comment la dépeindre à la frivolité des profanes quand, à force d'effacement héroïque, elle échappait en bonne partie aux voisines de chœur elles-mêmes ? Heureusement, pour déceler la très spéciale action d'en Haut en cette humble nonne, il y eut la souffrance, dont la signature ne trompe jamais en ces cas ; une souffrance, soit matérielle soit aussi morale, au prix de laquelle les précédentes tribulations n'étaient que pain bénit. Pendant douze années de suite, cette seconde existense ne fut, par le fait, qu'une longue série d'infirmités incurables, inexplicables aussi, sorte de douloureuse Passion qui, sur un corps innocent ou au fond d'une âme liliale, *achevait*, suivant le mot étonnant de saint Paul, le martyre rédempteur de l'Homme-Dieu.

Le plus admirable, c'est que l'Hostie s'immolait comme elle respirait, comme elle se mouvait, tout unîment, sans phrases. A voir passer dans les corridors ou bêcher au jardin ou se consumer sur son grabat d'infirmerie cette sœur insignifiante, nul ne se serait douté que c'était là l'apôtre de l'Immaculée-Conception, celle à qui, comme à Saint-Jean, avaient été confiés les célestes secrets.

Ainsi donc, au cloître aussi bien qu'aux Espélugues — parce que la simplicité resta la même — le Seigneur continua à visiter sa servante ; seulement, selon que cela devenait nécessaire à la consommation de cette vertu hors de pair, ce fut désormais moins par l'extase — qui est une grâce gratuitement donnée pour les autres — que par le martyre qui devient une source entre toutes féconde de mérites et de sainteté personnelle.

Les tortures, du reste, en s'avivant, n'auraient-elles servi qu'à mieux mettre en relief devant la communauté la patience toujours sereine et souvent même enjouée de la douce victime qu'elles eussent été déjà une bénédiction. Que si, à cet autre Gethsémani, la nature en quelques rares surprises laissait, sous l'excès du mal, échapper un furtif cri de plainte ou pour mieux dire de détresse, bientôt avec l'humilité et le regret revenait dans le cœur comme sur les lèvres le « fiat » de toutes les résignations sublimes.

Sans compter que, au-dessous de tout le monde par son choix propre, elle y était en outre tenue, douloureuse ou allègre, comme par la mystérieuse conspiration d'un chacun, égales et supérieures s'entendant, on ne peut mieux, à la mépriser au dehors encore bien qu'il n'en fût pas une seule qui au dedans ne lui décernât déjà une sorte de culte.

De son côté, des divines choses dont elle avait été l'ouvrière jamais un mot, à moins qu'elle ne fût là-dessus interrogée d'office. Alors, vous auriez dit qu'elle parlait d'inspiration tant elle y apportait d'assurance, de facilité, de prestige même. Chaque fois également que la discipline la ramenait au parloir où se succédaient, pour jouir de sa vue, pour entendre une de ses paroles, les plus décoratifs personnages, quel supplice c'était à son cœur si amoureux de l'ombre et du silence ou de la compagnie des chères malades ! Car la plus infirme de Saint-Gildard, elle avait été vite nommée infirmière ; et, de l'aveu unanime, elle sut l'être idéalement, comme si la sainte obéissance, pour laquelle et par laquelle elle existait, lui eût versé des aptitudes qu'elle ne s'était point soupçonnées jusque là ! C'est qu'aussi bien à ses yeux obéir, après souffrir, c'était vivre. L'obscurité ne la fascinait pas moins. Elle n'était contente que lorsqu'elle pouvait passer inaperçue. « A présent au moins, observait-elle un jour à l'Evêque avec sa bonhomie foncière, je suis comme tout le monde ». Pas tout à fait, ô merveilleuse enfant ! — A dire le vrai, même au point de vue naturel, si l'on y regardait de près, elle n'était pas quelconque. De ses transcendantes contemplations il lui restait certainement une empreinte.

Veut-on que, sur la foi de ceux qui l'ont connue alors, nous essayons d'ébaucher le portrait de la petite moniale ? Yeux noirs mais transparents et toujours d'un charme indéfinissable, visage avenant à force d'être séraphique, intelligence sensiblement développée moins encore aux affinements inévitables du cloître qu'à l'école même de la plus habile des Institutrices. Ajouterai-je sauf à me répéter — et cela pour mieux faire voir qu'elle n'avait pas perdu son temps dans les extases — ajouterai-je, qu'à ses heures Sœur Marie-Bernard, non contente d'avoir pu réussir à lire le petit Office et à écrire à ses neveux, avait de l'esprit, un esprit d'autant meilleur qu'il éclatait inconscient à travers des ripostes péremptoires ou de délicieuses saillies? Et pour que fût patent sur toute la ligne le triomphe de la grâce, la pastourelle de Bartrès, la fileuse de Lourdes s'était à Nevers révélée bientôt très adroite de ses mains : couturière parfaite, comme cuisinière irréprochable, comme hospitalière sans pareille, comme enfin sacristine accomplie.

Ainsi de celle qui disait en entrant en religion : « je n'y serai bonne qu'à éplucher des carottes » l'Esprit Saint s'était plu à faire, à la lettre, un « Vase d'élection ». *Vas electionis.*

Pour ce qui est de sa blancheur spirituelle sans laquelle, dit un Père de l'Eglise, nulle âme ne saurait plaire au mystérieux Amant, on suppose bien que, éclipsant celle des neiges et des fleurs parmi lesquelles s'était épanouie son enfance, elle donna dans cette serre chaude de la vie monastique tout son parfum, plus céleste que terrestre, rappelant assez l'encens de nos autels lorsqu'il monte en une colonne de suavité vers le Trône de l'Agneau qui se repaît au milieu des lis éternels.

Quel recueillement enfin, soit dans le labeur vulgaire soit dans la douleur cuisante, chez cet être fait pour l'Invisible et dont chaque battement du cœur, dont chaque souffle de la poitrine semblait un murmure de prière ou un soupir d'amour !

Ah ! cette prière de la Religieuse tantôt derrière les saintes grilles, tantôt dans la cellule solitaire !

Jadis déjà les anges, jaloux, l'avaient pu admirer s'élevant plus haut que les eaux tumultueuses du Gave, que les collines fleuries des Espélugues, que les pittoresques landes de Bartrès, que les mouettes blanches rasant l'horizon pyrénéen, que l'azur lui-même si bleu qui au loin avait l'air pour elle de se confondre avec l'infini... Mais depuis qu'en ces successifs cénacles de la grotte et du couvent Bernadette a appris l'art des arts, celui de prier ; qu'elle a plutôt reçu la science infuse de l'oraison, l'Esprit de prière, qui pourrait nous dire la sublimité d'un de ses « pater », la douceur aussi de chacun de ses innombrables « Ave Maria » ?

Et l'amour donc qu'aurait-il à redouter chez elle du parallèle avec celui même des purs Esprits ? N'est-ce pas de tout son cœur où jamais n'entra le partage humain que cette vierge parfaite aimait son Dieu et le Fils qu'Il a envoyé au monde et la Mère ineffable qui porte Jésus dans ses bras et ici-bas, en eux, par eux, pour eux, tout ce qui est aimable, voire ce qui ne l'est guère trop souvent !

C'était bien là, en vérité, l'amour de l'Epouse des divins Cantiques, cet amour nu, pauvre, déchaux qui, jadis, avait ravi l'âme de son doux Patron, l'onctueux abbé de Cluny et fait répandre des larmes de feu au patriarche d'Assise et jeté sur toutes les routes de la pénitence le sublime mendiant d'Amettes ; incomparable amour, marque authentique du ciel, béatifiant les larmes, rendant délectables les stigmates et donnant aux haillons un lustre que oncques n'eut la pourpre des Rois ! Donc, aimer, prier, obéir, souffrir, travailler et se taire et passer comme un fantôme : la voilà au vif cette carrière qu'inaugura l'idylle des champs, que transfigura l'épopée des bords du fleuve, que couronna le drame mystique d'un monastère lointain !

De même que dans l'ordre physique une fleur, un rayon de soleil, une aile de papillon attestent la puissance Créatrice autant et plus qu'une masse de granit ; de même des natures comme celle de la fille des Soubirous évoquent par toute leur histoire extérieure et surtout intérieure ce qui se passe de véritablement divin dans le secret de certains êtres de choix « *Dieu*, dit un célèbre mystique, *prend parfois une âme neuve qu'Il veut par des épreuves successives amener jusqu'à Lui lentement. Il lui envoie de temps à autre des délices mais plus souvent Il la nourrit avec des pleurs que nul ne soupçonne et la fait souffrir d'amour. Jamais son adorable rigueur ne s'endort. L'âme voudrait la paix; Il la trouble. Et s'Il la voit à la dernière heure sans que sa fermeté réclame, Il lui tend les bras amoureusement du seuil des éternels bonheurs.* »

C'est ainsi, depuis qu'il y a des âmes, que le Très-Haut forge ici-bas celles qu'Il prédestine aux retentissantes missions : en les annihilant d'abord ! Maintenant que pour Bernadette l'expérience était faite et bien faite par trente-six années de la plus généreuse des abnégations, la mort, sourire de Dieu, pouvait venir.

Ce fut le 11 décembre 1878 (en pleine octave de l'Immaculée Conception) que sœur Marie-Bernard dut reprendre à l'infirmerie le lit de douleur pour ne plus le quitter jusqu'à son envolée au ciel. Dans l'intervalle des crises qui durèrent quatre longs mois, on l'entendit souvent revenir sur les visions de Massabielle, confirmer tout ce qu'elle en avait déjà dit et se répéter à elle-même les promesses qui lui avaient été faites. L'agonie du Jardin des Oliviers ne lui fut point épargnée. Le démon par surcroît la tracassait beaucoup. Elle eut aussi l'horreur du trépas ; elle eut peur surtout de tant de grâces reçues. A chacun des anniversaires des apparitions son être semblait se revivifier. La Semaine Sainte fut étonnamment douloureuse. Dès le mardi soir après Pâques, à la suite du divin Viatique, ce fut la paix. Le lendemain, la mourante voulut recevoir encore l'absolution et gagner l'indulgence plénière que lui avait concédée Pie IX pour l'heure extrême. Alors eurent lieu les onctions et les prières des agonisants. Elle s'y unit en une attitude de ferveur et de confiance singulière. Le crucifix ne la quittait plus. Elle le baisait fréquemment avec ces mots, les seuls qu'elle pût proférer : « Je l'aime ! Je l'aime !! » Bientôt, elle demanda à boire « de l'eau de Lourdes ! » : ce qu'elle fit très religieusement en traçant d'abord sur elle ce grand signe de croix qui avait jadis tant impressionné les foules. Enfin, elle s'éteignit suavement, lumineusement comme elle terminait les dernières paroles de sa chère Salutation angélique. Tout indiqua que dans sa chambre, en cette minute même, le ciel s'entr'ouvrit de nouveau pour elle et que la gloire de l'immaculée Dame commença à lui réapparaître pour ne plus s'évanouir ! Il était trois heures du soir, un mercredi pascal, 16 avril 1878.

Il y avait juste vingt-un ans qu'à pareille fête elle

tenait devant la Madone un cierge allumé entre ses doigts sans en ressentir la moindre lésion. A présent aussi la mort frôlait cette virginité de son aile et ne l'altérait point. *Ubi est, mors, stimulus tuus? ubi est, mors victoria tua?* Que dis-je! ce jeune temple de Dieu, une fois inanimé, parut mieux encore qu'avant resplendir comme d'une clarté d'au-delà, celle peut-être qui avait illuminé à la Grotte le front de la Voyante..... Trois jours, sans l'ombre d'une altération, les membres gardent toute leur souplesse, le lit de parade de la Sainte — c'est ainsi qu'on se mit à l'appeler d'instinct — devint comme un lit triomphal autour duquel défila Nevers. Chacun, jusqu'aux moins dévots, tenait à baiser cette sacrée dépouille. C'était vraiment l'apothéose populaire qui commençait déjà ; ou plutôt, partie de Lourdes, elle ne faisait que s'affirmer plus librement en face du tombeau transformé presque en trône. Le samedi suivant, les funérailles furent célébrées, très solennelles, au milieu d'un concours immense de peuple, par Monseigneur Lelong lui-même, accouru tout exprès de l'autre bout du diocèse. En vertu d'une exception bien justifiée certes, l'Évêque prononça l'Oraison funèbre ou, pour mieux dire, le Panégyrique de la défunte. Puis, après une suprême absoute, « le convoi vers le sépulcre, a écrit un témoin oculaire, ressembla plutôt à une procession du T. S. Sacrement. »

C'est dans la petite chapelle de Saint-Joseph, au centre du jardin monacal, que fut inhumée la Fille du miracle. Par une de ces heureuses coïncidences dont fourmille la biographie que je viens trop imparfaitement hélas ! d'esquisser, la liturgie de l'Institut voulut que sur le tertre bien humble de la glorieuse Endormie retentit, ainsi que les *novissima verba* des anciens, ce chant du « Salve Regina Mater misericordiæ » qui toute sa vie avait fait ses délices. Et la foule, en s'écoulant, comme si le *De profundis* répugnait à ses certitudes, s'oubliait dans un joyeux *Magnificat*.....

Nous aussi, nous surtout, nous espérons bien que le trop modeste mausolée de Saint-Gildard n'est que provisoire. La vraie place du corps — du cœur en tout cas — de Bernadette est à Massabielle ou, plutôt — j'ose le crier ici avec toute l'humilité du dernier fils de l'Église mais aussi avec toute la ferveur que m'a inspirée une telle Histoire — sa vraie place est, le jour qu'il plaira à Dieu, sur nos autels !!

CHAPITRE QUATRIÈME

Divine Opportunité

On conviendra qu'aucune heure ne pouvait être mieux choisie du Ciel pour qu'un tel personnage servît d'instrument à de tels prodiges.

C'était, en effet, le temps déjà chez nous où la Science, émancipée de la Foi et toute férue d'elle-même, entreprenait de soustraire au Créateur la création, sous le sacrilège prétexte que, si tant est qu'il faille admettre Dieu ainsi que « la Catégorie de l'Idéal », du moins cet Etre métaphysique et inconnaissable n'a pas à intervenir dans l'évolution déterministe du Cosmos, tout se passant ici-bas comme s'il n'y avait rien là-haut, comme si donc l'ordre surnaturel superstitieusement superposé par les vieilles écoles à l'ordre naturel n'était qu'une archaïque légende.

Voilà bien le Renanisme, sorte de Religion de l'Etat laïque, battant son plein dans les Académies officielles pour se déverser de là hélas ! par tous les canaux d'une presse athée — ou libérale — sur les couches populaires qui croyaient ainsi monter à la lumière.

Parce que rien n'est vraiment nouveau sous le soleil, au fond de ce système désormais à la mode, impossible de ne pas reconnaître les deux plus capitales erreurs, filles de la Renaissance païenne et du Philosophisme roussien : c'est à savoir la négation de la chute originelle et, partant, celle de la rédemption messianique.

Par le fait, ces deux hérésies, qui n'en font qu'une, en sapant la base même du domaine révélé, condensent en elles, si l'on y prend garde, tout le venin de l'A-religion ou pour mieux dire de l'Irréligion contemporaine. C'est vraiment « l'Antichristianisme » brutal, radical et intégral érigé enfin en doctrine intellectuelle en même temps qu'en règle de mœurs.

Crise tragique, la plus grave certes qu'eût jamais traversée encore la pensée humaine et dont à la lettre se meurt notre époque, laquelle ne voulant plus croire à l'existence du Mal met son Bien partout où elle le trouve ; et qui, refusant d'admettre un Sauveur universel, à l'orgie passagère ne peut que faire succéder l'éternelle — ce qui signifie donc l'inéluctable Désespérance !

Tel était bien, en effet, l'état d'âme de notre Société vers 1858.

Or — admirons le divin à-propos — c'est sur ces entrefaites que coup sur coup, à Rome d'abord, à Massabielle ensuite, éclata la proclamation du dogme entre tous salutaire, de celui qui, en élevant la Vierge idéale au-dessus de la race entière par son exemption même de la souillure primitive, venait donc synthétiser dans un Etre hors de pair les deux vérités essentielles — celle d'une catastrophe initiale et cette autre d'une délivrance ultérieure — qu'à ce moment battait en brèche avec tant d'âpreté l'agnosticisme triomphant. Et c'est bien en cela que le Décret dogmatique de Pie IX comme le Fait historique de Lourdes ont été vraiment providentiels.

Qu'on n'objecte pas que puisque la Chaire infaillible avait déjà, par l'organe du Pape de l'Immaculée-Conception, affirmé ces choses d'une manière définitive, il était assez superflu qu'à ce magistère normal s'ajoutât peu après une manifestation aussi insolite que celle qu'entendit le Vallon des Espélugues. Sans doute, pour la foi des chrétiens la bouche de Pierre suffisait amplement à la Ville et au Monde ; mais pour l'amour de leur Mère, pour son irrésistible désir de porter secours à la grande détresse de ses enfants, ne fallait-il point que se fît voir en chair et en os, si je puis dire — afin d'en être rendue plus palpable et donc plus efficace — la révélation bénie ?

Expliquons-nous nettement : Lorsque parut aux bords fortunés du Gave la glorieuse Dame, il y avait, n'est-ce pas, environ quatre ans qu'avait sur Elle dogmatisé le Saint-Siège.

Eh ! bien, — en dehors des professionnels — qui donc connaissait ici-bas le contenu ou même l'énoncé de la nouvelle croyance (je dis nouvelle par son développement, au sens d'un Vincent de Lérins, quoiqu'elle soit ancienne et éternelle par son fond même) ? La preuve, c'est que pour l'âme pourtant si pieuse, si mariale d'une Bernadette ces quatre mots : « *Qué soy l'Immaculé Councepciou* », dès qu'ils frappèrent ses oreilles, restèrent une complète énigme ; comme ceux-là mêmes à qui bientôt la Voyante dut les répéter — non sans hésitation ou incorrection d'ailleurs — s'en déclarèrent abasourdis, presque déçus. La raison, c'est que dans toute la petite cité lourdaise, où pourtant fleurissait le culte traditionnel de la Madone, nul jusque-là n'avait ni proféré ni entendu pareil langage. Là-bas, de même qu'en tant d'autres coins de France, il ne devait guère y avoir que le pasteur dont l'honnête savoir théologique ne restât pas dès lors étranger à ce style ; et encore est-il notoire que M. Peyramale, avec son grand sens pratique, s'était toujours bien gardé de se servir d'abstractions semblables pour son enseignement dominical. Ce qu'il devait dire, ce qu'il disait certainement, le voici : « A la différence de nous tous, pauvres héritiers de la tache d'origine, la Mère de Dieu seule est venue au monde sans l'ombre d'une faute, la déchéance fatale n'ayant pu l'effleurer dès le premier instant de son être ». Tout au plus à cette théologie populaire ajoutait-il — pour l'adoucir en la vivifiant par l'amour – cette belle formule en vogue depuis l'événement de la médaille miraculeuse : « *O Marie conçue sans péché, priez pour nous qui avons recours à vous* ». Mais, je le répète, vers le milieu du dernier siècle, ni prêtres ni fidèles parmi nous ne parlaient couramment de la Conception-Immaculée. C'était là une terminologie plutôt ésotérique comme si cet article aussi abstrait que fondamental n'avait pas eu le temps, depuis que l'avait promulgué le Vatican, de passer de la Science dans la Conscience, de l'ordre purement spéculatif dans l'usage même de la vie réelle.

Cependant — par ce que nous avons observé — il importait, et de plus en plus, qu'en face de la recrudescence du mal doctrinal devenu si vite le mal social, fût enfin divulguée, d'une manière solennelle, à titre de remède spécifique entre tous opportun, la doctrine qui, en se matérialisant de quelque façon dans un drame sensible, couperait court aux erreurs adverses par la double vérité qu'elle poserait en vedette.

Combien effectivement, du jour où elle se personnifierait ainsi dans ce dogme providentiel, la Forme de gloire qui se montrait au centre de la roche comme dans une chaire grandiose (chaire non pas opposée certes à celle de Rome mais dressée là plutôt pour en confirmer les irréformables oracles) l'accentuerait d'abord, parerait ensuite sa métaphysique transcendance de tous les charmes d'une Vision divinement empoignante !

Voilà Lourdes précisément, et sa portée sociale et son bienfait humain ! Il a acclimaté, il a naturalisé chez nous l'Inénarrable, presque l'Inimaginable en le drapant de contours tangibles, en lui donnant surtout un sourire et une voix et un geste qui ont fait tressaillir, mieux encore que l'heureux coin de Bigorre, l'esprit du XIXe siècle, autant dire son cœur.

Et depuis cette date — l'une des plus saillantes des fastes d'ici-bas — « l'Immaculée-Conception » est à l'ordre du jour non seulement de la foi mais encore de la piété populaire ; et il ne se rencontrerait pas un enfant de France, rival en ingénuité de l'ingénue pastourelle, qui avec une assurance égale à sa ferveur n'en sût épeler le cliché céleste : « *Bénie soit la sainte et immaculée Conception de la glorieuse Vierge Marie !* »

***

D'autre part, la loi de prier emportant toujours celle de croire — comme la loi de croire est partout celle d'agir — comment, dans ce fait en apparence bien humble d'une Femme mystérieuse se révélant à une petite paysanne, ne pas pressentir d'avance une révolution aussi féconde que nécessaire ? Qu'on examine plutôt : A partir des incidents en cause, survenus comme pour mettre en application, j'allais dire en exploitation les enseignements du Vicaire de Jésus-Christ, si les deux principales têtes de l'Hydre infernale n'ont pas été abattues du coup (elles subsisteront à vrai dire aussi longtemps que le monde pour l'exercice des bons et la ruine des mauvais) ; du moins est-il certain que son poison homicide — soit du côté des idées qui s'en infectent soit du côté des mœurs qui s'en pervertissent — s'est trouvé dès lors considérablement restreint en étendue et même sensiblement atténué en violence.

Oui, grâce à Lourdes, il y a, sans l'ombre d'un doute, qu'aujourd'hui ne meurent de la morsure de l'éternel Dragon que ceux qui refusent de regarder l'Almâh libératrice ; comme autrefois les Israëlites, afin de vivre au désert, devaient lever les yeux vers le Signe prophétique. Pour tous les autres, comment nier qu'il s'est fait de nos jours un véritable réveil et de la croyance et de la pratique religieuse ?

Nulle part, du reste, cela ne se constate mieux que sur les rives du fleuve de Marie, témoin permanent des manifestations merveilleuses que suscite l'esprit nouveau au pays des philosophes et des politiciens. C'est aussi ce qui permet d'espérer, d'affirmer même avec nos derniers Papes que l'avenir sortira magnifique de cette grotte. « Lourdes, aimait à répéter Léon XIII, sauvera la France ». Quant à Pie X, personne n'ignore sur quel ton dans une Encyclique sensationnelle — la première émanée de cet admirable Pontife après sa prise de possession du Trône apostolique — Il certifia la prochaine délivrance comme devant nous arriver par l'immaculée Vierge de Massabielle. En attendant ce jour béni — que nos actuelles épreuves font paraître trop lointain — il y aurait une insigne ingratitude à ne pas reconnaître d'ores et déjà le grand service que nous devons à l'aérienne Visiteuse du point de vue qui nous occupe.

Ce que voulait, en effet, cette Reine des anges en se définissant ainsi dans une gorge sauvage à une bergère de chez nous—à peu près de la même manière qu'autrefois sur la montagne juive Dieu s'était défini à un pâtre hébreu — c'était bien moins de montrer sa gloire que d'attester en face d'une génération apostate dont tout le malheur venait de ne plus y croire l'existence aussi certaine que violente du Péché originel pesant sur toute chair humaine, à l'exception de l'unique Créature qui pour cela se surnommait elle-même avec tant de bonheur l'Immaculée-Conception ; et par suite de rappeler à ces hommes modernes que fascine sous l'étiquette de Progrès la bagatelle trompeuse qu'il est pour eux, en vertu de la sainte Rédemption, un monde invisible plus réel, plus enviable aussi d'où Elle descendait Elle-même en droite ligne avec tout un cortège de splendeurs et de grâces à seule fin de nous en réapprendre le chemin, de nous y entraîner en illuminant nos esprits des vérités fondamentales dont elle était l'officieuse messagère, en échauffant nos cœurs au contact de ses attrayantes vertus, en nous réconciliant enfin avec les austérités de la croix de son Fils qui sont le prodrome nécessaire des immarcessibles joies de la Patrie éternelle.

C'est donc parce que Lourdes a eu pour rôle de faire entrer dans la masse humaine — à l'opposé de négations impies qui avaient déjà causé tant de maux à l'âge moderne — les sublimes affirmations doctrinales et morales où est contenu l'unique salut que Lourdes méritera d'être saluée comme le point de départ de temps meilleurs à mesure que les hommes, devant une pareille épiphanie du divin, au lieu de gouailler selon l'esprit de Voltaire, de blasphémer à la mode de Rousseau ou de ricaner dans la misérable compagnie de Renan, en imprégneront davantage leur pensée et leur vie. De la sorte, ce que prédisait il y a plus de cent ans un grand serviteur de Marie, le B. Grignon de Montfort, c'est à savoir que le xxe siècle marquerait par une dévotion très spéciale envers la

Mère du Christ un retour splendide de la société vers le Règne de son Fils ne semble déjà pas, malgré tout, si loin de sa réalisation. Or, c'est à la Grotte pyrénéenne, sans conteste, que cet heureux mouvement de chrétienne réaction s'est inauguré. Comment cela ? Puisque sommée très respectueusement par sa Confidente de se déclarer enfin, la Dame affirme du haut de son trône de granit qu'Elle s'appelle l'Immaculée Conception, n'est-ce pas évidemment que tel est son nom propre, telle aussi sa qualité personnelle, sa marque exclusive et caractéristique ? Mais alors la conclusion est facile : Elle seule ayant été conçue sans péché, il suit que nous tous tant que nous sommes naissons dans le mal et que, suivant la forte parole de Bossuet, écho fidèle de toute la Bible, de toute l'histoire, « qui nous engendre nous tue. »

Donc, la fameuse faute originelle n'est ni une Fable ni une Légende mais une poignante réalité ; donc, il est trop vrai que de par une incompréhensible autant que terrible loi d'atavisme tous les descendants d'Adam sont des êtres déchus, blessés au vif, malades incurables, condamnés à mort, tristes fils de colère, ainsi que gémit mélancoliquement l'apôtre ; — à moins que, comme l'humanité l'espéra durant quarante siècles, ne finisse un jour ou autre par surgir un Libérateur pour tout restaurer en s'immolant lui-même...

Et chose touchante ! le jour où Elle se dévoila à Bernadette, la lumineuse Vierge ne reconnut-Elle pas, implicitement au moins, qu'Elle même fut la première de toutes les créatures humaines à bénéficier de la grâce rédemptrice ? Non sans doute qu'Elle eût jamais eu besoin d'être relevée de la chute (le précieux Sang de l'Agneau ayant été précisément répandu par anticipation pour Elle afin de l'empêcher de choir) ; mais, il n'y a pas de doute que c'est au sacrifice du Calvaire qu'Elle a dû de toute éternité sa préservation comme nous lui devons nous-mêmes dans le temps notre relèvement.

Par là, Marie apparaît glorieusement à la tête des Rachetés, encore que, comme parle la Bulle *Ineffabilis,* ce soit d'une façon et plus noble et plus parfaite, *nobiliori perfectiorique modo*. Mais, n'est-il pas vrai, dès lors, que quand, dans l'extase de Massabielle, cette incomparable Créature s'applaudit d'être ce qu'elle atteste, Elle confesse ainsi également mieux que quiconque que là où avait abondé la misère a surabondé la miséricorde ?

C'est comme cela, redisons-le, que nos deux dogmes par excellence — sans lesquels il n'y a plus rien, ni religion ni raison — trouvent à Lourdes leur triomphe définitif.

D'où il appert que, les peuples comme les individus vivant de vérité beaucoup plus que de science ou d'autres choses secondaires, Marie, en promulgant là-bas une doctrine à ce point nécessaire, les y sauve donc infiniment mieux que par aucun autre moyen. C'est bien pour cela que sa définition est le labarum des temps modernes. Tenue secrète pendant tous les siècles antérieurs, inscrite depuis trois ou quatre années seulement au catalogue de la foi, une pareille notification tombée des lèvres mêmes de la Souveraine du Ciel était visiblement réservée à l'époque la plus en proie aux erreurs néfastes qui devaient y trouver leur défaite en droit en attendant que leur ruine en fait en vint de même.

Est-ce par le pressentiment de ce qui adviendrait un jour en ce bout du Royaume de Notre-Dame que dès les premiers siècles, les docteurs et les Pères se plurent à l'appeler la grande Triomphatrice de toutes les hérésies contenues dans ces deux hérésies ? *Tu cunctas hœreses sola interemisti in universo mundo...*

Combien de salutaires conséquences, en effet, devaient jaillir de ce Privilège de l'Immaculée, conséquences conspirant toutes au rétablissement de la vérité et de la vertu sur la terre ! Ecoutez plutôt (on ne saurait trop, à l'heure présente surtout, se familiariser avec une telle théologie) : S'il est vrai que la divine Vierge, en suite d'une grâce sans pareille, s'est trouvée exempte de la tare héréditaire, c'est donc que l'espèce humaine n'est ni pure ni sainte dans ses origines, comme le prétendait Rousseau après les Pélagiens, mais naît coupable et viciée ; dès lors aussi c'est que pour redevenir elle-même elle a besoin d'un Réparateur.

Si la dite exemption de la fille d'Anne n'eut lieu qu'eu égard aux mérites personnels de l'Homme parfait dont elle devait être la mère, c'est donc que le Christ n'est pas un mythe, ainsi que le disait Strauss, mais un Être historique ; non pas même un philosophe humanitaire, comme le soutenait Renan, mais Dieu en personne vivant réellement dans notre nature.

Si ce sont les souffrances de Jésus qui ont d'avance acheté cette singulière et surnaturelle prérogative, c'est donc que l'Homme-Dieu n'est pas venu en ce monde pour y remplir une mission terrestre, philanthropique ou philosophique, suivant que l'affirmaient naguère encore ces beaux esprits du rationalisme, les Jouffroy, les Cousin, mais un rôle avant tout spirituel et céleste...

Par conséquent, écoutez, ô vous tous, sages de l'heure actuelle, le bien essentiel que Jésus-Christ nous a apporté n'est ni la science ni la civilisation ni le progrès proprement dits mais la foi, la grâce, la charité, la vie de l'âme ; par conséquent aussi, l'Eglise qui Le continue doit avoir pour objectif le salut éternel des hommes bien mieux que l'obtention d'une félicité purement passagère laquelle, loin d'être le critère de la vraie religion, comme ose le réclamer un positivisme étroit, devient trop souvent un obstacle à son triomphe.

De là encore découle pour tous les baptisés le devoir — au lieu de suivre les passions contre lesquelles a dû être versé le sang de la sainte Victime — de les combattre par l'exercice des vertus évangéliques, notamment par la pratique de la pénitence : ce qui veut dire que tous les renoncements et les crucifiements par où « s'achève » en nous la passion de notre adorable Chef ne sont point excès de mysticisme, selon que, hier encore, l'insinuait la secte américaniste, mais bien christianisme authentique autant qu'indispensable.

En outre, puisque l'homme vient au monde avec

l'inclination au mal, il faut bien conclure qu'il n'est pas indépendant par nature (quoique le répètent tant nos libérâtres) mais demeure toute sa vie soumis à une loi antérieure et supérieure. Ainsi s'écroule du coup cette prétendue autonomie absolue de la personne humaine d'où l'on se permettait de tirer je ne sais quels arrogants « droits de l'homme » au mépris des seuls véritables droits de Dieu.

Voilà, oui, les conclusions tant théoriques que pragmatiques qui se dégagent du fait de Lourdes. Avais-je donc tort de soutenir que c'était là la plus miséricordieuse leçon d'idées et de choses que la Reine de France pût donner à son peuple à l'heure précisément où achevaient de l'épuiser toutes les négations contradictoires ?

Aussi, ce que fut jadis la définition de la Maternité divine à Ephèse, ne peut-on pas penser qu'en un sens l'aura été, de nos jours, la proclamation de l'Immaculée Conception, à Rome d'abord sans doute par l'organe attitré du Pontificat suprême mais aussi, un peu plus tard, à Massabielle par l'extraordinaire ministère de la Mère même du Rédempteur ? Au « théotécos » du IVe siècle est donc venue — pour couronner enfin la synthèse glorieuse de notre foi — s'ajouter cette éblouissante formule qu'il y a cinquante ans recueillit dans le plus saint des temples la pastourelle des Pyrénées. Que dis-je ! à ce point de vue, il n'est pas douteux que l'apparition du 25 mars 1858 est plus importante que tout ce qui précède dans l'histoire chrétienne, même que la Vision si célèbre pourtant dont fut gratifié saint Jean à Pathmos. Car enfin, celle-ci ne se produisit qu'une fois et surtout elle ne fut que purement prophétique ; tandis que celle-là, renouvelée à dix-huit reprises successives, impliquait la réalité même de l'Etre sans pareil qui se faisait voir et par sa vue même, par ses paroles plus encore, confondait toutes les erreurs ambiantes. C'est donc (comment assez insister là-dessus ?) c'est donc quand la démence rationaliste, mâtinée d'un idéalisme paradoxal, atteignait parmi nous son apogée de blasphèmes, que, sur ce point du territoire ni le plus central ni le plus connu — ce qui prouve que Dieu n'a nul besoin de nos pauvres ressources — apparut au ciel de Lourdes le Grand Signe. *Signum magnum apparuit in cœlo.* Et avec quelle pompe vraiment ! En la Grotte des Pyrénées comme autrefois au désert d'Asie-Mineure, cette Femme qui était « la Femme », *Mulier*, avait, en effet, pour vêtement le soleil. Quand on possède l'honneur d'être l'Immaculée Conception, c'est-à-dire quand on nage dès son berceau éternel dans la splendeur même de toute vérité, quel mélange pourrait-il y avoir entre la lumière et les ténèbres ? Le péché, au dire de l'Évangile, c'est la nuit. Or, l'Élue du Très-Haut habita, depuis sa création initiale, une région de parfaite clarté où ne saurait monter l'ombre d'un nuage. C'est pourquoi, à cette heure tragique où par sa superbe le prince des Intelligences célestes était précipité avec le fracas de la foudre dans les abîmes du noir ; à cette autre heure non moins douloureuse où l'humanité, par faiblesse, subissait le lamentable cataclysme dont nous pâtissons toujours, il faut la voir, la Toute Pure, la Toute

Belle, l'Immaculée, sur les cimes resplendissantes de sa gloire, rester inaccessible à toute honteuse défection, revêtue des apanages de la nature, de la grâce et de la gloire ainsi que d'un manteau lumineux. *Mulier amicta sole*. Pour le noter en passant, est-ce que ce costume de lumière ne rappelle pas de suite l'étincelante robe tissée de blancheur dont était parée à la Grotte la Madone des Apparitions ?

Le Voyant de l'Apocalypse l'aperçut en outre fouler de son pied la Lune, symbole de la versatilité et de l'inconsistance inhérentes à toute créature (celle-ci s'appelât-elle Lucifer ou Adam) autre qu'Elle-même dont les inébranlables fondements furent dès l'abord au sommet des plus saintes montagnes. C'est aussi sans doute pour cela que dans la vallée béarnaise, par une belle matinée printanière, la Vierge intangible se tenait debout sur le bloc de granit afin de bien montrer que son établissement à Elle, au-dessus des terrestres fragilités, demeurait, à l'abri des vicissitudes humiliantes de notre pauvre libre-arbitre, immuable vraiment comme la prédestination même de Dieu. *Et luna sub pudibus Ejus.*

Quant à cette couronne de douze étoiles que Jean et sans doute Bernadette virent tour à tour rayonner sur le front de Marie, comment ne pas reconnaître que ce fût là le diadème propre de l'Immaculée Conception, diadème composé — redisons-le — de tous les dons naturels, préternaturels et surnaturels qui dès l'aube première de cette existence créée pour régner marquèrent son être, faisant d'elle un monde à part, une création mille fois plus éblouissante que toutes celles, si parfaites pourtant et si nombreuses de l'Empyrée? *Et in capite Ejus corona stellarum duodecim...*

Mais, quittons ces sublimités vertigineuses pour revenir humblement à notre thèse qui est le providentiel à-propos des choses de Massabielle.

Eh! bien, oui, en résumé, si l'on me demandait pourquoi Marie est descendue de son séjour d'éternelle béatitude à Lourdes — à Lourdes plus obscure que Nazareth, plus dépouillée que Bethléem — je n'hésiterais pas à répondre : Avant tout, pour y sauver la France et par la France, la société moderne en y manifestant — à l'encontre des deux terribles Hérésies qui les perdent spéculativement et pratiquement — les deux vertus foncières dont, socialement comme philosophiquement, vivent les individus aussi bien que les peuples.

Ajouterai-je même que ce ne fut au fond que pour cela — que pour appliquer, dis-je, ce suprême remède au mal humain, parvenu alors à son maximum d'acuité sous l'influence de bien des causes (mais spécialement de la sociologie protestante d'un Rousseau, aggravée encore par l'idéologie non moins protestante d'un Kant, ces deux plus grands malfaiteurs des temps modernes) que tant de fois la gracieuse Souveraine des Anges dérangea sa majesté de Reine pour contenter son amour de Mère?

De manière qu'à tout bien prendre l'Apparition du 25 mars — celle-même où Marie se nomma — constitue l'apogée des gestes miséricordieux que, près de six mois, ne cessa la Dame d'accomplir sur les rives du Gave, les quinze qui précédèrent n'étant que pour préparer celle-ci, comme les deux qui suivirent devaient servir à en assurer le fruit par la surabondante preuve que Celle aux lèvres de qui retentissait pareil langage n'était pas un fantôme de rêve, non, mais la vivante et subsistante Personnalité de la mère du Sauveur. A nous donc — puisque Bernadette a été, pour son compte, très fidèle jusqu'au bout à une aussi bienfaisante mission — d'en tirer de plus en plus, après déjà un demi-siècle d'expériences, les leçons spéculatives et pratiques que comporte cet événement, « le plus extraordinaire » écrivait l'autre jour M. Henri Joly — mais aussi le plus salutaire — « de toute l'histoire » depuis l'incarnation du Verbe apparu dans une Grotte également, il y a vingt siècles, pour nous relever par sa crèche et sa croix de la déchéance originelle.

***

Là n'est pas d'ailleurs le seul service que nous devions à Lourdes. Il y en a d'autres, quoique celui-là semble implicitement les contenir tous.

Ne voit-on pas, par exemple, que de l'ineffable dialogue de la Madone avec la Bergère c'est l'autorité doctrinale du Chef de l'Église qui ressort très opportunément, puisqu'enfin ce qu'avait si magnifiquement défini le Pasteur suprême en cette inoubliable date du 8 décembre 1854, au sujet du privilège fondamental de la Très Sainte Vierge, la Très Sainte Vierge le redit, à son tour, non moins splendidement du haut du trône pyrénéen, qui vaut bien, pour sa transcendante majesté, la chaire même du Vatican. Or, pouvait-il y avoir ratification plus absolue ici-bas du Verbe ecclésiastique ? Telle est donc bien, on le voit, la valeur des événements qui nous intéressent : ils corroborent le magistère infaillible, pour autant que celui-ci peut en avoir besoin non en lui-même mais à cause de nous. Et cela aussi avec combien de bonheur arrivait en une heure si dure déjà pour l'Église en général, pour le Saint-Siège en particulier ! C'était le moment douloureux où tout conspirait contre Rome. Chez nous surtout — en face de ce sublime Pie IX qui avait assez de foi et d'amour pour sauver du naufrage le monde moderne en le rattachant à la Barque de Pierre — n'y avait-il pas d'une part le carbonarisme d'un Empereur idéologue donnant la main aux sectes spoliatrices et de l'autre le gallicanisme d'une coterie politico-religieuse dont l'étrange diplomatie allait à rogner le plus possible l'influence publique et même dogmatique du Pape comme elle avait pris à tâche de minimiser les droits sociaux de Jésus-Christ ?

Dans ces graves conjonctures donc — quand le sol de la France fume encore des incendies d'une révolution sociale ; quand celui de l'Europe tremble déjà comme à l'approche de plus formidables convulsions où les ruines du Pouvoir temporel des Souverains Pontifes se mêleront bientôt aux larmes et au sang de la Fille aînée de l'Église : voici soudain apparaître la Reine du Ciel descendant tout exprès, c'est visible, sans doute pour essayer de détourner de sa chère France les fléaux que lui réservent tant de crimes, mais aussi — peut-être surtout — pour rendre à l'Evêque de Rome, organe essentiel de l'universelle croyance, son prestige légitime et ainsi préparer la prochaine éclosion d'un article du symbole qui, vieux comme l'Église, dormait depuis les origines dans l'âme des fidèles et dont les malheurs contemporains allaient rendre l'affirmation si nécessaire. On entend qu'il s'agit ici de l'inhérance du Vicaire de Dieu sur terre, la prérogative la plus capitale du Ministère apostolique particulièrement en nos temps si terribles où, selon un mot célèbre, il est plus difficile de connaître son devoir que de l'accomplir. Or, celle-là, qui vient de l'Évangile, c'est à la Grotte de Massabielle qu'elle a été attestée déjà avant qu'elle ne fût définie au Concile même du Vatican ; et je ne sais trop si quelqu'un pourrait nier qu'elle n'a été sanctionnée par les Pères de 1870 que parce qu'elle avait été d'abord si merveilleusement mise en relief par l'Apparition de 1858 ?

O la réciprocité admirable ! Pie IX, seul, sans appareil synodal, avec la pleine conscience de sa souveraine mission, avait un jour posé sur le front de l'Immaculée le plus beau des diadèmes. A son tour, et sans guère attendre encore, que fait la chevaleresque Dame ? Elle se montre dans le silence d'une solitude — parce que les chemins battus de la nouvelle civilisation ne sont pas dignes d'être foulés par son pied virginal — afin d'apprendre au monde que ce qu'a enseigné d'Elle le Représentant de son Fils est la Vérité même inscrite dès l'éternité là-haut au livre de vie. Ainsi, amour pour amour ; dogme pour dogme ! A présent l'assemblée vaticane, la plus auguste et la plus nombreuse qui jamais eût été vue, pouvait se tenir. L'Immaculée-Conception en personne ayant sonné à Lourdes l'hallali de l'infaillibilité papale, l'heure avait sonné évidemment d'émettre enfin ce « placet » immortel qui allait être, mieux encore que l'apothéose de la Papauté, l'honneur de l'Église et le salut de l'avenir.

⁂

Est-ce qu'un troisième et non moins réel bienfait de Lourdes n'aura pas été d'avoir remis en honneur *le Miracle?* Le Miracle ! On ne sait que trop ce qu'en a voulu faire notre époque moderniste à force de prétendre être moderne. En vain l'éternel Évangile se dresse-t-il, toujours jeune d'inspiration divine et de certitude humaine, pour étaler des prodiges irréfragables à chacune de ses pages. Cette histoire — encore que par son côté critique elle ne diffère point des autres et que même à tout prendre elle offre plus de motifs de crédibilité que n'importe quel document profane — ne compte plus aux yeux des nouveaux Intellectuels, dès là qu'elle enregistre « le Miraculeux c'est-à-dire l'Impossible ou en tout cas l'Invérifiable »...

Eh ! bien, qu'à cela ne tienne : Puisque, au nom de la Philosophie contemporaine tout un Passé biblique avec ses merveilles est ainsi frappé d'ostracisme, voici que se lève le Présent, auréolé lui aussi de phénomènes tellement extraordinaires qu'ils ne le céderont en rien aux mirifiques charismes dont s'était enorgueillie l'Église primitive elle-même. Ah ! il était de mode de répéter, en gouaillant, dans certains milieux soi-disant avancés : « Nous ne sommes plus aux jours où les aveugles voyaient, où les sourds entendaient, où les muets parlaient, où les paralytiques marchaient. Le Divin vieilli a sans doute épuisé sa vertu première ; ou plutôt cette cessation subite des miracles coïncidant juste avec l'essor de l'esprit moderne montre bien que tous ces prodiges d'antan n'étaient qu'une pieuse hallucination fille de l'ignorance. »

Ainsi raisonnait ou blasphémait dans ses petits mauvais livres le Criticisme d'hier, comme si de la Réforme jusqu'à Ernest Renan ou à Alfred Loisy, il ne s'était plus fait de miracles historiques !...

Soit ! Admettons que, pour une raison ou pour une autre, l'âge moderne ait été vraiment moins favorisé à ce point de vue que le moyen âge où le Surnaturel sembla fleurir sous les pas des croyants. Voici Lourdes en tout cas, depuis une cinquantaine d'années ; oui, Lourdes qui arrive à point pour fournir à cette impertinence moins sérieuse que sectaire la plus péremptoire des réponses. Là-bas, en effet, sur les bords du fameux fleuve, les étonnements de tout genre sont de plus en plus à l'ordre du jour. Et cette fois, je pense, le néo-renanisme aux abois n'ira point chercher une fin de non recevoir dans les incertitudes d'un lointain plein d'équivoques. Voyez : les phénomènes se déroulent à côté de vous, nombreux, éclatants, indéniables. Comme c'est à la face du soleil qu'ils explosent, devant des milliers et des milliers de spectateurs, chacun peut y aller voir tout son saoûl avec le parfait loisir d'observer, de contrôler, d'enquêter, d'expérimenter même ; avec surtout le plein droit de contredire pour peu qu'à sa sagacité vengeresse se montre ou l'illusion naïve ou la supercherie canaille. De fait, qu'on compte les incessantes caravanes de docteurs, de professeurs, de raisonneurs de tout acabit qui, traversant dédaigneusement les foules agenouillées, viennent depuis un demi-siècle en ces étranges parages se mesurer corps à corps avec le mystère pour emporter d'un aussi pathétique duel la confusion... à moins que ce ne soit, bien des fois, la confession !

C'est comme cela que — par une douce ironie des choses — chassés de l'Histoire et de la Science, les miracles, grâce à Lourdes, y rentrent triomphalement à la barbe de ce xxe siècle si négateur ! De même donc que jadis pour prouver le mouvement un philosophe avisé marchait ; de même de nos jours pour établir la possibilité et l'existence du merveilleux, la Vierge de Massabielle s'est mise à faire des merveilles, des merveilles telles que les Charcot comme les Bernheim eux-mêmes ont dû s'incliner et qu'à un Zola elles ont arraché ce cri : « Ces choses m'étreignent à la gorge ! » Sans compter d'ailleurs que ce n'est pas une fois ou autre qu'ont lieu ces coups, mais depuis cinquante ans à peu près tous les jours, et souvent même plusieurs fois par jour et dans des conditions soit de publicité soit de contrôle scientifique à ce point rigoureuses que les plus grincheux des antagonistes n'auraient jamais osé en exiger autant. Il faut lire à ce point de vue les divers livres de Boissarie ou celui qui en vaut cent de Bertrin. Dire que le pontife de l'Impiété savante avait émis le vœu téméraire qu'un miracle au moins — pour qu'on crût en lui — se produisît en présence du corps académique ! Mais voici, ô Renan, qu'il va s'en faire des centaines et des milliers devant la barre la plus mêlée qui puisse être où philosophes et pâtres, docteurs et moines, fidèles et agnostiques se coudoieront. Ce jury-là ne vaut-il pas l'Institut ? Ce n'est pas tout : lorsque, sur l'immense Esplanade, le Ciel a accompli à la face des représentants de la terre entière quelques-uns de ses gestes tellement sensationnels que tous, bon gré mal gré, en demeurent dans la stupeur, voici s'ouvrir le Bureau médical : c'est ici, en effet, non une chapelle fermée mais un aréopage cosmopolite. Y est admis quiconque — quelle que soit sa philosophie ou son dogme — peut prouver qu'il apporte une réelle compétence sur les poignants problèmes qu'on y discute publiquement et contradictoirement avec une indépendance qu'en vain vous chercheriez partout ailleurs Considérez donc ce sanhédrin international de la science qui a toujours tenu à grouper ses meilleurs interprètes de toutes les écoles aussi bien que de toutes les régions. Quand à l'envi ils ont examiné un miracle, dix miracles dans tous les sens et sur toutes les coutures, force leur est bien pourtant d'avouer les résultats ainsi obtenus instantanément, radicalement et définitivement sans l'intermédiaire du moindre agent thérapeutique, dépassant donc toutes les lois connues comme ils sont un défi à toutes les méthodes classiques.

Je sais bien que, plutôt que de se rendre, la Libre-

Pensée (ainsi dénommée sans doute parce qu'elle n'est que servilisme de secte), a tout imaginé, même l'absurde, même le malhonnête, pour expliquer ce qui humainement restait inexplicable. Ils ont dit : « L'eau de Lourdes a des propriétés minérales » et le Professeur Filhol, un non-croyant, est arrivé pour découvrir à l'analyse chimique qu'il n'y avait pas plus de sels dans cette onde étonnante que dans celle du Gave ou de la Seine. D'autres ont voulu mettre tout sur le compte « du souffle guérisseur des foules » et voilà que des cures se sont réalisées à l'écart de toute agglomération humaine, dans une église solitaire, par exemple, ou au fond d'une chambre d'hôtel ou dans le train du départ ou même au bout du monde, sans que le « miraculé » eût jamais mis le pied sur cette terre de prédestination. Plus tard, ça été la mode de parler de la force suggestive ; mais les pères de cette théorie plus bruyante que solide rendant leurs oracles à la Salpêtrière ou à la Clinique de Nancy ont dû bientôt convenir qu'elle ne vaut que pour les cas hystériques tandis qu'au grand jamais elle ne peut — c'est Bernheim qui parle, c'est Charcot qu'on entend — « ni réduire un membre luxé, ni résoudre une inflammation de poitrine, ni arrêter l'évolution d'une tumeur, ni tuer les microbes ni cicatriser l'ulcère rond de l'estomac » : tout autant de guérisons qui s'obtiennent à Lourdes couramment non moins que spontanément. Alors, pour peu qu'on garde de bonne foi et de bon sens, que répondre en vérité, sinon que « le doigt de Dieu est là ? »

C'est bien la conclusion de toutes ces multitudes venues de tous les points de la Pensée moderne et qui en s'en retournant chantent sans embarras un hymne au miracle qu'elles ont vu de leurs yeux, ouï de leurs oreilles, palpé de leurs mains. Oh ! Le voilà vraiment, l'immense service que rend Lourdes à cette pauvre société moderne qu'étouffait l'incroyance stupide. Depuis, ceux trop nombreux qui avaient eu l'épouvantable malheur de perdre la foi dans l'atmosphère environnante la retrouvent ici pourvu qu'ils veuillent être sincères avec eux-mêmes ; et ceux qui la possédaient déjà y puisent un nouvel argument (non le moindre) pour la maintenir en leur cœur, la défendre tout autour, la propager même à l'encontre d'un impudent naturalisme qui déjà se flattait de faire table rase du divin en ce monde. Espérons que l'heure finira bien par sonner même pour ces aveugles volontaires de s'éclairer eux aussi à la fulgurance de semblables preuves ; car comment ne pas céder un jour ou autre à la valeur démonstrative du miracle ? N'est-ce pas ce qu'a reconnu Renan en personne lorsqu'il lui est échappé de dire : « Montrez-moi un miracle, un vrai miracle auquel puissent s'appliquer les règles du contrôle scientifique et je croirai ». Le malheureux ! Il n'aurait eu qu'à se rendre à Lourdes comme s'y sont rendus tant d'autres représentants de la science, plus compétents en la partie que ce romancier-philosophe et qui s'en sont retournés avec le credo sur les lèvres. N'était-il pas autrement qualifié pour juger de la nature surhumaine des guérisons, ce professeur Vergez, le flambeau de la Faculté de médecine de Montpellier, qui en mourant comme un saint s'écriait : « A Lourdes, j'ai vu, j'ai touché, j'ai ausculté le Surnaturel? » Le malheur est qu'un certain nombre de nos prétendus esprits-forts (pauvres esprits faibles !) aiment mieux ricaner de loin que d'aller vérifier séance tenante. Or, je demande si une pareille attitude est scientifique ? Elle n'est pas même loyale. Elle n'est pas même naturelle. C'est plutôt du Diable, père de tous les sophismes et de toutes les pirouettes, qu'elle procède. Se rappelle-t-on le mot d'ordre qu'il essayait déjà aux débuts d'imposer à une Bernadette elle-même ? Pressentant bien, disions-nous, ce qui l'attendait de défaites et de dommages de toutes sortes dans cette fatale Grotte, désireux donc de faire dès l'abord avorter l'œuvre naissante en annihilant son premier instrument terrestre, est-ce qu'il ne s'enhardit pas durant la cinquième apparition à crier à la douce Enfant au milieu d'un vacarme sinistre : « Sauve-toi ! Sauve-toi ! ».

Tel demeure depuis le cri de guerre de l'ange de ténèbres à l'adresse de tous les siens. La principale chose qu'il leur enjoigne dès qu'ils passent sous son joug c'est de ne pas aller à Lourdes. Oh ! cela surtout. « Sauve-toi ! Sauve-toi ! » Et voilà comment des hommes d'ailleurs intelligents, curieux de savoir, épris d'examen, se garderont bien de se rendre, ne serait-ce qu'une fois, devant ces roches qui fascinent l'univers. On n'y vit jamais Charcot qui pourtant (c'est historique) y envoyait ses malades quand il ne savait pas les guérir. Je ne pense pas que Bernheim ait envie de s'y promener... Cependant, même au seul point de vue technique, c'est — de l'aveu de tous les maîtres — le plus séduisant amphithéâtre qui se puisse rêver ! Oui, mais la consigne est là : ignorer Lourdes ; comme si, ne pouvant la tuer par le rayonnement de la science, on espérait l'étouffer dans les ombres du silence ! Il y a aussi (il faut le noter), la peur, la hideuse et diabolique peur de devoir faire son salut — par la foi et par la vertu — en se rendant à Lourdes ; et c'est pourquoi... *on se sauve*. . en s'en tenant loin, bien loin... Cela s'appelle, paraît-il, la philosophie indépendante. Parlons mieux, cela est plutôt l'aveuglement de l'esprit à moins qu'il ne faille dire l'endurcissement ou la corruption du cœur et c'est là, au témoignage de l'Evangile, le malheur suprême car c'est là le péché irrémissible.

En tout cas, ce ne sera pas le sectarisme imbécile ou malhonnête de tous nos Homais officiels qui portera grand préjudice à la Religion basée aujourd'hui comme il y a deux mille ans, comme il y a six mille ans, sur les miracles.

Grâce à Lourdes, de plus en plus nombreux deviennent ceux qui, à l'exemple d'un Pasteur, non seulement ne reculent plus épouvantés devant la silhouette de l'Au-delà mais encore qui prononcent sans sourciller le mot de Divin comme un de ces termes nécessaires auxquels doit décidément donner droit de cité la Science vraiment digne de ce nom. Le matérialisme, lui, a donc beau railler ou rager. « Des bords du Gave, écrit George Bertrin, est parti un souffle puissant qui oblige les hommes vraiment sérieux de notre époque à lever la tête et à regarder le ciel ! »

*
* *

Ajouterai-je que par là même Lourdes a fait revenir parmi nous la pratique de la vie chrétienne tant en honneur chez nos dévots aïeux ?

De cette vie quelle est la double loi ? La prière et la pénitence.

On n'est pas catholique autrement. Or, allez à Massabielle et dites-moi si ce val de grâce n'est pas tel précisément par ce qu'il s'y prie beaucoup et qu'il s'y expie étonnamment. La prière de Massabielle ! Pour la caractériser, je voudrais dire qu'elle semble quelque chose comme le réveil même de la Prière antique. Ainsi devait-on implorer le Seigneur devant les icônes mariales, sous la tempête païenne, aux saintes catacombes. Oh ! l'introuvable spectacle vraiment que celui de ces multitudes à genoux, les bras en croix, les yeux au Ciel, le cœur dans le cœur de leur Mère ! Ce sont bien là « les Foules de Lourdes » dont Huysmans n'a pas assez vu peut-être l'âme mystique. Regardez donc : Sous un soleil de feu ou sous des torrents de pluie, nul là-bas n'est distrait de son extase, tous demeurant comme hypnotisés par le contact sensible du mystérieux et mélangeant leur âme en une communion sublime, puissante, irrésistible qui se traduit tantôt par des cantiques joyeux, tantôt par d'ineffables litanies, lorsque ce n'est pas par les larmes et le silence ; cependant qu'à cent mètres plus loin la plainte éternelle du Gave se déroule, monotone dans son frémissement, ainsi que l'écho de la liturgie populaire. On sait en outre que cette prière-là qui s'éveille dès l'aube ne s'apaise guère avant la nuit close, naissant d'abord avec la première messe de l'aurore pour s'achever dans les innumérables « Ave Maria » de la Procession aux flambeaux. Entre temps, comment compter, comment peser surtout tant de soupirs ou de cris publics, privés, solennels, intimes dont est saturée l'atmosphère des Espélugues ? Ah ! le docteur électro-thérapeute qui venait — plaisamment sans doute — nous parler naguère de je ne sais quelles décharges fluidiques déterminées par la foi des pèlerins au firmament de la Grotte n'avait pas tout à fait tort ! Oui, vraiment, la prière ici a des « déflagrations » qui — sans déplacer bien entendu aucun nuage, parce que purement spirituelle est leur vertu — percent le Ciel des Cieux ; et en y faisant monter la grande misère il arrive bien souvent qu'ils en font descendre la grande miséricorde.

⁂

Pour ce qui est de la Pénitence, il suffit d'avoir vu une fois ce déballage lamentable de toutes les infirmités apportées à Lourdes des quatre coins de l'humanité souffrante comme la rançon de nos péchés pour sentir que cette terre des transfigurations est bien aussi celle des holocaustes. Oh ! qu'il se souffre tout autour de ces rochers : et devant la caverne auguste d'où semble devoir jaillir la santé des malades avec le flot limpide qui tant les délecte ; et aux abords de ces mystérieuses piscines où comme à Bethsaïde sont étendues toutes les douleurs dans l'espoir que l'ange de Dieu se montrera sous la forme soit d'un vaillant Brancardier soit d'une suave Hospitalière pour leur procurer le bain libérateur ; et sur ce Boulevard du Rosaire où ils sont souvent un millier de miséreux à guetter de leurs grabats le passage du Christ Eucharistique pour lui donner l'illusion des journées de Palestine à force de lui redire en un inlassable sanglot : « Fils de David, ayez pitié de nous ».

Ah ! la bénigne Dame demandait un jour, avec une particulière émotion, qu'il se fît ici pénitence, pénitence, pénitence... Et bien a-t-Elle été servie à souhait notre Madone et ne semble-t-il pas que de toutes les ovations qu'Elle reçoit en ces introuvables lieux les meilleures au gré de son cœur de Réconciliatrice sont encore celles qui lui arrivent poignantes de cette cour des miracles arrachant les prodiges au prix de tant de détresse ? Car, voilà que, tandis qu'ici revivent les classiques expiations de la Bible ou des meilleurs âges chrétiens, au Ciel la colère cesse, la justice s'apaise, les châtiments sont rapportés, une ère de pardon et de grâce se lève avec des merveilles de tout genre : cure des corps et sanctification des âmes, relèvement des individus en attendant, bientôt (c'est l'espoir de tous) la délivrance de la nation elle-même. Telle apparaît Lourdes, en effet, vue du côté mystique qui de tous est encore le plus réel. « Lourdes, observait récemment l'illustre coadjuteur de Cambrai, c'est la démonstration éclatante que les dons du ciel sont chez nous sans repentance ». Est-ce donc, je le demande, une *dévotionnette* que l'élan de patriotisme précipitant dans cette Métropole de la Résurrection française un peuple qui ne veut point mourir ?

Et le ciel ne s'est-il pas montré infiniment attentif à nos besoins en nous ouvrant au pays de Bigorre un tel foyer de vitalité où dans les larmes les fils des vieux Francs retrouveront l'éternel Christ de leur Histoire ?

C'est une loi inexorable que la joie doit émaner de la croix et fleurir sur le malheur. A Lourdes, la pauvre fille aînée de l'Eglise, trop éprouvée par les tyrans à la fois ridicules et odieux qu'elle s'est laissé imposer depuis plus d'un siècle déjà à la place de son traditionnel Roi Jésus, revivra ainsi que l'arbre évangélique émondé par le fer et ce sera pour lors l'âge d'un printemps national comme n'en virent pas les siècles anciens.

*
* *

Aussi bien — au cas où pour ce renouveau si désirable, si nécessaire, les prières qui montent et les pleurs qui coulent à Lourdes ne suffiraient pas encore, — il y aurait comme supplément la charité, cette expression suprême de la santé surnaturelle. Quel chapitre, si je possédais la plume des derniers apologistes de Massabielle, j'aurais à écrire sur les héros et les héroïnes qui là-bas soignent les victimes de la « Dette nationale » !

Qu'on me laisse proclamer du moins avec toute mon âme que, depuis que du haut de ce granit la Mère de la miséricorde attire toute souffrance, Elle fait éclore aussi tout amour. Oui, c'est véritablement ici le Royaume de la solidarité humaine et de la fraternité chrétienne. Ici se trouve réalisé — et combien au-delà! — le rêve de Platon ; que dis-je, ici le fait de l'Evangile, *Cor unum et anima una,* se renouvelle d'une façon permanente. N'est-ce pas que, si après les tortures de ceux qu'y laboure le mal, quelque chose doit racheter encore la France coupable, ce seront bien les compatissances de cette armée de frères et de sœurs de la Douleur, Chevalerie de la Vierge, qui dorlotent avec tant de cœur leurs clients ! Quant aux blasés de la civilisation nouvelle pour qui les miracles sont une fumisterie, ils n'auraient, s'ils en étaient dignes, qu'à aller voir comment on souffre sur les bords du Gave, comment aussi on y soulage pour croire à l'amour et donc à Marie, Reine de toutes les clémences, partant de toutes les puissances. Mais, s'il vous plaît, la prière qui est l'aveu de la misère de l'homme et l'appel de sa faiblesse à la force de Dieu ; la pénitence qui châtie l'orgueil du péché et paye la dette des coupables à l'infinie Justice ; la charité enfin s'épuisant au milieu de nos terrestres égoïsmes sans jamais se lasser, comme l'image même de l'adorable Philanthrope qui passa parmi ses frères d'exil en faisant le bien : qu'est-ce que tout cela sinon la vie religieuse à son apogée ? Il ne se trompait donc pas le savant Bénédictin, Thomas Weickert, lorsque naguère il définissait Lourdes « un pont jeté entre le Naturel et le Surnaturel ». Aussi, parce que nulle part Dieu n'est plus aimé que là-bas, en Lui-même d'abord, en la personne ensuite de tous ceux qui portent sa croix, nulle autre part non plus on n'est mieux — même humainement parlant — que dans cette oasis pyrénéenne. C'est ici « la Patrie idéale » de tous et ceux qui y peuvent couler quelques jours n'ont pas de peine à y oublier la terre où l'on ne sait que persécuter en blasphémant et blasphémer en persécutant. Quel « hâvre » en effet pour tous les pleure-douleurs de l'existence ! Infirmes de corps ou malades de conscience, qui donc n'y ressentit un bienfait spécial ? qui en noyant ses larmes à la source vivante n'y puisa paix et force ? Quand on y est venu une fois on y revient encore ; quand on n'y est pas guéri on s'en retourne du moins résigné, confiant et meilleur. Pour tous, après le pèlerinage à la Grotte, celui de la destinée semble moins âpre. Désormais, on gravira mieux le terrestre calvaire ayant appris à cette divine école à souffrir dans la prière, à prier dans la souffrance, à porter jusqu'au bout le poids de l'épreuve en s'oubliant soi-même, en vivant pour les autres, en cherchant le bonheur « non pas en ce monde mais en l'autre », ainsi que l'enseigna la Dame à la Voyante dont la devise, chrétienne entre toutes, resta depuis : « faire comme il faut et marcher bien son chemin. »

Or sus, n'est-ce donc pas aussi un très grand service cela ?

Enfin, il ne faut pas quitter ce bel ordre de choses sans observer que Lourdes, par un autre bienfait insigne, a tué le *respect humain*. Ici, on sent que je parle surtout des hommes de France, ces petits-fils des Croisés que depuis un peu plus d'un siècle le rire sardonique des petits-fils de Voltaire faisait, devant l'image du céleste, trop souvent rentrer couardement sous terre. Aujourd'hui, vous voyez, au pays des miracles spirituels plus encore que physiques, ces mêmes hommes, un cierge à la main, accompagner, sans peur comme sans reproche, le Très saint Sacrement à travers toutes ses évolutions triomphales ; se confesser — dans les églises débordantes ou à quelque détour d'une tumultueuse avenue — au premier prêtre qu'ils rencontrent ; communier en masse et en plein soleil ; réciter à genoux, les bras en croix, le chapelet des vieilles femmes ; se prosterner ; baiser la terre ; se frapper la poitrine ; verser des larmes ; pousser des cris de joie ou des exorations de repentir ou des hosannahs de victoire au passage du divin Ostensoir... Quelle métamorphose ! Et qui aurait pu espérer cela il y a cinquante ans encore lorsque dans la bonne compagnie pour avoir de l'esprit il fallait poser en mécréant ? A ce point de vue, rien n'est comparable vraiment à ce qui se passe durant nos Pèlerinages d'hommes ; car il y a des Pèlerinages d'hommes ! Ils ont été jusqu'à 60.000 en 1899 et en 1903, tout un corps d'armée accouru des points extrêmes de la France sous les drapeaux de la foi pour ménager à leur Roi immortel, le Christ-Jésus, la plus splendide des ovations que puisse souhaiter un Souverain. A l'heure où j'écris ces lignes, tout indique déjà que, cette année-ci surtout, pour le grand Pardon jubilaire de mai, ils seront encore plus nombreux aux abords du Gave. Eh ! n'y doivent-ils pas faire, devant la Patrie en deuil, « les Pâques nationales » qui hâteront l'heure de Dieu ? Que cela est beau, en vérité, par ce temps d'avachissement et de persécution à outrance ! Comment n'y point trouver une consolation non moins qu'une espérance ? Ah ! si tous les bons Français de France venaient en ce cinquantenaire à Lourdes, ne semble-t-il pas que bientôt l'espoir serait devenu la plus heureuse des réalités ?

Or, de ce phénomène qui déroute nos petits psychologues à qui donc encore revient l'honneur sinon à Lourdes ? La Maîtresse de céans, très habile parce que très bonne (parce que très mère, dirait Saint-Ambroise), commença, il y a un demi-siècle par attirer les gens à l'appât de ses charmes personnels ; puis, peu à peu, voilà qu'Elle a tout retourné vers son Fils adorable, pour qui, à bien réfléchir, Elle ne cessa au fait de travailler dès la première apparition ; et c'est ainsi qu'insensiblement cette vallée à part s'est transformée en la terre classique de la Foi, en l'empire même de Dieu où les plus audacieuses manifestations de la piété ancestrale sont à l'ordre du jour, où l'on prie et l'on chante comme on respire, où nul ne se gêne de s'afficher croyant et pratiquant, où celui qui ne le serait pas devrait se cacher et déguerpir, comme le triste auteur de « Nana » qui *se sauva,* le malheureux, à la minute suprême de la grâce, confessant qu'il n'y pouvait plus tenir...

Allons, n'est-il pas vrai que depuis les croisades où tout baptisé était un héros du Christ il ne s'était rien vu ici-bas de pareil ? Et dire que c'est au siècle de l'électricité, quand un vieux Berthelot fait des synthèses chimiques et qu'un jeune Viviani est occupé à éteindre une à une toutes les étoiles du ciel, que se donnent là-bas de semblables spectacles !

Le plus fort encore c'est que tous ces braves pèlerins, en s'en retournant chez eux, y deviennent prosélytes ! Comme ils cherchaient jadis à se faire pardonner leur symbole ou leur décalogue même en les mettant dans la poche, à présent ils les font rayonner. Et c'est même le propre de ces grandioses agglomérations au pied de Massabielle de devenir au loin des ensemencements d'évangile.

Là précisément, et non pas ailleurs, est le secret de ce récent sursaut vers le ciel de l'âme française que nous constations tout à l'heure. L'ingénieuse Dame savait donc bien ce qu'elle voulait en demandant « une chapelle » et « des processions » dans ce désert. Son cœur maternel était prophète ! A la lumière même de Dieu il avait vu que de ce foyer de vie surnaturelle non-seulement émaneraient des grâces innombrables — ses grâces à Elle — mais encore que de là essaimerait tout un peuple d'apôtres qui iraient ensuite apporter la bonne nouvelle à leurs frères ensevelis dans les ombres de la mort.

C'est jusque-là — par le prosélytisme — que Lourdes contribue puissamment à sauver notre infortuné pays. Alors, ceux qui s'obstinent à regarder cette Grotte comme une superfétation mystique ne comprennent rien au mouvement social de l'heure actuelle si grave et si décisive Il leur échappe spécialement que sans Lourdes c'en serait depuis longtemps fait de la France chrétienne et même de toute France. Mais voilà : outre que la Femme qui y règne y tient en respect la Bête infernale toujours prête à se ruer sur la fille aînée de l'Eglise ; il y a que les enfants de Marie qui s'y succèdent sans trève (la moitié de la nation très chrétienne y est à peu près venue durant ces cinquante ans) en emportent, avec leur baptême rajeuni, un sentiment assez énergique de leur dignité humaine et une influence assez étendue de leur apostolat chrétien pour arriver à soustraire ce peuple aux suprêmes attentats des sectes gouvernementales qui ne semblent détenir successivement le pouvoir qu'afin de mieux perdre le plus beau des royaumes après celui du ciel.

Lourdes, palladium de la France ! Voilà la philosophie de l'histoire contemporaine et ces choses-là, si délicates soient-elles, devaient être dites à l'heure des *Noces d'or* tant pour acquitter une dette de justice nationale envers la Reine de chez-nous que pour, au sein de la tempête actuelle, mieux enfler nos voiles à toutes les patriotiques espérances.

Notre Dame de Massabielle, qui avez déjà tant fait pour votre terre de prédilection, achevez votre œuvre en suscitant chez chacun de vos dévots un apôtre et la chère France alors redeviendra vraiment ce qu'elle fut de si longs siècles sous vos auspices : le premier peuple du monde !!

CHAPITRE CINQUIÈME

Campagne infernale

Plus grand est le bien ici-bas, plus aussi il faut s'attendre à la contradiction, voire à la persécution. Telle est, en effet, la marque authentique de toute belle œuvre terrestre. Sa condition, depuis que deux amours créèrent deux cités en ce monde, demeure la lutte. « Parce que tu étais agréable à Dieu, dit l'Ange à Tobie, il était nécessaire que la tentation te visitât ». Lourdes — d'où sort depuis cinquante ans le salut beaucoup mieux que d'aucun autre endroit de l'univers — ne pouvait échapper à la loi providentielle. Sur elle surtout — puisqu'elle est le chef-lieu principal de la Grâce — devait fondre l'épreuve.

On se rappelle que celle-ci ne lui manqua pas dès le début même, sous une forme plutôt bizarre et déjà entre toutes odieuse. L'assaut ayant échoué du côté des « Voix sinistres », l'enfer ne tarda pas à ameuter contre la sainte Grotte toutes les passions locales :

celles de l'esprit comme celles de la chair, voire de la bourse. Il fallait entendre, le soir, à l'apéritif, les illustres discoureurs du bourg prendre à parti, pour des mobiles divers, le miracle en général, les visions de la petite Soubirous en particulier. Bientôt la Science officielle et la Politique elle-même s'en mêlèrent, ainsi que chacun sait, apportant tour à tour leurs explications ou leurs ukases. Alors, ce fut un beau tapage dans l'humble Landerneau du Mysticisme catholique.

Puis, quand sur ce nouveau terrain encore le succès eut trahi l'outrecuidance des uns et le sectarisme des autres, on organisa autour du malencontreux Rocher la savante conspiration du silence. Désormais, dans le monde de la pensée indépendante (!), le mot d'ordre fut que jusqu'au nom même de Massabielle ne devait plus être prononcé entre intellectuels.

Seulement, le Divin, lui, ne se taisait pas là-bas, ne cessant au contraire de s'y afficher avec une insistance et une brutalité tous les jours croissantes : à telles enseignes que force fut enfin aux augures de l'émancipation indigène d'en reparler, en s'appuyant cette fois sur le verdict précieux de professionnels comme les Diday et les Voisin. « Vertus de l'eau, hallucinations de l'enfant » : voilà d'ailleurs, une fois encore, tout ce que surent mettre sur le tapis ces praticiens émérites. L'impiété vraiment n'est pas féconde en trouvailles. Deux hommes cependant, qui représentaient, à cette heure, non sans prestige, la médecine moderne dans ses mystérieux rapports avec la psychologie, ne devaient pas tarder à venir à la rescousse. C'étaient les docteurs Charcot et Bernheim. Le premier trônait à la Salpêtrière en suprême pontife de l'hypnotisme, obtenant sur ces tréteaux d'un nouveau genre, par l'ingéniosité de ses méthodes, des résultats vraiment mirifiques ; le second, moins bruyant peut-être, n'en poussait pas moins très avant dans la célèbre école de Nancy le problème si angoissant de l'auto-suggestion. L'un et l'autre — comme on pouvait s'y attendre — se rencontrèrent dès l'abord pour définir du haut de leur dogmatisme infaillible que les étranges cas relevés aux bords du Gave (si tant est qu'ils fûssent authentiques) ne devaient pas différer spécifiquement de ceux obtenus dans leurs cliniques respectives. Et pendant long temps il sera de bon goût, jusque parmi nos spiritualistes (je n'ose pas y mêler certains catholiques) d'aller répétant, sur la foi de pareils maîtres, que Lourdes après tout, était une « Psycho-Thérapie », comme une autre...

Oui, mais — parce qu'à côté de chaque contradicteur le ciel fait toujours lever un apologiste — de même qu'au commencement il y avait eu un Professeur Filhol pour confondre par l'analyse la commode hypothèse des « sels minéraux » et un Professeur Vergez pour ruiner au nom de la physiologie le grief aussi gratuit qu'injurieux tiré de la « névrose » ; de même, grâce à Dieu, en face des deux oracles du matérialisme régnant il se rencontre de vrais interprètes des sciences psycho-thérapeutiques pour riposter à tant de superbe assurance. Tel, parmi bien d'autres, le Dr Julien Besançon, éminent médecin de

Paris et directeur du *Journal de Médecine interne*, qui ne craignit pas de lancer cette douche d'eau froide à l'enthousiasme arrogant des dévots de l'Hypnose : « Quand il s'agit d'affections nerveuses simplement fonctionnelles, la guérison peut dépendre d'une suggestion. Mais jamais les procédés suggestifs employés médicalement ne sont parvenus à combler en quelques heures des pertes de substances étendues, à cicatriser instantanément des ulcères anciens. Or, il est certain que de semblables changements à vue ont lieu à Lourdes ». C'était topique, cela, je pense, puisque c'était battre l'adversaire avec ses propres armes.

Aussi bien, si écrasante devenait de plus en plus, à Massabielle, l'évidence des phénomènes surnaturels que nos antagonistes se trouvèrent acculés à une sorte d'aveu, non sans chercher du reste, au moyen d'ineffables subterfuges, à sauver la face du mieux possible.

Entendons le savant juif Bernheim : « Oui, les faits de Lourdes existent, splendides, incontestables... Il s'agit seulement d'essayer de les dépouiller de leur caractère miraculeux ». C'est bien là, en effet, la question même.

Quant à Charcot, dont les témoignages dans ce sens ne se comptent pas, voici qui est plus fort encore : Interrogé par des Anglais sur l'efficacité du Pèlerinage aux Espélugues, il ne nia point mais il confessa et il déclara ce qui suit, lui, le grand faiseur de miracles laïques dont l'amphithéâtre, je l'ai dit, s'élevait orgueilleusement en présence de cette obscure Grotte : « Certainement la piscine guérit, certainement le Sanctuaire guérit, certainement la Foi guérit ». On sait même qu'il finit par écrire un livre sensationnel sur cette foi guérisseuse. Oh ! je n'oublie pas que par là encore, que par là toujours, le maître n'entendait que le merveilleux pouvoir suggestif ou auto-suggestif... Il n'en reste pas moins que ce prince de l'athéisme médical en fut bientôt réduit à avouer (et cet aveu n'était pas peu de chose certes) qu'à Lourdes se constatent des cures qu'aucune science ni aucune méthode ne sauraient obtenir. *Habemus confitentem reum.*

Ce n'est aussi un mystère pour personne que l'incomparable Charcot en personne — quand il ne réussissait pas à guérir ses clients — les envoyait, en bon confrère, à la Madone pyrénéenne ! Qu'en disent tous les Homais de haut et de bas étage ? Le temps est donc passé de faire les gorges chaudes de Lourdes ainsi que des guérisons que lui attribue un vain peuple, puisque le chef de la thérapeutique contemporaine doit modestement en reconnaître la vertu efficace et chercher là bas un supplément à son propre génie ! Quelle haute ironie des choses tout de même ! Il y a plus encore : non seulement ces gens-là sont contraints d'attribuer à la clinique de Notre Dame des guérisons stupéfiantes autant que nombreuses mais, en outre, il faut qu'ils s'inclinent devant la sincérité des conditions dans lesquelles on voit celles-ci toujours s'y produire : « Ici, a dit naguère en plein Bureau des Constatations, le Dr Bérillon, directeur d'une importante Revue Psychothérapique, la bonne foi est incontestable, la sincérité absolue et la mise en scène nulle ». Que voudrait-on en vérité de plus ou de mieux ?

*
* *

Tout cela ne devait pas d'ailleurs empêcher presque en même temps un Zola — c'est-à-dire l'homme aussi peu médecin que philosophe, le moins qualifié de tous donc pour intervenir dans une affaire à ce point délicate — d'y aller d'un roman polisson contre les divins prodiges de la Grotte. Au surplus, par tout un passé de pornographie soi-disant expérimentale et pseudo-littéraire, il méritait bien, celui qui n'a su que blasphémer sur son passage, d'être choisi à son heure comme le suppôt de Satan pour jeter de la boue à la Reine de toutes les grâces. De fait, comment aurait-il pu comprendre le mystère d'amour céleste et de vie transcendante palpitant dans cette étrange caverne, le misérable, qui en proie à ses instincts et fermé à l'idéal, avait tout travesti ou tout outragé en ce monde? Ame essentiellement basse, ne se complaisant que dans les abjections et les déjections de la matière, subissant en outre les influences des milieux officiels d'où il attendait la faveur, absolument incapable de s'élever aux notions encore moins aux sentiments de devoir, de vertu et de sacrifice, le triste père de la triste *Nana* ne pouvait donc être que l'ennemi-né de Notre-Dame de Lourdes. Sans compter que ce honteux mandat, en passant par les Loges, devait être grassement payé, comme toutes les œuvres malpropres qui en émanent depuis trente ans avec l'estampille de l'État.

Pour mieux se documenter (suivant sa prétention ou sa marotte), voici donc le chef des Naturistes sur le quai du fameux fleuve de Béarn : il voit tout, il écoute tout, il interroge tout, il prend des notes, il provoque des enquêtes, il contrôle des procès-verbaux. Pas de porte qui ne s'ouvre devant lui ; pas de voile qui ne se soulève à son approche. On le traite comme un fils de la famille. Il siège à l'aéropage des maîtres de la science ; il assiste de la meilleure place aux saints offices de la liturgie ; on l'aperçoit suivre avec gravité, derrière l'ostensoir d'or, la procession du Très Saint-Sacrement. Puis, telle est malgré lui la violence des impressions subies qu'il écrit au *Temps :* « On rencontre ici des malades qui ne pouvant remuer tout à coup se lèvent et marchent » et au *Journal de Paris :* « Ce dont je suis le témoin me serre à la gorge. »

Se serait-il esquissé là-bas, décidément, comme la première étape d'une conversion ? Tant il y a que de bonnes et belles âmes qui s'y intéressaient purent l'espérer un instant, d'autant plus que la suave physionomie de Bernadette captivait pour lors étonnamment cette nature romanesque. Tout ce qui était d'elle le faisait vibrer. Il voulut aller la mieux étudier, la mieux respirer, répétait-il, sur place, partout où elle avait passé. Pour cela il fit le voyage, je dirai presque « le pèlerinage » de Bartrès, interviewant là haut, de même qu'à la rue des Petits-Fossés ou qu'à celle du Bourg, quiconque, ayant connu la Voyante, pouvait aider à reconstituer cette figure hors ligne dont il était coiffé visiblement. Jusque là, paraît-il, alla même l'emprise que le nouveau volume en ces charmantes heures devait déjà porter pour titre le nom radieux de la pastoure bigourdane! Quelle jolie idylle allait être vraiment celle qui ainsi sortirait de la plume de l'auteur du *Rêve!*

Hélas! les sentes natales ne furent que trop peu de temps pour le « bluffard » tapageur le chemin de Damas où certainement l'avait attendu au passage la grâce de Dieu.

Tout le monde a entendu dire que « le Monsieur blond de Paris » s'en retourna de la terre classique du mystère plus incroyant — ou plus infidèle — que jamais. N'est-il pas écrit qu'à certaines âmes de leurre le Ciel finit par mettre un bandeau devant les yeux? « Ils voient, chante un Prophète, et ils ne comprennent point, ils écoutent et ils n'entendent point, ils palpent et ils ne saisissent point. » C'est bien à eux aussi que s'applique la terrible Pensée de Pascal sur la suffisante dose de lumière qu'il y a dans la Religion pour éclairer les cœurs droits mais aussi d'obscurité qui achève l'enténèbrement des autres...

Il n'est pas douteux, après un demi-siècle déjà d'irréfragables démonstrations, que le monde entier serait depuis longtemps à genoux devant la sublime Grotte si le monde entier voulait être impartial. Seulement, le Christianisme alors n'aurait plus d'ennemis, ses ennemis se recrutant toujours là où la passion engendre la haine à moins que ce ne soit la bêtise qui y fasse éclore les préjugés. Au lieu que dès que la bonne foi règne dans un homme, cet homme « naturellement chrétien » va comme de lui-même à la foi et dans nos miracles ainsi que dans nos dogmes il ne découvre qu'harmonies supérieures, bien loin de se heurter aux prétendues répugnances dont se plaignent ridiculement les libre-penseurs, je me trompe, les libre-faiseurs.

Quant à l'*Histoire* tant promise, ce ne fut plus, on le suppose bien, qu'un odieux et indigeste pamphlet de plus de 500 pages, caricature sacrilège de nos saints Lieux de France plutôt que leur photographie consciencieuse et honnête, éructation entre toutes dégoûtante d'un de ces êtres immondes qui osent mettre brutalement les pieds parmi les perles précieuses dont parle l'Évangile ! *Nolite mittere margaritas ante porcos.* Naturellement, le but — non pas critique mais sectaire — de l'écrivain était de porter un coup décisif aux Apparitions en les donnant comme les filles de l'hystérie, aux Guérisons en les imputant à je ne sais quel « souffle » tout puissant des multitudes : ce qui, en définitive, n'était, on le voit, que la théorie charcotienne de l'auto-suggestionnisme systématisée et poétisée à travers une phraséologie talentueuse jusqu'à en paraître parfois éblouissante.

Auprès des masses c'était bien là, en tout cas, le plus perfide effort déployé par l'Enfer depuis près d'un demi-siècle. Un tel nom, une plume à ce point renommée, tant d'art mis au service de tant de rage : que fallait-il de mieux pour démolir la « superstition » lourdaise, ce scandaleux anachronisme au sein de tous les Progrès modernes ?...

Ainsi l'espéraient les anti-romains qui menèrent grand bruit autour du « Lourdes » comme naguère les anti-patriotes en avaient mené autour de la « Débâcle », comme les anti-militaristes devaient en mener bientôt autour de « J'accuse ». N'est-ce pas toujours la même école d'insanité nationale dont Dreyfus est le dieu et Zola le prophète ?

Il faut bien convenir, du reste, que si le succès de librairie est le criterium de la valeur d'un ouvrage, celui-ci, grâce à une pression et à un chantage effrénés, dut ne pas paraître dépourvu de valeur. Mais, hâtons-nous d'ajouter qu'en tant qu'effet produit ce fut un fiasco monumental. D'ailleurs, même au simple point de vue livresque, les vrais connaisseurs — plus nombreux encore malgré tout qu'il ne semble — trouvèrent, en dépit de certains tableaux remarquables, ce gros volume mal fait, manquant non seulement de probité scientifique et de portée philosophique mais encore de goût, d'ordre et de mesure, ces qualités si françaises auxquelles rien ne supplée, chez les métèques, pas même une perfidie diabolique ni la protection officielle. Pour ce qui est de renverser la Bastille du credo ecclésiastique, la nouvelle catapulte ne fit, tout au contraire, par la réaction d'écœurement qui s'en suivit, que l'affermir davantage. C'est depuis lors, en effet, que grâce à la plus inattendue des réclames, la réputation de Lourdes, n'a cessé de s'étendre partout où a été lu ce gros mauvais livre ; et la foi en ses « miracles » s'en est ancrée de plus en plus dans l'âme contemporaine. *Salutem ex inimicis nostris !*

C'est ainsi que le diable se prend de temps en temps à ses propres pièges. La primitive conspiration de l'étouffement lui eût été autrement profitable. Mais il plut au Seigneur, afin de mieux glorifier sa Créature préférée, de se servir d'un Emile Zola de même qu'il s'était jadis servi, pour délivrer son peuple, d'une mâchoire d'âne. La vulgarité ou la méchanceté même de l'instrument importe peu entre les habiles mains de la Providence.

Et dire pour l'honneur des lettres françaises comme pour le salut éternel de son âme, que cet homme, si le mercantilisme et l'orgueil n'avaient opprimé ses bonnes inspirations de Bartrès, aurait pu écrire splendidement sur les splendeurs de Lourdes ! Cela lui eût mieux valu certes qu'une indécente « panthéonisation » qui est en train de faire fuir les morts !...

*
* *

Béni soit le ciel d'avoir voulu consoler de Zola les amis de Massabielle en leur donnant Huysmans ! Le moyen, au cours de nos esquisses, de ne pas saluer avec une reconnaissance émue cette figure de virtuose de l'Art que la sincérité mit sur le chemin de l'apologétique et qui, avant de « souffrir » si terriblement son œuvre de mysticité chrétienne, voulut la synthéthiser d'une façon magistrale autant que courageuse dans ses *Foules de Lourdes* ?

De lui aussi ce sensationnel volume devait être le dernier ; comme si dès qu'il s'agit de la Madone, après Elle, dans le dithyrambe aussi bien que dans le blasphème, il n'y doit avoir plus rien ! Le culte de Marie consomme tout bien sur la terre, de même hélas! que la haine de Marie est déjà dès ce monde un sceau d'éternelle réprobation.

Quoi qu'on ait pu dire de certains détails secondaires dont je ne prétends pas louer certes absolument l'à propos mais qui peuvent sembler assez naturels au génie de l'auteur, comment nier que l'ouvrage en question aura été, à son heure, mieux qu'un beau livre, un bon livre, tel qu'il le fallait alors au boulevard de Paris, pour lequel surtout on l'avait écrit et vécu ? C'est précisément parce qu'il venait de *Là-bas* — de bien loin donc, avec tant de tares mal décortiquées encore — que l'ancien convive des soupers de Médan a pu être un vengeur doublement autorisé — et par sa valeur et par ses antécédents — l'anti-Zola (si l'on permet) des débuts du xxe siècle, positiviste, réaliste, naturaliste tant qu'on voudra pour ce qui est de la forme, mais si croyant et si fervent et si militant quant au fond ! Car en ce terrible frondeur de toutes les mesquines sentimentalités comme de toutes les fausses esthétiques, il y a un vrai mystique, oui, qui sur les rives du Gave tressaille et nous fait tressaillir à tous les souffles du divin. J'accorde encore un coup qu'avec ses trop inévitables inexpériences de néophyte il n'ait pas toujours saisi de l'*âme de Lourdes* les palpitations les plus délicates. Polyeucte n'argumentait pas en théologien ni ses termes mêmes n'avaient pas tout le temps la correction orthodoxe que leur eût donnée un vieil ascète. Quel champion du Surnaturel en général, des miracles en particulier, il y a quand même, chez ce maître écrivain, indépendant jusqu'à la sauvagerie, raisonneur jusqu'à la subtilité, cru jusqu'à la platitude mais d'autant plus fort que partout il nous apparaît un vaincu de l'évidence autant que de la grâce ! Aussi, est-il impossible de sortir de ces pages (avec quelques préventions qu'on y fût entré) sans se dire : « Le Merveilleux n'est donc vraiment pas aussi enfantin qu'on l'assure, puisque un intellectuel de ce calibre a fini par y trouver le repos de la pensée et les délices du cœur. »

Or, était-ce un mince service celui-là de faire voir à une génération apostate que l'on peut être homme d'esprit et croire aux miracles ? Dans ce sens, je n'hésiterais pas à soutenir que Huysmans lui-même a été une sorte d'instrument providentiel, pris au bon moment, pour confondre et dérouter les académiques ou scientifiques ennemis de la Grotte mystérieuse. Eh ! ne serait-ce pas aussi pour cela que la douce Madone de Bigorre sur laquelle il a écrit de si jolies, de si dévotes choses l'a guéri deux fois de suite : de la cécité morale d'abord ; puis, afin, que l'illuminé de Notre-Dame pût à son tour illuminer les autres, de la cécité physique ? Trop peu connaissent ce second prodige que le bénéficiaire a du reste raconté lui-même. Il vaut bien pourtant — étant donné le héros — ceux qu'a célébrés et mis hors de conteste sa prose inimitable. A l'heure donc où il ne manquait aux « Foules » que le suprême coup de griffe, voilà que, dans ce haut logis de la rue de Sèvres, une soudaine et cruelle ophtalmie vint tout suspendre. Étendu sur un lit de douleur, au fond de la chambre obscure où brillait seulement une discrète veilleuse devant une icône médiévale de la Mère de Dieu, notre pauvre

M. J. Kloris était désormais absolument incapable de rien lire ni écrire, priant, méditant, souffrant et adorant avec soumission — non sans griller force cigarettes — les divins vouloirs lorsque, un soir de Pâques, la vue lui revint tout d'un coup, excellente, parfaite ! Son docteur en resta confondu. « Etrange ! étrange !! », c'est tout ce qu'il sut dire. Huysmans, lui, trouva que c'était surtout miséricordieux. De suite, en action de grâces, il se remit à l'œuvre, à son œuvre capitale, celle pour laquelle il devait avoir été taillé tout exprès et miraculé par surcroît.

L'apparition de ces pages, vers lesquelles était tendue depuis un si long temps la curiosité publique, fut enfin un événement religieux autant qu'un festin littéraire. La société de toutes les élégances, qu'avait intoxiquée le poison zoliste, se ressaisit à cette pâture appétissante où la saveur du dogme se mêlait si agréablement avec on ne savait quels arrière-goûts du siècle et tout le monde alla en Huysmans au grand profit de la Vierge qui, par son abracadabrant apôtre, multipliait ses conquêtes.

Le dessein de l'auteur, je le répète, était de laver le Surnaturel des ineptes attaques d'une certaine science; et cela moins encore en dissertant avec elle selon l'esprit de la méthode contemporaine qu'en, l'étalant, lui, j'allais dire qu'en l'épluchant et en le disséquant sous le regard du sens commun, justement convaincu avec Joseph de Maistre que Dieu se prouve mieux par quelques-uns de ses « à-coups » stupéfiants que par tous les syllogismes d'Aristote ou toutes les inductions de Bacon.

L'histoire de Lourdes, l'affluence des multitudes, la liturgie des sanctuaires, la symbolique chrétienne elle-même y sont brossées aussi avec une simplicité et une exactitude de quatrocentiste. Comme on sent une âme éprise d'idéal à travers les ingénuosités que lui suggèrent la prière ou le culte dans leurs expansions multiformes ! Avec quel pinceau, souvent plus large et toujours plus sincère que celui de son impur maître, il sait également peindre les spectacles sans cesse renouvelés des agglomérations humaines ! Sur l'esthèse catholique, sur la symbolique, sur l'hugiographie que de prenantes choses il nous révèle ! Oh ! si Zola était tout le contraire d'un artiste, on sent bien partout ici, en vérité, que son disciple fut cela dans la force du terme. Mais ce qui le tient en haleine principalement, ce sont ces cures, ces déconcertantes cures dont, ayant eu l'honneur d'en être le témoin oculaire, il est heureux de se constituer, à sa façon, devant son siècle, le peintre autant que l'historien, le critique non moins que l'apôtre.

N'est-ce pas qu'après un pareil travail le littérateur eut bien raison de brûler tout ce qui lui restait d'ébauches profanes, à l'instar de ces vieux trouvères moyenâgeux, ses frères, qui, las de liesses et de violences, pris de repentir, avant de trépasser, se mettaient, dit-on, à chanter les laudes de Madame Sainte Marie et ne voulaient plus rien savoir ici-bas ?

Beaucoup aura été pardonné certainement au Panégyriste de la onzième heure, qui, depuis que l'affola la laideur sous toutes ses faces terrestres, se replia si carrément vers l'idéal céleste. Sur cette voie nouvelle dont les brillantes étapes s'appelèrent *En Route, la Cathédrale, l'Oblat, Sainte Liwine de Schiédam,* il finit — pour notre joie et notre édification — par rencontrer enfin Jésus aux bras de la Vierge-Mère parmi les *Foules de Lourdes ;* et ce jour-là il dut y avoir une grande joie parmi les anges du ciel.

Dès lors, pourquoi nous scandaliserions-nous, encore une fois, plus que de raison, d'un certain naturalisme? Cela, notre styliste l'avait dans le sang. L'éducation, le milieu, les orages de la vie ne purent que l'accentuer encore. Est-ce un péché irrémissible et faut-il donc écrire à notre époque comme au temps de Massillon ou de Pascal? D'ailleurs, c'est à une semblable tournure d'âme — il serait injuste de l'oublier — que Huysmans dut cette langue à la fois méticuleusement travaillée et très insouciante des conventions qui répondait à ses nerfs, à ses goûts, à ses caprices de décadent raffiné mais aussi, redisons-le, à son public spécial lequel n'eût pas supporté autrement la plaidoirie du miracle. Tant mieux donc, somme toute, que ce vrai Flamand — autrement inspiré à tous égards que l'outrancier Vénitien qui n'eut de français ni l'esprit ni le cœur — ait apporté comme cela à la prose de chez nous et à notre christianisme lui-même le tempérament de sa race dont le souci fut toujours, on le sait bien, de peindre à la loupe mais avec un scrupule infini et une vérité implacable. A force d'avoir été laminé, ciselé, ce style des *Foules* est devenu le métal étonnant auquel rien ne ressemble, qui en étincelant à l'intelligence du lecteur échauffe son cœur aussi et s'enfonce pour la conquérir jusqu'en la volonté même. Je connais des âmes qui sont sorties croyantes de ce volume par le sentiment, j'allais dire par la sensation du divin qu'elles y avaient subie.

Pauvre des Esseintes ! N'est-ce pas là son meilleur éloge ? Lui qui jadis hélas ! en avait été à interpréter l'infâme satanisme, le voilà, métamorphosé par un sourire clément de la Dame très pure, méritant de chanter à la face de ses contemporains stupéfiés et séduits les éternelles miséricordes de cette Mère du Christ, port radieux de toutes les humaines repentances ! Aussi, quand l'auteur nous montre avec sa terrible maëstria des ulcères et des cancers se fondre comme par enchantement sous la main bénissante de la clémente Femme, il me paraît que tout cela n'est rien au prix de la guérison du chancre spirituel dont il a été délivré lui-même à Massabielle. Quelle date donc pour Lourdes que celle où ce « sujet » monstrueux chez qui tout se mélangeait — la corruption insane et d'irrésistibles élans vers la continence, la négation truculente et de sublimes extases, des blasphèmes énormes et des ferveurs dignes de nos plus glorieux pénitents — devint de la sorte l'objet du plus beau des prodiges ! Quiconque aime l'antre béni, officine de tant de conversions anonymes, ne peut que se réjouir deux fois de cet exploit principal de la Madone très suave, à l'exaltation de qui il était bien juste dès lors que notre illustre « rescapé » dédiât ses ultimes écritures comme l'ex-voto, ému et empoignant, de sa retentissante délivrance...

Ajouterai-je qu'ainsi touché par Marie, Huysmans

en resta tout transfiguré, s'éveillant de dilettante, un contemplatif ; et d'amateur, un fervent ? Comme si avec l'Esprit nouveau lui avait été infusé le sens théorique et pragmatique du Beau chrétien ? Qui donc aura mieux parlé que l'auteur des *Foules* des grandeurs de l'oraison, des arcanes de la vie illuminative ou même unitive, de la portée sociale aussi des épreuves, de la seconde rédemption enfin par la douleur ?

Petit dommage assurément que gardant toujours, non par pose certes, mais par conscience, son précédent genre de gaillardise audacieuse, il ne recule ni devant les lazzis irrévérencieux à l'endroit de vénérables personnes ou choses qui y prêtent peut-être bien un peu, ni devant d'âpres censures vis-à-vis de nos petits arts ecclésiastiques ou de nos rituels parfois trop modernisés ? Cela, je le répète, c'est le « vieil homme » que ne supprime pas la grâce en venant s'ajuster à la nature. Celui qu'il m'est si doux de réhabiliter ici pour l'amour de l'Almâh expia assez du reste ces excès de caractère par les railleries et les invectives qu'il déchaîna au pays de l'incrédulité imbécile, plus encore peut-être par le soupçon de comédien qu'il mit à la pensée de plus d'un de ses nouveaux coréligionnaires en attendant qu'arrivassent bientôt, trop tôt, les agonies suprêmes.

Quoi qu'il en soit, pour ce qui concerne Lourdes, Huysmans se leva, peut-on dire, comme une lumière des plus opportunes en pleine campagne infernale ; car, enfin, on ne se lasserait pas de le répéter, au prestige de son immense et incontestable talent le néo-apologiste avait à ajouter celui d'une longue expérience personnelle. Quand il traite des mystères surnaturels avec cette conviction et même cette onction traversée de gros mots, comment ne pas croire un témoin qui vient de si bas ? Allons, n'est-ce pas qu'il fallait à l'Immaculée cet agnostique, ce luxurieux, ce démoniaque mué soudainement en confesseur et même en martyr ?

Tant pis pour Zola si, ayant pu être cela, tout cela, il aima mieux, sous l'aiguillon de la convoitise et de la superbe, tournant le dos aux avances de la miséricordieuse Vierge, rester désespérément le Stercoraire qui, après n'avoir laissé que du fumier dans son sillage, voulut, par un comble d'impudeur surhumaine, souiller la plus resplendissante œuvre de Dieu : sa Mère ! Aussi, on sait la fin de ce cynique insulteur de la Femme idéale : par un châtiment trop visible, un matin, il fut trouvé étendu mort, par terre, au milieu de ses ordures mêlées à celles de ses chiens !... Ainsi l'antique Nestorius, ce premier ennemi personnel de l'Almâh, dut être cueilli asphyxié au fond d'un égout. Ces dénoûments sont bien adaptés à l'ignominie des malheureux qui les provoquèrent ; tandis que, pour notre écrivain, à peine sorti de donner à la Religion et à la Littérature son harmonieux chant du cygne, purifié par un purgatoire de dix-huit mois, il expira comme un saint.

Pourquoi ne rappellerais-je point qu'avant de partir, en pleine démolition de son corps, il eut l'incomparable joie de voir l'âme de son cher ami, le poète athéiste et anarchiste, monter elle à son tour vers la foi sous l'influx maternel de Marie ?

Les sublimes extases de Bernadette avaient conquis un Dozous ; la bonne souffrance et le beau livre d'un Huysmans auraient-ils racheté Adolphe Retté ?

Après cela, n'est-il pas vrai que sans trembler beaucoup on a pu voir hier surgir, pour renverser l'œuvre de tels apologistes, un Goliath de la taille de Jean de Bonnefon ? Nul n'ignore, en effet, que le sire en question, venu, lui, du cœur même de l'Eglise — ce qui partant le fait félon et apostat — a tenu à y aller aussi de son coup de maillet contre l'immuable roc de Massabielle, espérant sans doute qu'après cela il n'en resterait pas pierre sur pierre. Le pauvre homme ! Croirait-on que, afin de mieux réussir là où avaient échoué tour à tour les Diday, les Voisin, les Charcot, les Bernheim, les Zola, maître Béelzébuth, toujours malin, lui mit en tête de se présenter comme « hygiéniste » ? Voici donc notre impresario, au nom de la scientifique et démocratique Hygiène — la seule idole, avec le Progrès, de l'heure actuelle — provoquant de toutes parts un aussi grotesque qu'odieux referendum relativement à la *salubrité* de nos lieux saints de Bigorre !

La surprise fut d'abord marquée par un vaste éclat de rire. Puis, le corps médical diagnostiquant là une inquiétante crise d'intolérance hystérique, *morbus hystericus*, jugea à propos de riposter au questionnaire saugrenu de ce particulier sans mandat ni compétence.

Or, le Dr Vincent, l'éminent chirurgien en chef de l'Hôpital de la charité de Lyon, ayant pris la peine ou le plaisir de collectionner tous les suffrages de ses confrères, sait-on combien d'adhésions favorables à Lourdes il recueillit en moins de deux ans ? TROIS MILLE ! *Nubes Testium*... Oui, trois mille représentants de la science et de l'art d'Hippocrate opinèrent à l'envi que Lourdes n'est nullement un endroit malsain ; bien plus, que Lourdes par son influence spirituelle et même par ses cures corporelles rend de très grands services aux foules douloureuses ; que dès lors vouloir fermer Lourdes sous prétexte de santé publique serait une canaillerie impardonnable. Tel fut le verdict solennel, retentissant et définitif de la presque unanimité de nos praticiens Parmi eux, on relève les plus beaux titres : 15 membres de l'Académie de médecine, 40 professeurs de Faculté, 20 professeurs d'Ecoles de médecine, 130 médecins ou chirurgiens d'hôpitaux, 60 chefs de clinique, 80 anciens internes des hôpitaux de Paris, de Lyon, de Bordeaux, de Toulouse, de Montpellier, etc., etc., etc. Total : 3.000 autorités professionnelles (entre toutes indiscutables par le savoir, le rang, l'indépendance philosophique ou confessionnelle) se prononçaient donc, les unes en l'affirmant, les autres en le sous-entendant, certaines en l'abstrayant, pour la libre pratique du Surnaturel aux bords du Gave ; alors que — j'ai hâte d'indiquer ce ridicule contraste — ce fut avec tout le mal du monde que l'entrepreneur du *Matin*, où pourtant aboutissent tant de drôleries, parvint à racoler en gros et en détail **184** partisans, dont un bon nombre encore, manifestement honteux de la peu brillante besogne à laquelle la politique et le sectarisme les attelaient, se contentèrent d'une vague adhésion sans l'étayer du moindre motif scientifique.

Il est vrai que le féal chevalier de la truelle, digne héritier en ceci de Zola qui truqua les noms et enterra les vivants, sut se dédommager de son chiffre plutôt modeste en alléguant à son actif des témoignages absolument fantaisistes, tel le certificat d'un « docteur Evrard, médecin à Château du Loir, Sarthe », lequel, vérification faite, se rencontra... n'avoir jamais existé !! Pour le pudibond journaliste qui avait naguère encore si vertueusement tonné contre « l'escroquerie » de la Grotte, l'aventure n'était pas gaie. Baste ! ces gens-là ne sont-ils pas les disciples de celui qui a dit avec son cynisme luciférien : « mentez toujours ; il en restera bien quelque chose » ?

Bon gré, mal gré, force aura été donc à notre courtier en scandales d'en rester avec le suffrage plus ou moins probant de ses 184 comparses.

Cela lui a dû paraître maigre tout de même devant notre défilé de la vraie science où passent si nombreuses des illustrations si authentiques venues de toutes les cimes médicales, unanimes à répondre à ce fumiste que sa consultation n'est qu'une immense blague ; sans compter (je le répète) que la plupart d'entre ces maîtres profitent d'une si belle circonstance pour proclamer la force de la prière et donc la réalité des miracles à Massabielle. Les plus timides — ou les moins croyants — tiennent du moins encore à reconnaître, avec une franchise et une liberté qui les honorent plus que Lourdes même, que là-bas « des guérisons inespérées se produisent en grand nombre par une action *particulière* dont la science ne trouve point le secret ni même une explication raisonnable basée sur les seules forces de la nature ». (Extrait de la belle lettre, publiée par les journaux, du Dr Henri Danchez, chef de clinique, ancien interne des hôpitaux de Paris).

Une autre de ces nombreuses réponses est trop émouvante en même temps que trop topique pour que je ne veuille la transcrire tout au long. C'est celle du Docteur Fleury, médecin à Clayes (Eure-et-Loir) : « Je connais Lourdes et je déclare que Lourdes est, médicalement, un bienfait. La preuve, je la prends dans ma propre famille. Un de mes fils, alors âgé de quatorze ans, gravement malade, était soigné par *onze* maîtres de la science, tous professeurs ; or, il fut abandonné et condamné par tous. Le cas était en effet très complexe et, semble-t-il, inconnu dans les archives médicales.

Eh bien, l'enfant abandonné, condamné a été guéri *presque subitement* à Lourdes ? Ce fils a aujourd'hui 29 ans et il fait lui-même honneur à la pratique médicale ». (Cfr. le très suggestif volume du docteur Vincent, de Lyon : *Faut-il fermer Lourdes ?*) — Mais, voici qui est mieux encore : C'est le tableau appendu dans la salle principale du bureau des constatations où tant de noms célèbres de la Faculté rendent un hommage public et solennel à Notre-Dame de Lourdes dans les termes suivants :

a) « Les soussignés estiment qu'à quelque parti qu'on appartienne on ne saurait avancer ni démontrer un seul fait sérieux qui légitime la fermeture de ce fameux sanctuaire et donc qui donne aux Pouvoirs publics le droit d'interdire aux souffrants d'y affluer de toutes les parties du monde. Les malades qui vont chercher à Lourdes une guérison que nous sommes impuissants à leur procurer doivent jouir de leur plein droit comme ceux qui se rendent librement aux plages réputées, aux cures d'air, aux stations thermales et aux sanatoria en vogue.

b) « Les soussignés déclarent en outre qu'ils adhérent pleinement à la protestation autorisée du Docteur Boissarie et des très honorables médecins de Lourdes qui ont suivi de près les Pèlerinages et apprécié les faits s'y produisant.

c) « A notre connaissance, on n'a pas encore relevé depuis 1858 un seul cas de contagion imputable aux Pèlerinages de Lourdes soit en cours de route, soit à l'hôpital, soit aux piscines.

« *Conclusion :* Les soussignés se font dès lors un devoir de reconnaître hautement que des guérisons inespérées se produisent en grand nombre à Lourdes par une action particulière dont la science n'a pas pu encore trouver le secret ni même une interprétation raisonnablement basée sur les seules forces de la nature. Ils attestent ainsi que Lourdes, loin d'être un danger public, leur paraît un bienfait universel. A leur avis, ce serait un crime de lèse-humanité que de fermer un asile où tant de souffrances s'apaisent et où tant d'âmes blessées se relèvent ».

Tel est, oui, le témoignage de centaines et de milliers de médecins, parmi lesquels beaucoup, redisons-le, portent un nom imposant. Ce n'est donc pas là un document apocryphe fourni par un rénégat après avoir été cuisiné dans les antres maçonniques ; mais on peut bien dire que nous avons ici, incontestable et décisive, la signature de la Science contemporaine apposée au bas des miracles de Lourdes. Et voilà où a abouti la machination du susdit sire de Bonnefon !

O plumitif sans pudeur qui, n'ayant aucune qualité ni mission pour cela, avez osé interpeller sur un thème à ce point technique l'honorable corporation, êtes-vous satisfait maintenant ? Puisque vous lisiez jadis dans nos saintes Ecritures avant d'écrire au *Matin*, laissez-moi pour « bouquet spirituel », vous citer un texte de David : *Mentita est iniquitas sibi.* L'iniquité s'est une fois encore menti à elle-même. Ah ! avec tout votre esbroufe pseudo-hygiénique vous espériez faire fermer Lourdes et c'est Lourdes, triste paladin de l'Acacia, qui vous enferme dans un cercle vicieux. Vous deviez pourtant savoir, vous, mieux qu'un autre, que tel est là le sort de tous ceux qui s'attaquent à la Femme des Promesses. A présent, il ne vous reste, devant l'évidence de l'autorité venant s'ajouter à l'autorité de l'évidence, qu'à aller dire à vos chefs, les pontifes de la Maçonnerie, que s'ils veulent encore obstruer le seuil de notre glorieuse caverne ils devront, ne pouvant plus alléguer la science, y employer la force. Seulement, alors, gare les fourches de Béarn et de Gascogne ou, pour mieux dire, gare le *tolle* de la vraie France et l'anathème de la civilisation ; gare surtout la malédiction de tous les malheureux, cette malédiction qui ne porta jamais bonheur ! Mais n'ayons point de crainte : devant la Madone céleste qui n'a pour défense que ses bienfaits et ses grâces la République naturaliste capitulera comme dut capituler l'Empire libéral. *O Benigna! O Regina! O Maria !* Avec votre bénignité maternelle, ô Marie ; avec votre douceur royale, ô Immaculée-Conception, Vous êtes forte vraiment ainsi qu'une armée rangée en bataille, déjouant tous les complots, pulvérisant tous les sophismes, vous moquant de toutes les menaces, mettant votre pied souverain sur toutes les canailleries de l'Enfer. Quand même, combien ils Vous honorent — à la façon du diable — ceux qui pour avoir raison de Vous doivent recourir à de pareilles malpropretés !

Mais, ne chantons pas trop victoire, car la satanique campagne n'a pas dit son dernier mot et voici, en la personne d'un M. Baraduc, le docteur Faust agitant ses plaques et ses fioles pour confondre la douce Thaumaturge des Pyrénées.

Ce digne homme, qui n'est pas sans valeur, paraît-il, dans son domaine propre de la biométrie, a eu la malechance dernièrement (par esprit de système, j'aime à le croire, plus que par hostilité proprement dite) de prétendre encore une fois ramener les splendides guérisons de Lourdes à quelque énergie purement naturelle. Et le voilà qui, le plus sérieusement du monde, en un pathos d'apocalypse, nous raconte qu'il aurait recueilli là-bas « l'empreinte » de « la Force curatrice » à la fois « biologique et cosmique » sur toute une série de « clichés impressionnables » !...

Après quoi, comme explication, il examine « les

attributs du Plan surnaturel cosmogonique émetteur des phénomènes, les conditions sidérales du mouvement de la force en cause ainsi que les conditions de réceptivité qui chez les malades tantôt favorisent et tantôt empêchent la cure » ??

Si mes lecteurs trouvent que tout cela n'est pas limpide comme cristal de roche, je répondrai que ce n'est pas tout à fait de ma faute. Les pages que je quintessencie là leur paraîtraient sans doute bien moins lumineuses encore.

Mais ce qui pis est c'est que (et cela peut paraître fort surprenant de la part d'un docteur de cette envergure) toute cette pittoresque théorie ne repose, comme on s'en est déjà aperçu, que sur des hypothèses.

Qu'est-ce, en effet, que cette fameuse « force curatrice » rendue sensible aux plaques radiovibratoires par « la polarisation » des « 50.000 prières qui montent vers le ciel » sinon un fruit singulier de la fantaisie créatrice ? Encore un coup, pour un positiviste ce n'est pas si mal. Ce qu'il y a, derrière tout ce galimatias réputé scientifique, c'est, une fois de plus, le désir de rabaisser le surnaturel — notre Surnaturel — à la forme naturaliste (chimique ou mécanique) qui évincerait ainsi le divin de l'histoire.

Que dire maintenant du vœu final que fait l'auteur pour l'installation près de la Grotte d'un laboratoire permettant à la science d'étudier les forces supérieures du cosmos dans leur rapport avec notre organisme ? — Mais, ce laboratoire existe, M. Baraduc, sous le nom de « Bureau des Constatations » et nous sommes même fatigué de dire que, depuis un quart de siècle déjà, tout ce qui compte dans le monde de la médecine comme de la philosophie comme de la critique est venu là expérimenter que ce qui s'y passe dépasse toutes les lois naturelles et est en dehors de toutes les méthodes classiques. Au lieu donc, docteur, de vous hypnotiser sur des plaques radiographiques sur lesquelles l'Invisible, que diantre! ne peut pourtant pas déteindre, allez donc, sans parti-pris, passer quelques heures au sein de cet aréopage de vos illustres confrères où sont représentées toutes les opinions aussi bien que toutes les compétences; et alors, à moins que vos clichés ne vous aient totalement frappé les méninges, vous jugerez avec le sens commun ; et, par surcroît, vous parlerez comme tout le monde.

En attendant, sachez que votre soi-disant « Psychologie » du miracle n'en est que la mécanique grossière et comique. Charcot réduisait les guérisons surhumaines de Lourdes à des émotions. Vous les ramenez, vous, à des vibrations. Eh! bien, laissez-moi vous dire que j'aime encore moins ceci que cela. Oh! comme ce sagace observateur qui pourtant n'était pas, lui, médecin pour deux sous, Huysmans, a mieux vu que vous, maître, la très spéciale influence qui agit à Lourdes: celle, dis-je, non de l'atmosphère mais de la prière! Lisez-le sans préjugé. Oui, vraiment, il y a sur les bords du Gave un perpétuel échange de commotions entre la terre et le Ciel. C'est, disions-nous, la poignante requête de l'humaine douleur qui monte sans trêve tantôt solitaire et humble, tantôt publique et éclatante, avec des accents irrésistibles, avec des essors triomphants lesquels finissent un jour ou autre par commander au Législateur de l'univers et décrochent le miracle. Le voilà bien le faisceau vainqueur dont l'écrivain des *Foules*, en une page admirable, a trouvé l'emblème poétique mais combien expressif dans les amas de cierges de toute taille et de tout poids qui éternellement se consument à la Grotte.

A mesure que comme les flammes montent les exorations angoissées, descend aussi la miséricorde pitoyable. Telle est, en vérité, la magie de Lourdes, et son *électricité !* de nature toute spirituelle, toute surnaturelle. Je vous défie bien d'en relever la trace sur vos dociles instruments. Que ceux-ci demeurent impressionnés par les agglomérations ambiantes, nul ne vous le conteste ; mais quant à soutenir qu'on peut avec des appareils capter l'influx *sui generis* — mystique et nullement magnétique — qui se développe là-bas au sein de la supplique universelle : voilà en vérité une plaisanterie par trop indigne d'un homme sérieux comme vous ! Ce sont avant tout les âmes qui à Massabielle sont le théâtre des faveurs surnaturelles dont tout le monde se déclare stupéfait quand elles se traduisent, si souvent et si inexplicablement, par des cures corporelles. De grâce, Monsieur, à moins d'en vouloir passer pour grotesque, ne cherchez pas l'explication au fond de votre chambre noire ! Ce sont « choses d'un autre ordre » vous crieraient Pascal et le bon sens, ce bon sens qui ne coïncide pas toujours, ce semble, avec une certaine science.

Ah ! vous rêvez très humanitairement d'un Sanatorium de Lourdes dans le dernier confort du Progrès moderne pour qu'y soit favorisée encore davantage la « Force curatrice ». Brave homme ! Comme avec votre savoir animal (le mot est de saint Paul) vous n'entendez rien aux choses de Dieu ! « L'Esprit souffle où il veut ». Ce sont les ineffables gémissements de la prière humble et douloureuse qui l'attirent. Prenez garde que tout cet étalage inepte de machines photographiques et biométriques ne réussisse, pour le malheur de ceux qui pleurent, à faire envoler sans retour la céleste Colombe qu'effaroucherait tant de sotte suffisance.

... Mais, non, ce ne sera pas encore votre trop ingénieuse ou naïve théorie, M. Baraduc, qui démolira le roc des miracles.

Ah ! ce qu'il y a de clair par là dedans — de plus clair que les imaginations de notre docteur — c'est que Lourdes embarrasse énormément une certaine Science férue de son matérialisme superbe. Cet incomparable spectacle de douce joie, de bonheur paisible, d'espoirs sublimes, de résignations sereines, de consciences refaites, de culte en plein air, de processions perpétuelles, de charité fraternelle ; et aussi — pour passer du spirituel au temporel — ces glorieux monuments sortis de terre à l'appel d'une pauvre fille du peuple pour abriter avec la Reine du Ciel toutes les misères de la terre, ces multitudes sans nombre accourues sans trêve de chaque point du globe en une infrangible unité de foi, de confiance et d'amour et ces dramatiques immersions dans l'eau glacée de la miraculeuse source et ces guérisons foudroyantes observées sur place par des quantités de médecins de tout acabit : comment cela en effet ne gênerait-il point la Libre-Pensée aux abois? Mais, qu'y faire ? Le noir habitant du désert, pour parler comme les poètes, empêche-t-il par ses cris sauvages l'astre triomphant de darder sa lumière ?

Qu'on le veuille ou non, quiconque a le courage ou la logique ou la loyauté de se rendre à Massabielle y doit subir l'étreinte de l'Invisible de même que — au témoignage de Pasteur — devant les Idées d'Espace et de Temps, toute intelligence indépendante recule, d'effroi, pour mieux s'incliner ensuite sous le coup de l'Infini. Telle est la conclusion qu'à moins de renoncer au bon sens même on ne saurait éluder.

C'est donc de la sorte que depuis cinquante ans il existe à Lourdes, grâce à la Providence, un courant admirable de force occulte, non pas biométique ni hydrométrique ni fluidique mais divine qu'aucune analyse purement humaine ne sera jamais en état de déterminer, qu'aucune violence profane ne saurait non plus parvenir à détruire pas plus que nulle amélioration matérielle ne la rendrait plus intense. Bien au contraire, descendu directement des hauteurs célestes, ce courant-là ne fera toujours que se fortifier de tous les sacrilèges barrages qu'une politique jacobine ou une science vendue tenterait de lui opposer, à l'instar des torrents de nos montagnes qui, à leur minute, brisent les digues et les emportent dans leur tourbillon impétueux. Quant à l'obstination des esprits-forts, des esprits-faîbles dans leur dédain ou leur fureur, il faut bien convenir, avec

Élie Méric, qu'il n'y a vraiment rien ici-bas de plus misérable devant tant de merveilles sublimes que « le coup de sifflet de ces sophistes qui au lieu de s'incliner noblement aiment mieux se déshonorer dans la petitesse de leur stupide orgueil. »

Tant il y a qu'en rompant ainsi par un à priori bien peu honorable avec la Foi, ils ne restent pas même d'accord avec la Raison. « Le vrai sage, aimait à dire déjà Tertullien, c'est le croyant. » *Nullus Sapiens nisi credens.*

CHAPITRE SIXIÈME

L'Entraînement mondial

Toute la haine de l'Enfer n'a pu nuire à la popularité de Massabielle ; au contraire. Cette constatation seule oblige nos ennemis eux-mêmes à confesser qu'il doit donc y avoir là-bas quelque chose de surnaturel. « S'il ne s'y passait de l'*extraordinaire*, disait voilà une quinzaine d'années déjà un député franc-maçon à Mgr Freppel, il y a longtemps que nous l'aurions démolie votre bonne Vierge et que personne ne parlerait plus de Lourdes. »

Or, non seulement tout le monde en parle encore après un demi-siècle — vaste espace de temps pour des choses mortelles — mais l'attraction magique vers cette déconcertante caverne s'accentue et s'étend chaque jour davantage.

Veut-on mieux que des phrases, des chiffres ? Le 18 février 1858, à la troisième apparition, la Dame demanda « du monde ». Dès le lendemain, il y avait bien au pied de sa roche cent personnes ; le surlendemain, on en vit au moins cinq cents ; le 21, ils étaient plusieurs milliers ; au dernier jour de la célèbre quinzaine, le 4 mars, trente mille êtres humains se tinrent des heures entières devant ce granit. Nul n'ignore que depuis assez long temps déjà c'est par centaines et centaines de mille que les pèlerins, bon an mal an, s'empressent sous le regard de la Vierge pyrénéenne.

Ce fut surtout à partir de nos malheurs que se produisit cette gradation ascendante. Il sembla alors que la glorieuse Grotte était notre « Cavadonga » où sous les souffles du ciel se referait la patrie. Ainsi, en 1872, quand la reine des nations se relevait à peine des désastres sans précédents, il y eut en une seule circonstance autour des Espélugues jusqu'à cent mille Français de France. Ici, qu'il me soit permis d'évoquer un souvenir poignant autant que doux : C'était le 8 mai de cette année mémorable en la double fête de notre Archange et de notre Libératrice, quand arriva à Massabielle la nationale Ambassade composée d'un grand nombre de représentants du peuple. Impossible de nombrer les étendards multicolores qui avec elle affluèrent de tous les sanctuaires de chez nous dans la mystérieuse crypte en cette heure sombre où le passé radieux, pour pouvoir mieux croire à l'avenir, venait saluer un présent si plein de promesses. Or, parmi ces bannières humiliées il y avait, couvertes d'un crêpe, celles de l'Alsace et de la Lorraine dont la douleur tragique semblait déjà crier à Marie : « Au secours ! » et au pays : « Remembrance ! » Ce fut là, à vrai dire, la première de nos grandes manifestations publiques. Les augures de la politique et de la philosophie qui avaient vaticiné naguère que « les pèlerinages n'étaient plus dans les mœurs » en restèrent confondus. Le Pouvoir, qu'affolait déjà le spectre du cléricalisme, s'en alarma. Mais, il n'y eut ni désordre ni accident ni un cri même en dehors de l'immense clameur de la prière. A genoux aux pieds de sa Souveraine historique, la fille aînée de l'Eglise, mutilée et contrite, avait autre chose à faire vraiment qu'à ourdir une sédition. Ne lui restait-il pas à implorer sa Mère pour le relèvement moral et matériel du « saint royaume » ?

J'ai lu que de 1873 à 1903, en trente ans, 4.371 pèlerinages principaux ont amené sur les bords du Gave trois millions huit cent dix-sept mille des nôtres, sans parler de tant et de tant de pèlerins ou solitaires ou en groupes anonymes. Et les flots vivants de chez nous n'ont cessé depuis de déferler à Lourdes, toujours plus chargés d'oraisons, toujours plus riches de pénitences. Les journaux de toute couleur, — mais mieux encore les *Annales* de l'œuvre, organe officiel de ces augustes lieux — en portent à mesure l'éclatant témoignage. Ils montrent notamment que le « National », en déversant chaque année là-bas, depuis un peu plus d'un quart de siècle, ses cinquante ou soixante mille fidèles, est comme une croisade du peuple très chrétien à l'état permanent, grâce à laquelle — tant son idée patriotique non moins que chrétienne soulève de plus en plus d'adhésions — la moitié du pays aura

13

avant qu'il soit long temps visité le fief enchanteur de la douce Madone.

L'on dirait que sur le passage de cette annuelle caravane emportant vers « la Vierge qui a enfanté » l'âme des vieilles Gaules tout ce qui reste encore de la race s'émeut d'une envie religieuse et veut aller grossir le bienheureux cortège. Pour ne point nous perdre dans les statistiques touffues ni remuer des dates trop lointaines, sait-on que — abstraction faite toujours des arrivants isolés — 1906, par exemple, a vu 85 pèlerinages indigènes avec un total approximatif de 760.358 personnes pour la mobilisation desquelles les Compagnies ont dû mettre en branle plus de 250 trains spéciaux? Mais jamais on n'avait compté tant de monde qu'en 1907. Le contrôle exact des billets reçus par la gare de Lourdes a accusé, paraît-il, 900.000 voyageurs. Si on en défalque les touristes ou les gens d'affaires, il reste bien à l'actif de Notre Dame de France 850.000 dévots accourant de chez nous dans l'espace de 365 jours pour baiser son sceptre maternel. Cette année-ci plus encore, en raison des solennités jubilaires qui vont faire de 1908 « comme une fête de chaque jour », comme un banquet perpétuel, *juge convivium,* tout indique que le mouvement dépassera ce qui avait été vu jusqu'ici. Déjà, le 11 février dernier, dès l'aurore du grand Cinquantenaire, n'étions-nous pas peut-être 70.000 venus en chœur, malgré l'inclémence de l'époque et bien d'autres obstacles, acclamer l'Immaculée-Conception ? J'apprends de bonne part que, en vue des exceptionnelles manifestations du mois d'août prochain, vingt-cinq trains sont présentement annoncés, lesquels certes en feront arriver beaucoup d'autres à leur suite. Est-ce qu'il n'est pas question aussi d'un pèlerinage d'hommes devant, plus compact encore que ceux qui ont déjà eu lieu, faire à Lourdes, vers le milieu de mai, « les Pâques nationales » ? Cet événement ne sera pas banal, non ; et nous voudrions que tous nos concitoyens qui aiment la Patrie et sa Reine y soient... En tout cas, ceci ajouté au reste permet bien dès cette heure de préjuger pour l'été quelque chose comme un total de plus d'un million de visiteurs ! *Vidi turbam magnam quam dinumerare nemo poterat.* Oyez plutôt ce dénombrement qui a je ne sais quoi d'homérique : trains de Bordeaux, d'Angers, de Luçon, de Bayonne, de Perpignan, de Tarbes, de Nevers, de Toulouse, d'Albi, de Lyon, de Belley, de Mende, de Bourges, de Paris, de Chartres, d'Amiens, du Mans, de Rodez, d'Angoulême, d'Arras, de Grenoble, de Moulins, de Langres, de Nancy, de Verdun, d'Evreux, de Poitiers, de Cambrai, de Besançon, de Troyes, de Montpellier, de Narbonne, de Montauban, de la Bretagne, de la Normandie, de la Guyenne, de la Gascogne, de la Provence, du Roussillon, du Languedoc, etc., etc., etc. Mais, c'est chaque province, chaque diocèse, chaque ville, presque chaque paroisse qu'il faudrait vraiment porter à l'ordre du jour des pèlerinages. Quel spectacle que celui de la vie très intense qui se mêlera dans cette sorte de synthèse géographique ! Quel panorama de tous les costumes locaux et aussi quel concert de tous les idiomes du terroir natal ! Il faudrait être peintre puissant comme

Zola ou artiste affiné comme Huysmans pour tenter de décrire cela. Qu'on se figure du moins un peu ces défilés incomparables : voici, tout autant que je puis actuer d'assez récents souvenirs, les Bretonnes aux coiffes étendues ainsi que les voiles des bateaux dans la tempête. Un peu plus loin, ce sont les filles de la Bigorre toutes fières de leur petit foulard arrondi tel qu'un nid de fauvette ; puis, passent les Ossaloises drapées comme des sphynx dans leurs capulines blanches ; puis, admirez mes sœurs les Catalanes au bonnet fleuri posé avec tant d'élégance à leur front à l'instar d'un diadème ; puis, saluons les Alsaciennes sur la tête de qui plane hélas ! toujours un papillon de deuil...

Ainsi tout ce qui fut la France d'hier et qui demeure malgré tout la France d'aujourd'hui est représenté sur cette véritable esplanade nationale. On croirait à la lettre avoir là sous les yeux comme l'abrégé de la Patrie ramassée en elle-même. Du coin de l'auguste excavation où j'aime tant à rester agenouillé en aspirant la liturgique odeur des cires brûlantes, combien de fois ma prière s'est ressentie de ce frôlement délicieux de l'âme française palpitant là ainsi que chez elle-même et y égrenant une à une sur vingt rythmes divers les plus hétéroclites cantilènes dont le refrain commun est : « Christ ! Marie ! douce France ! »

Entendons la mélopée d'Armorique :

Nous venons en chœur du pays d'Arvor
Où le sol est dur, où le cœur est fort,
Fiers de notre foi, notre seul trésor,
Nous venons du pays d'Arvor...

Prêtons maintenant l'oreille à ces strophes sonores écrites dans la langue même du barde immortel de Maillane :

Prouvençau tant que saren
Catouli nous moustraren
Sens rèn cregne cantaren
Lou front aut, lou cor seren...

Mais, quelle est cette poésie éclatante comme le soleil de mes Pyrénées et harmonieuse à l'envi des sources du glorieux Mont Saint-Martin? Ecoutez: c'est Jacinto Verdaguer, le prêtre-aëde, le Pindare marial des Catalognes, qui soupire son leit-motif à la Dame de chez-nous :

Blanca sou, ô Immaculada,
Com la neu del Canigó !
Desde eixa cova sagrada
Benehiu lo Roselló...

Un tel enthousiasme n'est pas pour étonner si l'on songe que le royaume de France resta toujours, par antonomase, le royaume de Marie, *Regnum Galliæ Regnum Mariæ*. Cela apparut vrai à partir du baptistère de Reims où du haut de son étincelant vitrail la Madone gallo-francque sourit déjà si radieusement à notre berceau. Depuis, la céleste Patronne se trouva là chaque fois que nos pères se virent à un tournant quelconque de leur dramatique histoire : à Paris, quand une jeune fille consacrée au culte de la Mère de Dieu fut miraculeusement suscitée pour tenir tête à Attila ; à Orléans, à l'heure très grave où pour bouter dehors l'Etranger la bonne Lhorraine reçut cette épée invincible qui provenait tout droit d'un autel marial ; un peu partout, lorsque l'hérésie moderne, plus funeste que toutes les anciennes invasions, tenta de pervertir le cerveau de la Fille aînée de l'Eglise avec les sophismes de Calvin, de refroidir son cœur avec les duretés de Port-Royal et que contre la menace de l'un non moins que contre le péril de l'autre il y eut — spirituellement issue de la Vierge de la Visitation — cette suave moniale de Paray qui du coup contribua tant, en révélant le Sacré-Cœur, à sauver parmi nos aïeux l'intégrité de la foi non moins que les droits de l'amour.

On ne sait pas assez, en outre, qu'au milieu même de ce grand dix-septième siècle — pour préserver la Religion des atteintes d'un néo-paganisme qui des Lettres s'insinuait trop dans les mœurs — la vallée de Laus fut honorée de plusieurs apparitions de Notre Dame et que la voyante était déjà une pauvre bergère des Alpes devenue plus tard religieuse — et Vénérable — sous le nom de sœur Benoîte. L'époque de Voltaire ne semble pas avoir connu de semblables privilèges sans doute parce que en ce temps-là la France était moins le domaine de Marie qu'un val d'enfer désolé par tous les souffles impies du philosophisme en attendant que coulât bientôt le sang de la Terreur. Mais, la thèse aura été vérifiée plus brillamment que jamais en notre siècle même où, *vingt-et-une fois au moins,* la Souveraine du Ciel s'est, coup sur coup, montrée à son peuple de choix. Ce fut d'abord, comme chacun l'a lu, en 1832, lorsqu'Elle vint apporter la médaille miraculeuse ainsi que le signe de ralliement des temps nouveaux ; puis, en 1846, à l'heure où Elle se présenta avec les larmes de la réconciliation sur les crêtes austères de la Salette ; puis, en 1871, quand Elle s'épanouit telle qu'un rayon d'espérance aux regards ravis des enfants de Pontmain. Toutefois, le signe par excellence de la prédilection de la Mère du Christ pour la France c'est sans contredit Lourdes, Lourdes où Elle se communiqua bien plus extraordinairement que partout ailleurs à la modeste fille des Soubirous.

Quel pays donc et — il faut bien l'ajouter — quel siècle préférés entre tous ! « Sans vouloir donner notre nation comme meilleure qu'elle n'est, dirons-nous avec Louis Veuillot, pour nous, catholiques, que tant de grâces de la Sainte Vierge ont sauvés de tant de dangers ou de fautes et qui après bien des chutes nous sommes vus replacés toujours par sa main maternelle dans la voie du salut, comment nous défendre d'être fiers ? » — « Il me semble, observe ailleurs le même maître écrivain, que l'époque qui a suivi celle des encyclopédistes pourrait bien — par une réaction admirable — s'appeler chez nous le siècle de Marie ». De ce point de vue, résumons ici, en quelques lignes incontestables comme l'histoire et glorieuses à l'envi des plus éblouissantes légendes, la destinée même de notre peuple. Cette philosophie en vaudra bien une autre :

A l'heure lointaine des Barbares, pour détourner le flot dévastateur, voici surgir déjà — premier cadeau de la Madone, la pastourelle de Nanterre. Plus tard, lorsque l'Ennemi héréditaire pousse l'insolence de la victoire jusqu'à nous imposer un roi anglo-saxon, la Pucelle est là, messagère héroïque de la Vierge de Bermont et de Fierbois pour, chassant l'Anglais, faire refleurir les lys au jardin de Madame Sainte Marie. Plus tard encore, quand, échappée providentiellement à la mortelle atteinte de la Réforme, la fortune de ce pays, ployant sous un trop lourd faix de triomphes, d'orgueil et de bien-être, semble à nouveau compromise par cette fatale erreur du dedans, le Jansénisme que vient aggraver le Gallicanisme, remarquez comme au fond d'un cloître de Bourgogne c'est toujours une fille de la divine Protectrice qui est à la tête de la plus salutaire des réactions catholiques. Naguère enfin — pour aller vite au but principal de ces pages — alors qu'infidèles quand même aux séculaires gâteries de leur Mère, les petits-fils des Croisés en étaient à recevoir le mot d'ordre d'un Renan en attendant celui d'un Zola, est-ce que ce n'est point Bernadette, sœur des Geneviève, des Jeanne d'Arc et des Marguerite-Marie, qui, arrachée comme elles à son obscurité native par la main d'une Reine, de la Reine, devient, mieux en un sens qu'elles toutes, son instrument merveilleux et ainsi sauve mystiquement la France plus que jamais au penchant de sa ruine ?...

Oh ! n'est-ce pas donc que notre hymne national devrait être ce cri du prophète : *Non fecit taliter omni nationi ?* Non, Marie n'en a usé de la sorte envers aucune autre nation, se montrant tant de fois en France afin de bien établir de la sorte que c'est chez nous surtout qu'Elle se complait ; foulant notre territoire avec délices comme pour y mieux acquérir par cette élection le droit de cité que déjà Elle avait par la conquête : contemplant avec sympathie nos horizons qui semblent lui rappeler quelque chose de ceux-là mêmes d'où Elle vient pour nous ; sanctifiant nos montagnes qui décidément sont les fondements préférés de son règne d'amour sur la terre ; bénissant nos vallées où Elle est heureuse de faire jaillir des sources et croître des fleurs ainsi qu'en son second paradis ; étreignant enfin, du haut de ce trône qui est un autel, contre son cœur de Mère le cœur de sa bien-aimée France ! Et, durant ces visites sans pareilles, c'est l'une de chez nous, l'enfant de la race, l'alliée par le sang et les croyances et le dialecte de nous tous, la fille du meunier bigourdan, la bergerette des collines de Béarn qui est appelée à voir la Maîtresse des mondes, à entendre sa voix, à accueillir ses confidences, à recevoir ses ordres, à lui présenter ses requêtes, à mêler avec cette toute-puissance devenue toute grâce ses larmes pour le mal à laver, ses prières pour le bien à obtenir, ses sourires aussi — ses ineffables sourires — comme le présage béni des rédemptions qui approchent ; cependant que sur le limpide front de l'extatique passait, au sein d'un resplendissement divin, les souffles du ciel faisant frissonner le voile blanc de la Dame et que par son emblématique costume Celle-ci arborait les couleurs mêmes de chez nous ! Or, l'amoureux prodige n'a pu être épuisé encore par toutes ces rencontres vraiment inouïes dans l'histoire des hommes. Depuis cinquante ans, en ce petit coin de la terre ancestrale, l'Immaculée, invisible mais présente toujours, se tient infatigablement debout sur son acropole rustique à seule fin de mieux épier de là-haut le cher pays adoptif, de mieux entendre la clameur de la grande pitié et de venir à notre secours, d'y venir déjà par ces guérisons de tout ordre, prélude de la résurrection plénière qui remettra enfin entre les mains de l'immortelle nation l'épée traditionnelle des gestes de Dieu dans le monde.

Eh ! bien, n'est-il pas vrai que quand un peuple en est là, par chevalerie — si je puis dire — autant que par reconnaissance il doit être le premier à monter la garde au pied du rocher pyrénéen où, dépassant toutes ses antiques miséricordes, est venue naguère avec une telle insistance, le visiter sa Suzeraine ? Assurément, cette prééminence dans le culte marial dont le ciel a voulu faire le culte international est une bien précieuse faveur pour nous. Nous ne bénirons jamais assez Dieu que, par un arrangement visible de sa volonté, toutes les autres nations rivales ou jalouses, même au milieu de nos douleurs et de nos défaillances actuelles, soient contraintes d'oublier leurs préjugés et d'emprunter nos routes pour offrir leurs hommages à Celle que toutes les générations doivent proclamer Bienheureuse. Il est évident que, grâce à une pareille disposition, cette sorte de consortium providentiel associe dans la piété de l'univers le nom de notre pays au souvenir de l'immaculée Madone : « On ne peut pas acclamer Marie sans acclamer en même temps son royaume » a dit un grand orateur, tant ces deux choses sont inséparablement confondues, ce qui en définitive est pour nous, bien mieux qu'une satisfaction platonique, une revanche supérieure et aussi je ne sais quelle reprise de notre ancienne hégémonie morale. Comment, en effet, ne pas estimer, ne pas aimer même un peuple chez lequel le ciel descend avec une semblable complaisance, chez lequel également il faut se rendre pour sentir les plus nobles émotions qui puissent être goûtées en ce monde? Vue ainsi chez elle, on apprécie mieux des quatre bouts du globe ce qu'est cette race française qui garde toujours de si intimes intelligences avec la Mère de Dieu et donc l'on juge ce qu'elle pourra redevenir demain quand Lourdes aura porté parmi nous tous ses fruits. Ce que la terre entière doit encore, bon gré, mal gré, déduire de ce fait transcendant c'est que, comme Israël possédait l'arche d'alliance pour être le foyer de l'antique civilisation, ainsi à la France a été donnée la Grotte de Massabielle pour rester ou redevenir l'âme du monde moderne.

***

Cela dit parce que cela devait l'être, veut-on voir maintenant, sur les pas de cette France, entraîneuse des peuples, le monde entier accourir aux Espélugues? Ici de nouveau, afin de ne point se noyer dans des nomenclatures intarissables, il faudra se vouer à des énumérations collectives: pèlerinages d'Italie, d'Allemagne, d'Espagne, de Belgique, d'Autriche, de la Suisse, du Portugal, de l'Algérie; groupes de Strasbourg, de Palma, de Tunis, de

Namur, de Tournai, de Florence, etc., etc. Lourdes, vous dis-je, peut être surnommée « une Pentecôte vivante. » Il n'est pas rare, effectivement, d'entendre sur la place des Apparitions vos voisins de droite réciter le chapelet en flamand tandis que ceux de gauche le disent en tchèque ou en bas-allemand ou en gaëlique. Naguère, quand je débarquai dans la cité cosmopolite, c'étaient les vaillants catholiques de Cologne qui partaient et ceux si aimables de Budapest qui arrivaient. On attendait pour le lendemain les pieux fidèles de Hollande ainsi qu'une brillante équipe de Grecs-Unis. Voici Messieurs les Anglais : faisons place ! Pour eux surtout il n'y a pas de Pyrénées. Quelle ferveur ils nous apportent en échange ! Une de leurs sommités les plus en vue, le duc de Norkfolk, aime à multiplier ici ses visites somptueuses autant qu'édifiantes. Innovation bien digne d'être soulignée : ce fut l'année dernière, je crois, que vint, avec un stock de malades, le premier pèlerinage officiel de la Grande Bretagne. O ombre de Henri VIII ! Pourquoi n'espérerions-nous point, nous autres, que ce « port » de la Vierge couronnée par le Pape sera un jour prochain pour la famille anglo-saxonne le chemin royal qui mène à Rome ? Cela pourrait bien nous valoir, en retour, une « entente cordiale » autrement solide que celles basées sur l'agiotage ou le sectarisme.

Et la Russie schismatique et la Scandinavie luthérienne et l'Amérique des jeunes trusts et l'Orient des antiques préjugés et l'Océanie encore submergée de paganisme et la noire Afrique que déshonorent toujours ses fétiches et les empires en éveil du soleil levant et les îles brillant comme des émeraudes parmi les océans indiens ; de partout accourent à cette Grotte des êtres humains, précieux espoirs des moissons qui blanchissent, sous le coup d'une fascination qu'on pourrait regarder comme le prélude de prochains dénoûments. *Ex omni tribu et populo et lingua et natione.*

Puisque rien n'est éloquent à l'égal des chiffres, citons-en encore : en ces trente dernières années on a vu aux rives du fleuve de Notre Dame 1.200 pèlerinages exotiques conduits par 577 prélats de diverses latitudes et de rites différents, heureux tous de fusionner là dans la communion la plus « catholique » en vérité qui se puisse concevoir avec la France pour qui — tout le monde en convient — le ciel fait ce qu'il ne fit jamais pour aucun autre peuple. Il est vrai qu'elle aussi sait accueillir fraternellement l'univers en son Sanctuaire international où il n'y a pas d'étrangers, tous se sentant frères aux pieds de Celle qui, selon saint Ambroise, est plus mère qu'aucune autre mère. *Nulla tam mater.*

Détail essentiel : ce sont d'ordinaire les élites non seulement ecclésiales mais encore sociales qui conduisent ici les grandes affluences. Voici quelques noms — peu vulgaires certes — que j'ai relevés au hasard en ces derniers temps : Son Eminence le Cardinal Katschthaler, Prince-Archevêque de Salzbourg ; Son Excellence Mgr Tonti, nonce apostolique à Lisbonne ; 46 archevêques ou évêques ; MM. Lusterziez, député du Reichstag allemand et brancardier ;

Sustersich, député du Reichstadt autrichien et brancardier également ; Daris Urzua, professeur de droit à l'Université de Chili, etc., etc. Des généraux, des amiraux, des ministres, des ambassadeurs circulent ici parmi les pèlerins. On y aperçoit des princes du sang, des souveraines gracieuses autant que ferventes et nul n'a oublié que l'année dernière encore un jeune couple royal entre tous sympathique vint, de l'autre côté des monts, mettre sous la protection de l'universelle Madone son amour et son trône. Au surplus, si ces convois interminables montrent bien l'entraînement des corps, voici l'essor des âmes : A ne prendre toujours pour type qu'une année — la moins éloignée de nous — en 1907 il a été célébré aux trois temples de Lourdes 45.820 messes et distribué 550.145 communions Le nombre d'intentions recommandées a été de 1.970.683. Il y a eu 61.559 demandes d'actions de grâce. On a expédié 98.600 bouteilles d'eau miraculeuse. La Maîtresse de céans a reçu près de 2.000 ex-voto de toute forme et de toute valeur.

Ainsi, partout et toujours, des chiffres gigantesques, fantastiques.

D'autre part, qu'on ne croie pas que sur l'éternel chantier de Notre Dame l'activité chôme. Quelle vie artistique en cette dernière année encore, alors qu'après la dépense globale de près de *vingt-cinq millions* tout nouveau labeur semblerait pouvoir être fini là-bas ! C'est comme cela que le couloir central de la Crypte s'est vu orné de plusieurs panneaux des plus brillants. Au Rosaire, le chœur a été enrichi d'un magnifique trône épiscopal en marbre, bronze et émaux en même temps que de belles stalles en vieux chêne richement sculpté. Cinq chapelles ont reçu des tables de communion en marbre ; l'une d'elles a en outre été gratifiée d'une splendide mosaïque, l'*Assomption*, offerte par les Slaves de Bohême. Il faut signaler également les cartons du *Couronnement* de la Vierge et un *Portement de la Croix*, les deux clochetons enfin dont les pierres ont été extraites des flancs du Béout et qui déjà s'élèvent pour flanquer le Rosaire en encadrant la Basilique. Dans celle-ci dernièrement encore le général Vargas, ministre plénipotentiaire de la Colombie, déposa, au nom de son peuple, un remarquable drapeau en soie aux couleurs jaune, bleu et rouge pour qu'il fût placé au merveilleux sanctuaire comme l'hommage de la République Colombienne. Heureuse République en vérité ! Toutes n'ont pas de pareilles inspirations... Enfin, beaucoup savent qu'au Calvaire, qui bientôt aura l'air d'un musée de la Passion, quatre nouvelles stations, très riches, ont été érigées dont la dernière est un cadeau de l'Allemagne catholique.

Force m'est bien d'arrêter là les statistiques de tout genre. N'est-ce pas qu'on s'imagine rêver en présence de toutes ces choses splendides, mais surtout des incroyables rassemblements qui y donnent lieu ? Non, ni les émigrations retentissantes des vieux peuples pasteurs ou soldats ni les théories sacrées de la Grèce artistique et de l'Égypte philosophique ni les campagnes moins militaires que religieuses du moyen âge ni les grandioses exodes de l'Islam vers ses kabaas saintes ni les marches rituelles du Boudhisme et du

Brahamisme sur le bord de leurs fleuves sacrés n'approchent décidément de l'impulsion extraordinaire qui jette ainsi le genre humain du côté de la Grotte béarnaise. Qu'on n'allègue plus ou Jérusalem ou Rome ou la Mecque ou Bénarès. Ce trou de nos Pyrénées est, mieux qu'aucun autre lieu terrestre, le point de jonction mondiale, le principal boulevard de l'histoire ; parlons mieux, la métropole du divin vers lequel d'un bout de pôle à l'autre regardent avec vénération, peut-être avec jalousie toutes les races. O sainte Vierge, vous désiriez les foules à Lourdes. Les voilà ! Eh ! bien, n'êtes vous pas contente ? A l'odeur de vos parfums, à l'attrait de vos charmes voilà que l'univers s'est ébranlé et ce pèlerinage qu'à dix-huit reprises fit sur votre désir Bernadette, la terre entière l'a refait ; et cette procession qui tant Vous tenait à cœur, elle n'a plus cessé un seul jour depuis un demi-siècle ; et cette chapelle que trop modestement Vous réclamiez, il a fallu la transformer en une triple cathédrale pour servir d'hôtel-dieu aux âmes de partout. Vraiment, ô Femme, ô Reine, ô Mère, Vous êtes du sommet de votre agreste belvédère la grande attraction de notre siècle comme votre théologien et chevalier saint Bernard Vous appelle « la grande affaire de tous les siècles ». *Magnum Négotium Sœculorum*.

***

Aussi bien, il est juste d'ajouter que Marie là-bas paie bien de sa personne en s'y montrant attentive à tous les besoins mais spécialement exorable aux multiples souffrances qui semblent le sort d'un trop grand nombre en ce monde. Depuis vingt-cinq ans qu'il fonctionne, sait-on que le « National », véritable entreprise de « salut », a amené aux surnaturelles roches 28.680 pauvres malades dont beaucoup s'en sont revenus avec la cure et tous avec l'espérance ou en tout cas la résignation? Chaque année, arrive ainsi le « bataillon sacré » des *mille infirmes*. En 1883, lors du Jubilé des noces d'argent, on compta devant la Grotte, convoqués des quatre points cardinaux pour une solennelle action de grâces, 325 miraculés authentiques portant chacun son insigne et sa bannière. Ils firent une procession incomparable qui, par la vertu même de tant de gratitude, fut suivie d'une telle poussée de guérisons nouvelles que jamais on n'en avait vu un pareil lot à la fois.

Mais, que sera-ce donc, je le demande, du cortège des « rescapés » de Notre Dame en cette exceptionnelle année du grand Pardon de Lourdes? Déjà l'infatigable évêque de Tarbes a tenu à en indiquer la date : celle du dimanche 23 août prochain. Avis à tous les bénéficiaires de Marie! Il faut qu'il n'en manque aucun au phénoménal rendez-vous. Quelle procession il y aura pour lors le long du Gave! Ne peut-on pas dire d'avance que ces centaines et ces milliers de guéris, la plus belle de toutes les couronnes sur le front de l'Almah, constitueront un immense miracle ambulant tandis que, sous le regard attendri de la bonne Mère, ils défileront tous, avec leur chiffre et leur oriflamme respectifs, en chantant ses miséricordes?

Oui, qu'il vienne à Massabielle beaucoup de gens miraculés, d'autres à miraculer encore ou de corps ou d'âme à l'occasion de la solennelle festivité de 1908 et l'on verra quelle germination consolante de prodiges il ne manquera point de se produire au pays du Surnaturel pour récompenser l'élan universel que les cinquantenaires — bien loin de l'affaiblir — ne feront toujours que rendre plus magnifique ; tellement il est dans le destin de cette Grotte, depuis que vint y gémir la mystique Colombe, depuis que s'y révéla la gloire de l'Immaculée-Conception, de fasciner la terre entière. « En me montrant ainsi sur ce mont, dut dire la Dame à la voyante, comme mon Fils et pour mon Fils, J'y attirerai tout à Moi ». *Omnia traham ad meipsam*.

*
* *

Et, pour une si grande œuvre de quel instrument donc se servit-Elle ? On l'a assez vu, d'une enfant pauvre, ignorante, vulgaire. Mais, voilà bien, n'est-ce pas, précisément, dans cette disproportion même entre la fin et le moyen, la caractéristique de Lourdes. Le plus renversant miracle, en effet, ce n'est pas toute cette kyrielle d'aveugles qui voient, de sourds qui entendent, de muets qui parlent, de paralytiques qui marchent ; le plus renversant miracle c'est qu'avec un pareil néant Dieu ou la Vierge aient ainsi remué le monde.

Oui, il ne faut pas se lasser de le redire, il y a dans l'extraordinaire exode qui sous le souffle de l'humble paysanne emporte le globe vers l'antre fatidique en je ne sais quelle gravitation supérieure un prodige bien plus inexplicable encore que tous ceux dont depuis la première heure ces parages ne cessent d'être le théâtre. Car enfin il n'est pas naturel — on l'avouera — et c'est même contraire à toutes les lois de la psychologie humaine que la simple parole d'une chétive bergère de quatorze ans ait le don d'entraîner la société contemporaine, si orgueilleuse, si défiante aussi, avec cette ardeur religieuse qui, bien loin de se ralentir, ne fait malgré tout depuis un demi-siècle que s'aviver toujours davantage. On reste littéralement confondu lorsqu'on doit se dire que l'origine d'un mouvement à ce point formidable fut une semblable faiblesse laquelle obtint — et de suite — ce à quoi jamais n'auraient osé prétendre ni l'ambition d'un Napoléon ni le génie d'un Archimède. Celui-ci ne rêvait que de soulever le monde physique ; celui-là confessait, non sans une pointe de mélancolie jalouse, que l'âme qui enlève des âmes dans son élan irrésistible est plus forte que le conquérant qui ne traîne derrière son char de victoire que des masses armées. Ici surtout que, suivant une mode qui finit chez certains par devenir une manie, on ne vienne pas nous parler d'hallucination ! Pour qu'une fillette hallucinée de cette insignifiance eût pu de la sorte mettre en commotion les deux hémisphères il aurait fallu, Dieu me pardonne, que la planète entière fût peuplée de fous. Est-ce ce qu'on voudrait dire ? Tous les penseurs sérieux et vraiment libres qui se sont placés devant ce singulier problème moral qu'est Lourdes ont dû reconnaître que l'obsession — l'obsession maladive — n'a pas des ricochets aussi étendus ni surtout aussi durables. Car enfin, ne l'oublions point, voilà déjà une cinquantaine d'années, n'est-ce pas, que cela dure et que cela progresse même. En ce long intervalle non seulement la renommée de la Grotte s'est affermie chez nous mais elle a franchi toutes les frontières connues, faisant pour ainsi dire, mieux que les bataillons d'Alexandre ou les légions de César, la conquête du monde habité. A cette halte du demi-siècle, si l'on regardait la carte de la civilisation et même celle des zones où elle n'est pas parvenue encore, on verrait — ainsi que nous avons essayé de le montrer un peu — que du nord au sud, de l'orient à l'occident, sur tous les rivages comme au bord de toutes les mers, il n'y a pas une chrétienté, si petite ou si jeune soit-elle, qui ne mêle à l'amour sacré du Rédempteur le radieux nom de Notre Dame de Lourdes. M. Homais peut donc discuter à perte de vue au milieu de ses drogues ; les libérâtres qui se succèdent aux ministères de la maçonnerie n'ont qu'à essayer en passant de masquer avec leur triangle l'image de la Madone ; libre aussi aux négateurs phari saïques de se scandaliser tandis que débouchent sur toutes les lignes les trains du grand pèlerinage cosmopolite : il reste qu'un pareil entraînement est trop au-dessus et trop en dehors des lois ordinaires pour qu'il ne faille pas convenir que, bien mieux encore que la frêle voix d'une jeune pastourelle, l'Esprit de Dieu est dans les roues entraînant l'humanité vers cette excavation prodigieuse. *Spiritus Dei erat in rotis.*

Et, ô sublime ironie ! voilà que c'est le progrès moderne lui-même, ce dieu intolérant qui ne veut pas admettre d'autres dieux, qu'une puissance forte autant que douce charge de transporter toutes les foules fascinées par une voyante. Il leur prête ses routes de terre et de mer, ses chars et ses vaisseaux, sa rapidité et son confortable comme si depuis un siècle qu'il s'escrime à faire des découvertes, à aller d'applications en applications il ne travaillait à vrai dire que pour que fussent mieux obéies Bernadette et sa Dame. *Sic vos non vobis.* Tout cela aussi est, on l'avouera, passablement étrange et à la place des esprits forts (?) nous en serions troublés. Il est vrai que ces gens-là sont imperturbables quand il s'agit d'entasser des miracles pour récuser le miracle.

*
* *

Mais enfin — puisqu'il s'agit d'épuiser du mieux possible cette palpitante matière — que vont donc voir les multitudes dans le désert de Bigorre ? Qu'est-ce qui les y séduit à ce point ? A coup sûr, ce n'est ni ce ciel d'Occitanie ni ce paysage de Suisse ni la pureté de cette atmosphère ni la fraîcheur de cette eau ni la poésie de ces monts ni le calme de ces vallées ; ce n'est pas non plus, je suppose, le spectacle plutôt répugnant de tant de plaies qui y purulent, de tant de douleurs qui y geignent ni même celui, quelque empoignant qu'il soit du reste, de tant de guérisons qui y éclatent... A tout cela on finit par s'habituer. Aussi bien, n'y aurait-il pas moyen de trouver, en partie, ces spectacles ailleurs ? Seulement, voilà ce qui captive ici l'univers en une emprise que tous déclarent invincible, c'est *quelque chose* qu'on ne voit pas, qu'on n'entend pas, qu'on ne palpe pas, qu'on n'ausculte pas en dehors de cette gorge et qu'ici même il faut avoir la foi des pèlerins — leur bonne foi en tout cas — pour éprouver : c'est (disons le mot) le *Divin* de Lourdes ! Mais, celui-ci, par exemple, pour quiconque y apporte une âme indépendante, est là-bas à l'état endémique. Du commencement jusqu'à la fin on le respire aux trois basiliques où le culte solennel ne discontinue jamais dans une ambiance faite de surnaturalité plus encore que de splendeur ; on le rencontre aux piscines où le saint rosaire de Notre Dame fait oublier par sa musique enchanteresse la souffrance qui se tord et le fleuve qui ose bramer à peine, prêt comme le Jourdain à perdre sa voix en suspendant son cours ; il bat son plein à la Grotte parmi tous ces milliers de cierges ardents dont la flamme n'est que le pâle emblème de la dévotion des cœurs ; mais — chacun le sait — où il exulte magnifiquement, où il triomphe féériquement, c'est bien, le soir aux deux processions successives qui sont l'une avec son Ostensoir victorieux le clou de nos pèlerinages, l'autre avec ses mobiles lumières et ses croisements de mélodies leur poésie inimitable.

Voilà, oui, si vous me demandez ce que l'on va chercher à Lourdes, voilà ce qu'on y trouve : on y trouve le Divin, ce Divin dont, malgré elle, notre époque a le mystérieux tourment. « Ici, me disait un jour devant Massabielle une femme du peuple, nous rencontrons Dieu *en nature* ». Et, à entendre cela spirituellement, c'est la vérité même! Nulle autre part l'au delà n'est aussi tangible. Est-ce que Pie X, qui se meurt de n'y pouvoir venir dilater sa belle âme, n'affirmait pas naguère encore que « si le surnaturel pouvait se perdre dans le monde il faudrait aller le retrouver là » ? O vous donc qui dogmatisez d'un air entendu que Lourdes est une station estivale à l'usage des dévots, sachez que le jour où au nom de la liberté nouveau style on n'y pourrait plus prier, plus pleurer, plus espérer, plus remercier, plus en un mot mettre son âme en communion sensible avec la Divinité sous le regard miséricordieux de la Reine du Ciel, ce jour-là les peuples frustrés dans leur besoin incoërcible désapprendraient vite leur orientation du côté de la Grotte et la cité des prodiges ne tarderait pas à s'endormir dans sa gloire comme se sont endormies autrefois tant d'autres villes fameuses par leurs sanctuaires à la fin démodés...

Mais non — que les puissants se le disent et que les savants ne l'oublient jamais — Lourdes, bien mieux encore que le café ou que Racine, ne doit point passer ; Lourdes ne passera pas ! Les années pourront laisser un peu de poussière sur ses églises ; le granit de sa caverne se ressentira de l'usure du temps ou des baisers ; il est possible aussi que moins vives à mesure deviennent les couleurs des innombrables bannières flottant à ses voûtes augustes... Lourdes, elle, demeurera toujours ! Pourquoi ? Avant tout, parce que la Vierge a dit qu'Elle voulait là sa demeure ; ensuite, parce que tant qu'il y aura dans notre vallée d'exil des yeux qui pleureront, des membres qui souffriront, des âmes qui auront faim et soif d'idéal, la France et le monde entendront aller là comme au centre même de leur vie, comme en leur « coin du ciel » déjà sur la triste terre...

Pour tant donc que cet Événement hors de pair, qui semble un réel défi à notre époque positiviste, en dominant les contingences du monde et de l'histoire, vienne depuis un demi-siècle renverser les plus chères conceptions du rationalisme ou du matérialisme et tenir en échec les diagnostics comme les aphorismes les plus superbes de la Faculté ; il n'en restera pas moins le grand fait historique vers lequel sont tournées toutes les intelligences sérieuses, vers lequel palpitent surtout tous les cœurs douloureux. Rien aussi — pas même la force des forts — ne réussirait à le supprimer. Eh ! comment feriez-vous, pygmées prétentieux, pour détacher de la crypte du mystère l'âme humaine, elle qui dans cette vague périodique de merveilleux venant frapper ses regards ou ses oreilles est si heureuse de découvrir la trace flagrante de l'Être suprême penché avec amour sur les angoisses de notre pauvre nature ?

Ah ! quel crime donc contre la souffrance sous toutes ses formes — plus encore, ainsi que le déclaraient récemment trois mille médecins, que contre la religion et l'art et la liberté et la fortune d'un petit pays — serait l'escamotage d'un lieu d'où est déjà émané tant de bien, d'où doit en émaner beaucoup plus encore ! Sait-on, pour revenir aux statistiques, à combien a été très approximativement estimé le nombre des communions reçues en trente ans (de

1870 à 1900) dans les sanctuaires de l'Immaculée? A 6.853.180. Et celui des messes dites? A 761.720. C'est toujours absolument colossal plus encore certes comme influence morale que comme chiffre matériel. Depuis le nouveau siècle, je l'ai dit, la proportion en ceci comme en tout ne fait que croître d'année en année, encore bien pourtant que tout conspire du dehors pour l'affaiblir.

Quel triomphe vraiment du spiritualisme, parlons mieux, du mysticisme chrétien en face de l'A-religion ou plutôt de l'impiété gouvernementale laquelle, naguère, ne pensant pas à cette caverne apparemment, se vantait d'éteindre toutes nos étoiles! Oh ! la protestation de Lourdes criant par toutes les voix de la conscience baptisée : « Nous voulons Dieu ! » quela voilà bien la défaite du mal actuel ! Ainsi Massabielle — la masse éternellement jeune — se dresse en face des blasphèmes stupides plus encore que méchants et bientôt telle sera sa puissance qu'elle dominera les ruines de tous ces édifices factices de la libre-pensée si contraires à la nature que déjà ils commencent à crouler au milieu de la désillusion générale.

D'ailleurs, qui pourrait dire ce que déjà le monde doit à cet antre d'où s'échappent à jets continus des éclairs de vérité, des parfums de vertu et des effluves de grâce multiforme ? Il ne faut donc pas s'étonner si les multitudes se sont portées là d'instinct dès les premiers jours ; car les multitudes — malgré les pressions funestes qu'elles subissent — gardent le sens du vrai, du beau et du bien comme le privilège même de leur baptême.

D'ailleurs, quoique les préférences visibles de la Dame soient pour quelques-uns seulement — les plus infortunés — n'est-il pas vrai, à tout prendre, qu'il n'y a point un chrétien ni un homme (celui-là, on l'a vu, fût-il Zola en personne) qui un jour ou autre n'ait eu à bénéficier secrètement d'une façon quelconque de cette Grotte ? L'on pourrait dire d'elle, toutes proportions gardées, ce que les docteurs affirment de nos saints Tabernacles : que personne n'y vient impunément, ce qui signifie sans réussir à se dérober tout à fait à son rayonnement de vie, *nec est qui se abscondat a colore ejus.*

Oui, tous furent compris dans l'intention miséricordieuse qui poussa dix-huit fois la Reine des cieux à descendre dans cet endroit si mal famé jusqu'alors ; oui, à tous s'adressèrent par l'aimable canal d'une fille du peuple les enseignements spéculatifs et les exemples pratiques qu'Elle voulut y donner ; oui, pour tous il s'est dégagé ou directement ou indirectement de ce trou de la pierre quelque vertu particulière qui tend à la guérison des corps lorsque, ce qui est autrement précieux, ce n'est pas à la conversion ou à la sanctification des âmes.

Ah ! il fallait, confessons-le, que la misère spirituelle de notre époque fût bien grande — plus grande encore que toutes les tares physiologiques agglomérées depuis cinquante ans devant ce roc — pour que le Très-Haut ait pu consentir à lever ainsi, en quelque manière, le voile du Mystère ; à suspendre (si j'ose dire) le règne de la Foi pour ouvrir avec un tel éclat les écluses au Surnaturel, tellement brutal sur ces bords qu'il y « étouffe à la gorge » les pires athées eux-mêmes... Non point certes que l'acte d'adoration en doive jaillir forcément. N'adore Dieu que qui veut, selon toute son âme, en esprit et en vérité. Mais tant il y a que quand l'impie systématique s'en retourne de Lourdes il n'est pas fier ! En revanche, le moyen d'énumérer tous ceux qui ont récupéré là leur jeune credo, sans parler de bien d'autres qui ont eu le bonheur d'y reconquérir la première robe d'innocence ? Que de consciences se sont restaurées à Lourdes ! Que de vies s'y sont refaites ! Que de vertus individuelles, familiales, publiques y ont pris leur point de départ ! Que de crimes ou privés ou sociaux y ont été épargnés ! J'appelais tantôt Massabielle un *propitiatoire* apaisant le ciel, écartant les châtiments de la terre ; elle est bien aussi un *sanatorium* mystique plus encore mille fois qu'une thérapeutique corporelle. Le spectacle seul de tous les dévoûments qui s'y provoquent à l'envi, de tous les actes de charité chrétienne et de solidarité humaine qui y fleurissent comme sur leur terrain naturel devrait déjà la faire bénir de tout sincère philanthrope. Et que serait aujourd'hui, grand Dieu, sans Lourdes le monde traversé par tant de courants d'erreurs, de vices, d'égoïsme et de haine ? Que serait surtout la pauvre chère France ? S'il y a encore parmi nous — malgré beaucoup de mal — beaucoup de bien ; si la foi chez les meilleurs n'a pas sombré dans ce déluge d'insanités aussi anti-scientifiques qu'anti-religieuses où s'abîment de trop nombreuses écoles ; s'il reste au sein de cet océan de boue contemporaine des âmes capables de voler comme la chaste colombe des Espélugues sur les ailes de la pureté et de l'amour ; si pour bon nombre de Français, le devoir est, grâce à Dieu, mieux qu'un anachronisme et la patrie plus qu'un idole, ô Reine des Pyrénées, c'est à Vous que mon pays le doit !

Ajouterons-nous qu'en protégeant le présent Lourdes prépare l'avenir, l'avenir de la France, dis-je, et par lui l'avenir du monde ? Comment ? Je l'ignore, n'ayant point été initié aux secrets de l'Apparition. Mais ce que je sais bien, c'est que la Voyante en avait plus d'une fois laissé entendre l'assurance ; ce qu'il y a aussi c'est que cette persuasion est dans l'air ou — pour mieux dire — dans les cœurs. Or, en ces matières l'instinct universel ne saurait tromper. De plus, depuis un certain temps surtout, — et c'est autrement symptomatique — on ne trouverait chez nous peut-être ni une pastorale d'évêque ni un discours de prédicateur ni un ouvrage de polémiste ou d'apologiste n'indiquant cela. Jusqu'à l'Organe infaillible de l'Eglise qui dans ses allocutions, voire dans ses encycliques, ne se porte garant que Lourdes n'a pas dit son dernier mot, qu'il reste encore à Lourdes à achever le salut de la société actuelle. Ce qui n'est point douteux non plus, c'est que Lourdes, quelque forme imprévue que doive revêtir l'influence qui partira de là — sera la *Contre-Révolution* parce que c'est précisément la Révolution, toujours vivante dans son esprit comme dans ses œuvres, qui perd la France et par la France l'humanité. Duel tragique ! Combat à mort ! Le politicien-journaliste qui naguère prenait pour devise de son jacobinisme ; « Ceci tuera cela » a plus raison qu'il ne pense ; seulement, *ceci* sera Lourdes et *cela* sera la maçonnerie acharnée depuis près de quarante ans à son office de mort sous le nom de République. Oh ! le poignant drame que nous verrons très probablement nous-mêmes ! Car il ne se peut pas que la grande bataille, *prælium magnum,* qui dès l'origine déjà mit aux prises la Femme avec la Bête ne se dénoue enfin, en nos temps de crise extrême, entre la Vierge de Massabielle et le Serpent dont toute la rage tour à tour violente ou astucieuse semble bien à présent s'être perfidement condensée dans le « modernisme », cette suprême hérésie. Et voyez donc quel Chef nous a donné la Providence pour conduire tous les croyants sans épithète à l'assaut de la citadelle diabolique ! N'est-ce pas celui qui, vaillant autant que pieux, sera surnommé par l'histoire « le Pape de Notre Dame de Lourdes » ? Quel coup déjà Il vient de porter au monstre d'Enfer par la fameuse Bulle dont a retenti l'univers, un coup tel que le monstre en mourra, en meurt, en est mort en principe... Détail suggestif ! C'est du 8 septembre dernier, fête de l'Almâh, qu'est daté ce document providentiel et l'auguste signataire, conscient de la fonction libératrice qu'il remplit, fort de l'assistance de Celle avec qui et pour qui il guerroie si intrépidement, ne manque pas, vers la fin, en une prière pathétique, d'y invoquer précisément l'Immaculée-Conception.

C'est ainsi que Marie, dont les textes liturgiques nous disent qu'elle est plus puissante qu'une armée rangée en bataille et qu'à Elle seule Elle détruit toutes les hérésies, mettra définitivement à Lourdes son pied vainqueur sur le front du Maudit, délivrant par là-même l'Eglise, la France et le monde des trois grands fléaux auquels finiraient par succomber notre époque : le naturalisme qui est l'orgueil de la chair ; le rationalisme qui est l'impureté de l'esprit et le libéralisme qui est la révolte de la vie tant dans l'ordre privé que social. Telle est bien, en effet, la triple tête de cette Révolution vieille comme Satan mais qui de nos jours a pris une recrudescence effroyable par suite de l'audace des uns, de la faiblesse des autres et de l'infidélité de tous. Sans être prophète, on peut bien augurer, à ce qui se déroule déjà sur les rives du Gave, à ce qui rayonne surtout de la sainte caverne, que l'heure n'est pas loin où, la lumineuse Dame aidant, la délivrance se fera enfin. Tous le sentent si bien que les méchants en hurlent de fureur ; que les bons ou ceux qui veulent le redevenir se précipitent de toutes parts vers Lourdes ainsi que vers le foyer certain de la régénération nationale et universelle. Sienkiewicz, dans le *Déluge*, a décrit l'effondrement de la Pologne vers le milieu du XVIIe siècle, lorsque les Suédois, avec la rapidité qui distinguait les armées de Gustave-Adolphe, firent la conquête du pays. Partout la trahison, le découragement, la panique et donc la défaite. Varsovie était prise, Cracovie venait de se rendre, le roi Jean-Casimir s'enfuyait en Sibérie. Déjà les dernières citadelles ouvraient leurs portes. Une pourtant résista et autour de cette résistance bientôt toutes les résistances patriotiques s'organisèrent. Or, qu'était ce boulevard de la patrie aux abois ?

C'était un sanctuaire, un lieu de pèlerinage, *Czestochowa* et le chef de la trop juste insurrection fut un moine, un moine élevant au-dessus des courages courbés la Madone des ancêtres! Cette image mariale devint le signal du réveil pour l'âme polonaise. Tous sentirent que contre l'étranger hérétique la Vierge les aiderait et alors les nobles reprennent leurs épées, les paysans leurs faux, Jean-Casimir revient et les Suédois, malgré leur effort gigantesque, se voient chassés du magnanime royaume. Quelle allégorie transparente pour nous dans cette page d'histoire! Notre Czestochowa n'est-ce point la Grotte pyrénéenne d'où s'échappera aussi le salut quand nous voudrons, quand nous regarderons bien la Dame, notre Reine, notre Mère, avec foi et amour et confiance? Mais aussi alors quelle Jérusalem nouvelle sortira du fond de ce désert brillante de clarté! « Un peuple qui possède Massabielle, disait naguère un docteur américain au dernier soir d'un pèlerinage national, peut avoir confiance dans l'avenir ». Donc, au plus tôt, Notre Dame de Lourdes, Vous, la santé des peuples malades, venez de votre empyrée splendide à notre secours. *Veni adjutrix, pia Virgo cœlo lapsa sereno.* Israël avait son arche; Athènes avait son palladium; Rome avait son capitole; nous — plus privilégiés que toutes les nations anciennes ou modernes, nous avons votre rocher où accourt l'univers. Que de ce creux de la pierre nationale se hâte de jaillir la transfiguration de la France dont celle de Bernadette sous vos sourires divins, ô Marie, n'était que le prophétique symbole!!

CHAPITRE SEPTIÈME

L'Abbé Peyramale

Pour que l'univers entier fût de la sorte mis au courant de la merveilleuse Geste de Massabielle et en retirât avec pleine sécurité tout le fruit divin qu'elle comporte, il fallait, ce nous semble, un *Père* qui protégeât la faible Voyante contre elle-même et les autres; un *Juge* afin d'authentiquer une aussi extraordinaire mission; un *Ecrivain* venant en fixer et en propager le récit sans pareil.

C'est bien ce à quoi pourvut de suite le Ciel lorsque autour de Bernadette Il groupa trois hommes — le Curé, l'Evêque, l'Historiographe — qui jamais plus ne devaient en être séparés. Nos aperçus sur Lourdes resteraient par trop incomplets si nous ne disions ici rapidement un mot de chacun de ces personnages essentiels, puisque ce mot montrera mieux sans doute que nous n'avons pu y réussir encore combien admirable fut d'un bout à l'autre la Providence dans la conduite de toute cette sainte affaire.

*
* *

Et d'abord le Père. — Tout le monde sait sur la terre qu'il s'appela l'abbé PEYRAMALE.

Né à Momères, le 11 mai 1811, il reçut au baptême les noms passablement suggestifs de « Marie-Dominique ». Ses parents, très vertueux et des mieux posés dans le pays, eurent neuf enfants dont il était le sixième. L'aîné resta sur les terres paternelles, le cadet entra dans l'enregistrement, le troisième devint attaché d'ambassade, un autre se vit nommé précepteur des pages du Roi, un autre se fit médecin, un autre encore dont la profession nous échappe (il prit apparemment du galon militaire) eut pour gendre le propre frère de Garcia Moreno, l'héroïque et saint Président de la République de l'Equateur, mort martyr du Sacré-Cœur sous le poignard de la Maçonnerie cosmopolite.

Aussi ouvert d'esprit que réfléchi de caractère, le jeune Dominique aurait pu lui-même aspirer haut dans le monde. Il préféra se tourner vers les autels pour le service desquels son âme naturellement pieuse se sentit comme dès le berceau une vocation non équivoque. Après de fortes études faites successivement à Saint-Pé et à Tarbes, le voici au Grand Séminaire diocésain en octobre 1830, sans que l'effervescence anti-chrétienne plus encore qu'anti-sociale de l'heure eût pu refroidir ses goûts. Cinq ans plus tard le lévite parfait presque en toutes choses recevait le sacerdoce et était envoyé comme vicaire à Vic, puis bientôt dans la cité épiscopale. Quelques années après (en 1843, croyons-nous), ses supérieurs lui confièrent la paroisse d'Aubarède d'où il devait retourner encore au chef-lieu du département en qualité d'aumônier civil et militaire. C'est enfin de ce poste de dévouement obscur où il se faisait adorer de ses malades qu'à six années de là il vint à son corps défendant en cette cure de Lourdes qui lui réservait un si mouvementé pastorat.

On raconte que dès son entrée dans la petite capitale de la Bigorre il conquit comme partout l'estime en attendant bientôt la sympathie universelle. C'est que le nouveau doyen était visiblement fait pour être un manieur d'hommes, surtout un conducteur d'âmes. Taillé en hercule, naturellement majestueux avec je ne sais quoi d'austère qui de prime abord pouvait paraître rébarbatif mais que venait vite tempérer un réel fonds de bienveillance, esprit vif, regard d'aigle, voix sonore, mémoire prodigieuse, bon sens impeccable, le conseil des grands, l'idole des petits : tel était, au physique ainsi qu'au moral, le pasteur peu banal que se choisissait là-bas la Providence. Comme prêtre, l'administration n'en citait pas beaucoup qui fussent plus instruits ni plus corrects sur toute la ligne ni sous des dehors froids d'une piété aussi solide. L'intéressant coin de terre que lui confiait là-bas l'obéissance eut vite absorbé ses forces sacerdotales mises dès la première heure au service d'un zèle qui ne connut d'autres bornes que celles d'une prudence toujours en éveil. Aussi cette paroisse qu'on citait déjà comme bonne, de tradition, put-elle être vite prise pour modèle. La pratique religieuse y florissait, les mœurs y étaient pures, le blasphème n'en attristait guère l'activité paisible ; et, sauf une petite bande de beaux esprits qu'avaient grisés la *civilisation* des alentours, on peut dire que le peuple prédestiné ne tarda pas à être tout à fait à l'image du chef. Son église, bien misérable, ses pauvres souvent bien pauvres et ses chers livres classiques : voilà en trois mots toute l'existence curiale de M. Peyramale. Dans l'une, il évangélisait ardemment, âprement même parfois mais avec quelle orthodoxie ! Auprès des autres, il semblait l'apparition de la bénignité — et de la charité — du divin Maître. Au commerce des troisièmes il étendait son savoir tout en y perfectionnant de plus en plus son admirable esprit ecclésiastique. C'est à ce contact salutaire qu'il dut, mieux encore qu'une vaine érudition, cet esprit de mesure en tout qui n'allait pas d'ailleurs sans de la spontanéité dans les idées comme sans de l'élévation dans les sentiments comme sans de la finesse et même du sel dans le discours.

En bref, quand après une dizaine d'années d'un tel office, les événements éclatèrent, l'instrument — secondaire mais nécessaire aussi — était prêt : sa constitution de « chêne raboté à la hache » (le mot est de M. Bertrin) l'armait pour les fortes luttes ; sa bonté native l'inclinait vers les faiblesses opprimées et par son grand jugement non moins que par sa rare culture non moins que par son habitude de l'oraison il ne semblait pas au-dessous des plus délicates causes.

Donc, le Merveilleux pouvait venir. Il y avait là, apposté par le Seigneur lui-même, quelqu'un qui ne perdrait point la tête. Et il le fallait à tout prix : d'abord, pour ne pas compromettre la Religion toujours solidaire mais surtout dans les graves conjonctures de l'attitude de ses ministres ; ensuite en faveur de cette jeune enfant qui, à travers sa prochaine apothéose mêlée à tout un martyre ineffable, n'aurait d'autre appui que l'homme de Dieu. Si donc au début du drame céleste, l'abbé Peyramale se montra froid, réservé, presque décourageant, c'était là une diplomatie absolument de mise et manifestement inspirée par le ciel. Pour peu qu'il eût trop vite donné ses sympathies à la voyante, la libre-pensée locale qui ne le perdait plus de l'œil n'aurait pas manqué d'en déduire quelque ténébreuse intrigue nouée entre la sacristie et le pauvre ménage des Soubirous au profit de la Superstition. D'ailleurs, ainsi faisant, le bon pasteur éprouvait son ouaille, la trempait et par ce système très sage de mortifications paternelles apportait un indispensable équilibre aux vertigineuses extases. Enfin, un prêtre et moins calme et moins habile et moins patient, surtout aurait pu tout gâter par son zèle même à décréter le miracle ou à canoniser l'élue. Lui, au contraire, commença par tenir en suspicion ces étranges nouveautés, ne mettant pas un pied à la grotte, interdisant à ses trois vicaires de s'y montrer, ne soufflant mot de la question à l'ordre du jour, recevant plutôt cavalièrement l'extraordinaire messagère ; ce qui ne l'empêchait pas, du reste, d'écouter, d'observer, d'étudier et de prier, laissant ainsi au Surnaturel (s'il y en avait un à Massabielle) le soin de se débrouiller et de grandir tout seul ..

D'autre part — il est juste de l'ajouter — dès que le ciel eût montré ses lettres de créance par les prodiges et qu'à leur suite fut intervenue l'autorité diocésaine, le digne prêtre sut laisser là sa tactique première. Autant il avait paru se désintéresser et se défier même, autant désormais il prendra, avec toute sa vaillance coutumière, fait et cause pour l'extatique, ce qui était maintenant se déclarer pour Dieu même en personne. Voilà pourquoi, lorsqu'il apprit qu'une police tracassière parce qu'impie se disposait à arrêter sa fille spirituelle, le Père selon la grâce s'éveilla magnifiquement en ce rude montagnard. Dressant son athlétique taille en face du procureur impérial, il lui dit du ton le moins accommodant du monde : « Faites des enquêtes tant qu'il vous plaira ; mais celui qui touchera à un cheveu de cette petite aura affaire à moi ! » Ainsi entrait en scène contre le sectarisme officiel celui que Zola a dû appeler « un grand honnête homme d'esprit droit et de cœur vigoureux ». Tout le curé de Lourdes était décidément dans cette riposte aux valets du pouvoir, fort comme un lion, doux et compatissant comme une mère !

On pense que parquet et préfecture se le tinrent pour dit, momentanément du moins. Par cette fermeté faite de chevalerie tout autant que de foi, Bernadette venait d'échapper à la « maison des fous » dont avait osé la décréter (sous prétexte d'hallucination dangereuse) l'odieux Massy encouragé par son ministre Rouland, lequel aussi bien devait finir par être si bien roulé lui-même.

Lorsque, un peu plus tard, la persécution recommença, elle entrait trop visiblement dans les plans de la Providence pour que son représentant pût la conjurer. Mais, en tout cas, du commencement jusqu'à la fin, on put voir à côté de la sublime bergère son énergique et tendre protecteur. N'était-ce pas sa mission essentielle ?

En veillant sur l'ouvrière, l'envoyé d'en haut devait aussi ne point perdre de vue l'œuvre. Est-ce que ce n'est pas à lui, comme chef de la religion dans la paroisse, qu'avait fait parvenir sa requête la Dame ? Donc, il restait que M. Peyramale, à présent qu'il avait deux fois la certitude de la divinité du message, dévouât à son exécution sa généreuse âme. Tout le monde sait que nul ne se montra plus résolu que lui à donner satisfaction plénière à la Reine du ciel. Sa devise fut dès l'abord : « Faire grand ! » Pour architecte, il voulut l'homme le plus éminent qu'il connut dans la partie. « Ne regrettez rien, disait-il à M. Durant, et soyez-nous Michel-Ange ! » On assure qu'il lui arriva de déchirer en vingt morceaux et de jeter au Gave un premier devis répondant mal à son idée. « Je veux, s'écria-t-il, un temple de marbre qui embrasse tout le plateau des roches ! » — Et l'argent? lui objectait-on. « La sainte Vierge y pourvoira ». C'était à croire, en vérité, qu'à cette nature si positive le sentiment de sa fonction avait versé du lyrisme. Il s'installa sur les chantiers surveillant tout, entraînant tout comme l'âme qui agite la masse. J'ai ouï dire que plus d'une fois il servit de manœuvre. C'est lui qui traça les splendides jardins avoisinant la Grotte, qui planta les arbres, qui sema les gazons, qui après avoir ouvert la crypte et couronné la basilique de son aérienne flèche, construisit encore la maison des Pères et le chalet des Evêques. Pour lui-même que prenait-il ? Rien ! Je me trompe : dans son surnaturel enthousiasme, il se prit à rêver, au fond de son vieux sanctuaire lézardé, d'un temple paroissial digne de ses frères de Massabielle. Il paraît que ce devait être là son crime ou son infortune. En attendant, l'intrépide bâtisseur jouissait avec les délices du saint plus encore que de l'artiste de ces deux églises jumelles, filles de sa foi. La première, correspondant au centre de la caverne, représentait bien la « chapelle » sollicitée par l'Apparition. Cet oratoire marmoréen, si impressionnant dans son mystère, devenait donc ainsi comme la matrice de l'Œuvre de Lourdes, tout le reste ne devant en être à mesure que le développement progressif et harmonique. C'est là — il le sentait — que palpitait l'âme même de Massabielle ! C'est là que planait tangiblement l'influence de la blanche Madone. On sait, en effet, que dans ce Saint des saints primordial se sont accomplis les plus beaux miracles du début : tel, celui de l'abbé de Bussy, le prêtre-aveugle célébré par Lasserre. Nul n'ignore en outre que c'est surtout en cette catacombe silencieuse, de toutes parts hérissée de confessionnaux, que se font les réfections merveilleuses de consciences dont a parlé Huysmans avec un peu trop de pittoresque. M. Peyramale aima donc de suite cet endroit entre tous. Il trouvait, d'ailleurs, et non sans raison, que nulle autre part au monde ne s'épanchait mieux la prière intime — et dolente — du cœur des enfants vers le cœur de la Mère descendue dix-huit fois sur ce rocher célèbre.

Et dire que sa si légitime joie ne put pas être complète! Le jour (je l'ai rappelé) où se fit très solennellement la dédicace de la jeune église, le pasteur dont la carrière dorénavant devait être marquée par la croix, comme celle même de sa cliente, languissait sur son lit de souffrance cependant que Bernadette, frustrée elle aussi de la naturelle consolation d'être à l'honneur après avoir été tant à la peine, traversait une crise de son asthme dans une pauvre chambre d'hôpital.

Ce que c'est de devenir les associés de Dieu pour les plus saintes entreprises! Comme leur valeur vraie, depuis le Calvaire, n'est que dans le sang et les larmes, il faut que le sang et les larmes y soient répandus inexorablement. Tel fut bien le lot de Dominique Peyramale de même que de Bernadette Soubirous. L'un et l'autre, mystiquement unis pour le plus divin des apostolats, eurent à en être avant tout les martyrs. On ne fait pas autrement les affaires d'En-Haut.

Il n'entre pas certes — et tant mieux — dans le dessein de ce modeste livre, plus apologétique encore qu'historique, de raconter par le menu des misères que l'on voudrait pouvoir taire éternellement. Non certes que je prétende que tout fut parfait en cet ouvrier intrépide de Notre-Dame. Les meilleurs ont ici-bas leurs défectuosités. Peut-être que celui dont il s'agit ici n'échappa pas suffisamment à ce que j'oserais appeler sa sainte « mégalomanie » encore que d'avance la justifiât tant la pureté même de ses intentions ; peut-être aussi qu'avec sa raideur de tempérament il ne trouva pas toujours assez l'huile de l'onction évangélique pour adoucir l'inéluctable frottement de certains rouages ; peut être enfin que, volonté inflexible et d'une seule pièce, sa puissante obstination dans le bien ne lui laissa pas le moyen de se prémunir autant que c'eût été désirable contre des malentendus funestes. Ce sont là choses humaines, essentiellement délicates et relevant du jugement de Dieu beaucoup plus que d'une pauvre critique de passage. Il n'en demeure pas moins vrai que quand l'inlassable doyen se mit, malgré bien des traverses, à doter son peuple d'une église mieux en rapport avec ses destins nouveaux, l'univers fut avec lui. Tous sentirent qu'un somptueux monument élevé de la sorte au cœur même de la cité de Marie serait l'heureux prolongement des saints lieux de Massabielle et que là viendraient comme naturellement se clôturer les annuelles manifestations mondiales. Ceux qui avaient le droit d'en juger d'autre manière ne dissimulèrent pas leur juste inquiétude et même, paraîtrait-il, leur résistance en présence des trop grandioses proportions que revêtit bientôt l'édifice. Le serviteur de la Providence passa outre. Comme il avait tendu la main pour la Grotte, il se fit mendiant pour la paroisse. Les largesses, une fois de plus, affluèrent nombreuses, opulentes, quelques-unes princières ; et les murailles montaient et la voûte se terminait et déjà le trop heureux Onias, sur les épaules de qui venait de tomber à son insu, à son mécontentement presque, le manteau de la prélature, se faisait un délice de révéler aux visiteurs charmés les embellissements prochains lorsque soudain, par un de ces revirements imprévus qui sont bien dans le programme du ciel, tout changea de face. Rome se tut; l'Evêché où à un Langénieux venait de succéder un Jourdan devint dur; les Pères de Garaison, qui avaient remplacé le curé dans la gérance des intérêts matériels et spirituels de l'OEuvre, se montrèrent, par sagesse et non point par jalousie (comme l'ont osé écrire d'ineptes ou injustes romaniers), plus froids que jamais; les amis rapprochés ou lointains eux-mêmes se découragèrent, à l'exception de deux ou trois qui surent rester irréductiblement fidèles; et, tout secours cessant, la belle entreprise, épilogue harmonieux des splendeurs de là-bas, dut être arrêtée. Encore un coup, *lamma sabachtani!!...* L'agonie qu'avait bien des fois goûtée Bernadette aux prétoires humains et jusqu'aux divines roches, Peyramale la savoura à son tour dans sa cure solitaire ou sur son grabat de douleur. Echouer en pleine mission du ciel par le fait du mauvais vouloir de quelques-uns (ainsi le croyait-il du moins); et, après avoir soulevé un monde, aboutir à la faillite: en fallut-il davantage pour briser tant de ressort physique uni à tant de vigueur morale? Au curé de Lourdes vaincu par les événements mais vénéré par les deux hémisphères il ne restait donc plus qu'à mourir loin de cette chère Grotte où on ne l'avait plus vu aux heures des grandes festivités, plus loin encore hélas ! de cette douce église paroissiale qui s'évanouissait maintenant pour lui en un lugubre cauchemar. Eh ! qu'aurait-il fait ici-bas quand sa fille et sa compagne, la Voyante, sevrée elle-même de toutes les terrestres satisfactions, s'était arrachée au pays des extases pour aller s'anéantir dans le silence d'un tombeau monastique ; quand sa destinée à lui également, sa seule véritable destinée, semblait si bien remplie puisque, à présent enfin la céleste Dame voyait de jour en jour accourir les multitudes, se dérouler les processions, s'accroître la prière, s'étendre le culte et que, de ses mains maternelles jaillissant à flots les miracles, Lourdes était déjà le grand Fait contemporain ou, pour mieux dire, historique ? Dès qu'un instrument n'a plus de services à rendre à Dieu, Dieu le brise s'il a été infidèle ; Il le retire à Lui s'il s'est montré jusqu'au bout docile. C'était le cas certes de notre magnanime héros. La divine Vierge, pour la gloire de laquelle il avait toujours si surnaturellement guerroyé et qui d'ailllcurs lui avait fait savoir qu'il n'aurait qu'à souffrir sur la terre, lui accorda la précieuse grâce, meilleure que tous nos succès éphémères, de l'appeler au pied de son trône, plus lumineux encore que celui des Espélugues, le 8 septembre 1877, en la belle fête de sa Naissance immaculée comme sa Conception même.

Voilà donc trente-et-un ans déjà que l'immortel curé des Apparitions dort son dernier sommeil terrestre dans la crypte — non pas de Massabielle hélas ! — mais de son église qui le tua et que la Providence — par égard pour sa mémoire — a voulu malgré tout terminée. On dit que sur le tombeau de marbre où reposent enfin jusqu'à la résurrection glorieuse ses restes humiliés l'admiration et la reconnaissance viennent parfois prier encore...

CHAPITRE HUITIÈME

Monseigneur LAURENCE

En second lieu le Juge. — Avec Bertrand-Sévère LAURENCE, venu au monde à Oroix, le 7 septembre 1790, de chrétiens quoique pauvres cultivateurs, le plan céleste ne fera, si possible, que s'affirmer davantage. Car autant le prêtre qui devait être le père avait reçu tout ce qu'il fallait pour ce touchant ministère ; autant et plus même celui à qui, comme évêque, il restait d'apposer le sceau des authentiques certitudes à la divine Affaire parut de suite on ne peut mieux préordonné à un rôle aussi important. Quoique les dons de l'esprit et du cœur eussent été départis avec usure au jeune villageois, la gêne des siens sembla d'abord devoir le vouer irrémédiablement à l'obscurité rustique lorsqu'un brave médecin de campagne, M. Jacques Dusserm, qui exerçait dans la contrée, conquis par la bonne mine du garçon dont tout le monde vantait la sagesse non moins que l'intelligence, proposa de l'amener avec lui pour faire son éducation. On pense si la famille accepta avec empressement et gratitude, quoique non sans sentir beaucoup le chagrin des adieux.

Donc, voilà — par un visible jeu de la Providence, — notre petit paysan enlevé au cher labour paternel pour venir à Juncalas, le bourg voisin de Lourdes, se frotter aux épineux rudiments de français chez Monsieur le Docteur qui nourrissait l'ambition magnanime d'en faire un second lui-même. En attendant, afin d'être aussi quelque peu utile à son hôte, Laurence dut, d'une leçon à une autre, raser les clients de l'endroit, selon que c'était pour lors la mode chez nos médicastres ruraux, nés barbiers comme celui de Séville : ce que signifiait sans doute ce titre aussi imprécis qu'honorable de « chirurgien » dont on les gratifiait couramment.

Or — comment ne pas admirer la mystérieuse gradation ? — le curé de la modeste commune n'eut point de peine à diagnostiquer, mieux que son esculape de paroissien, que le nouveau venu n'était précisément pas né pour faire des barbes — à moins que ce ne fussent celles plus tard du préfet de Tarbes et du ministre de Paris. « Mon ami, lui dit l'abbé Cazenavette un jour qu'il sortait tout rajeuni de ses habiles mains, te plairait-il d'être prêtre ? » Cette question à brûle-pourpoint n'interloqua point l'apprenti-étudiant, comme si déjà en lui-même il eût senti une réponse de vocation et avec autant d'instantanéité que de joie : « Je ne demanderais pas mieux, Monsieur le Recteur », riposta-t-il. Sitôt dit, sitôt fait. Le soir même, l'heureux campagnard venait au presbytère et, sous la conduite du dévoué succursaliste, mettait, non sans émotion, le pied dans les si impressionnantes broussailles de la grammaire latine. Jusqu'à vingt ans (il en avait quinze bien révolus alors), le travail fut acharné. Son professeur de rencontre besoignait du reste autant que l'élève pour se tenir à la hauteur d'un progrès qu'il trouvait dévorant; et au bout d'un lustre — pour parler comme les classiques — cet « obscurantiste » avait fait du petit perruquier un solide sinon un brillant littérateur. Salut à ces admirables petits prêtres de campagne, modestes de goûts comme de situation, dont le zèle ne pouvant hélas! se dépenser autrement sait se survivre à lui-même en suscitant dans la paix d'une solitude féconde quelque vocation insoupçonnée la veille encore et qui un jour peut-être sera l'orgueil de l'Eglise! Ainsi Elie montant au ciel fut fier de laisser son manteau — avec son esprit — à Elisée.

Lors donc qu'il fallut quitter le pauvre presbytère bigourdan pour aller au séminaire d'Aire suivre les cours de logique et de théologie, la séparation de part et d'autre sembla une brisure. Elles avaient coulé si douces ces années d'un consortium intellectuel également utile au maître et au disciple! La récompense humaine fut bientôt pour M. Cazenavette d'apprendre que par son réel savoir, sa puissante facilité d'assimilation et surtout son jugement remarquable joint à la piété du meilleur aloi, le terrassier d'Oroix, le coiffeur de Juncalas, le latiniste de l'humble desservant de village tenait la tête de son cours. Il en alla ainsi jusqu'au bout. La preuve, c'est que le jour même de sa prêtrise l'abbé Laurence fut nommé supérieur du nouvel établissement ecclésiastique de Saint-Pé dont il peut être regardé comme le fondateur tant il y dépensa de suite toutes les ressources naturelles et surnaturelles de sa puissante jeunesse. Ces graves fonctions durèrent une huitaine d'années. Nombreux furent les gars pyrénéens dont il cultiva en vue du sanctuaire l'âme fascinée par le double prestige de son talent et de sa vertu. Trop tôt à son gré, vers le commencement de 1830, ses chefs qui savaient bien la valeur d'un tel sujet lui confièrent la belle cure de... Lourdes ! Il ne devait d'ailleurs faire qu'y passer, ce rapide contact ayant suffi déjà à créer entre son cœur et celui de la fatidique paroisse des liens que l'avenir nouerait bien mieux encore. Le voici donc, à quarante ans à peine, grand vicaire dans cet évêché de Tarbes d'où il ne sortira plus. Comme on le suppose, ce nouvel office, le second dans un diocèse, ne tarda pas à mettre en tout son relief, à côté de tant d'autres qualités sacerdotales, la valeur administrative du jeune auxiliaire de Mgr Double.

Intelligence supérieure, sens droit et pratique : tel apparut dès lors, mieux que jamais, le prêtre d'élite devant qui un Zola lui-même s'est incliné, l'appelant « l'homme de raison froide et de saine culture ». Une bonté réelle, allant jusqu'à la compatissance, venait adoucir en lui la raideur des procédés laquelle aussi bien pouvait découler moins du caractère même que de cette orthodoxie non seulement doctrinale mais encore disciplinaire dont M. Laurence sembla toujours la personnification vivante.

Quant à ceux (il parait que cela est partout inévitable) qui crurent avoir à se plaindre de sa *sévérité* (il n'en portait pas pour rien le nom !) force leur était déjà de convenir que nul ne s'inspirait mieux en tout cas de la justice distributive de même que nul ne savait mieux se tenir à l'écart des fâcheux emballements. Comme il était foncièrement réfractaire aux illusions de l'imagination non moins qu'aux faiblesses de la sensibilité ou aux spontanéités de l'enthousiasme, on pouvait être sûr que la vérité et le droit parlaient sans cesse par la bouche de ce supérieur, « le contraire, disait-on, d'un impulsif ».

Aussi, lorsque s'éteignit le vieux Pontife de la Sède tarbéenne, tout le pays, écho des divins conseils, prononça le nom de son premier prêtre qu'un assez long maniement des affaires avait fini d'assortir à la direction principale de cette Eglise dont il était le fils et la gloire. Quelques années s'étaient écoulées de ce règne aussi utile qu'apprécié quand éclatèrent les événements que nous avons dit. Le premier mouvement de l'évêque, d'accord en ceci comme en tout avec le doyen de Lourdes (ces deux âmes si foncièrement ecclésiastiques semblent sœurs)fut de se mettre sur ses gardes. Les soi-disant visions des Espélugues n'étaient-elles que le rêve d'une pauvre névrosée ou même la trouvaille d'une petite flibustière en mal d'escroquerie ou enfin l'entrée en scène d'un occultisme suspect ? Tout autant de points d'interrogation que ne manqua point dès l'abord, avec son esprit rassis, de se poser le prélat, théologien trop avisé du reste pour ne pas savoir que, quant au Surnaturel divin proprement dit, avant que des gens d'église puissent l'admettre légitimement, il faut qu'il ait fourni lui-même sa parfaite évidence, selon la recommandation d'un Apôtre criant aux chefs hiérarchiques de « ne pas croire à tous les esprits » et d'un autre leur enjoignant de « les éprouver ».

Voilà aussi comment Monseigneur, de concert avec son Doyen, commença par user de tant de lenteur, de réserve, d'hostilité presque vis-à-vis du merveilleux de Massabielle, au risque (nous l'avons assez vu) de choquer, de scandaliser même le sentiment universel. Or, redisons-le et l'avenir du reste devait le montrer, c'est cette attitude précisément qui importait au début, la Providence n'ayant établi là-bas un pareil temporisateur que pour qu'il fût, aux yeux de tous, le juge inconfusible. N'est-ce pas aussi à tant de sagesse qu'emprunta sa force, après quatre longues années de patience, d'étude et de prière, l'acte solennel par où l'Ordinaire conclut enfin à la divinité des faits de Lourdes? Qu'on mette, pour curé, au lieu d'un Peyramale — le bon sens même — un illuminé ; et, pour évêque, à la place d'un Laurence — la circonspection faite homme — un poète : l'œuvre de Massabielle, si céleste fût-elle, croulait du coup par la base. Mais, Dieu veillait dès l'éternité sur cette Grotte dont Il voulait faire un berceau de rénovation sociale et, de même qu'Il avait ajusté ces sites au drame miséricordieux de l'avenir, de même eût-Il soin de s'en tailler Lui-même les personnages.

Par exemple, dès qu'il devint bien avéré — à la suite d'une foule de guérisons dont la commission d'enquête prouva l'absolue certitude — que le doigt de Dieu était là, oh ! alors une conscience à ce point épiscopale n'hésita plus et aussitôt parut cet admirable mandement du 18 janvier 1862 qui, dirimant une question de doctrine autant que d'histoire entre toutes palpitante, vint affirmer enfin que divines étaient les Apparitions de Lourdes ; miraculeuses aussi les cures dont cette Grotte n'avait plus cessé d'être le théâtre vénérable.

Après un tel jugement — monument de raison non moins que la foi, plus précieux que les magnifiques églises qui n'auraient pas pu germer de terre sans lui — il restait, au nom de la piété et de la logique, à réaliser le désir de la noble Dame. L'Evêque n'y faillit point. Dès la fin même de cet hiver commencèrent les travaux sous son actif patronage. L'argent, avons nous dit, arriva de partout, tellement l'univers entier comprit, dès surtout qu'eût parlé le chef de l'Eglise par un bref qui proclamait la « lumineuse évidence » du surnaturel, que cette œuvre là était celle du salut universel. Aussi, au bout de peu de temps, la Religion pût-elle prendre possession officielle de ces lieux sacrés. Désormais, à mesure que s'y élèveront les basiliques, ce seront là-bàs des réjouissances incomparables où la liturgie tiendra à mêler sa splendeur à celle de l'art pour mieux glorifier la céleste Reine. C'est ainsi — pour hâter le récit — qu'à la consécration du temple supérieur participèrent trente-cinq évêques ou archevêques, parmi lesquels un cardinal, Mgr Guibert, et le nonce du Pape, Mgr Méglia. Jamais, depuis que nos vieux Pontifes inauguraient au moyen âge leurs cathédrales gothiques, la France n'avait vu à propos d'une dédicace solennités pareilles. On ne compta pas moins de trois mille prêtres et de cent mille fidèles. Ce fut le grand prédicateur de l'époque, Mgr Mermillod, qui porta la parole devant cette assemblée, la plus vaste comme la plus illustre qui se pût rêver : *In die illà erit canticum*. Le lendemain, notre immortel Pie, de Poitiers, se fit encore entendre — et applaudir — au couronnement de la statue de la Vierge. Ainsi se dessinaient déjà les fêtes de Lourdes, ces fêtes dont on a pu dire que par la beauté du cadre, la richesse des décors, la grandeur des rites et l'affluence des foules elles sont uniques au monde.

Quant à Mgr Laurence — parce qu'il était écrit qu'aucun des ouvriers essentiels de Massabielle ne jouirait pleinement du triomphe ici-bas, on pense bien qu'il ne goûta point la joie de semblables journées. Lorsqu'il eut fait ce qu'il avait à faire — c'est-à-dire légitimé l'œuvre et imprimé l'essor à une évolution qui ne devait plus s'arrêter — Pie IX, dont l'âme si compréhensive était désormais tournée du côté de cette Grotte, l'appela auprès de lui pour apprendre d'un tel témoin les merveilles pyrénéennes.

Le premier évêque de Notre-Dame de Lourdes était depuis deux mois dans la ville éternelle quand la mort l'y surprit le 30 janvier 1870, à l'âge de 80 ans ; ou plutôt, un saint aussi avisé ne se laissa point surprendre, prêt qu'il était depuis longtemps à aller voir au ciel cette glorieuse Madone dont il avait eu l'honneur d'être le fondé de pouvoirs sur la terre. Par une maternelle délicatesse Marie voulut du moins que son pontife, chargé de mérites plus encore que d'années, émigrât vers la patrie véritable de Rome même, à l'ombre du trône de celui que l'histoire a déjà surnommé le Pape de l'Immaculée-Conception.

CHAPITRE NEUVIÈME

Henri Lasserre

Enfin l'historien. — En un temps où c'est, même en matière religieuse, mieux encore que les sentences des gens d'Eglise, la presse qui fait l'opinion, un maître dans l'art d'écrire était nécessaire qui par l'éclat de son talent divulguerait et du coup accréditerait d'un pôle à l'autre la divine épopée de Massabielle. On va voir si, ici encore, le ciel sut bien choisir son homme.

Né à Carlux, près Périgueux le 25 février 1828, d'une noble et très religieuse famille moitié indigène moitié bourguignonne, Henri-Paul-Joseph LASSERRE DE MONZIE fut baptisé le même jour dans l'église modeste de ce village où résidaient alors ses parents en attendant que dès l'année suivante ils vinssent se fixer définitivement au château des Bretoux (commune de Coux), sur les poétiques bords de la Dordogne.

C'est là que l'élu d'en Haut passa son enfance vive, espiègle mais pure et combien accessible à la fascination des champs beaucoup plus qu'à celle des livres ! A onze ans, tout saturé déjà de grammaire et de christianisme, il est mis en pension à Sarlat, puis au collège de Cahors où, malgré la disparité de cultes, il se lie d'une amitié qui devait devenir historique avec le jeune protestant Charles de Freycinet. Enfin, c'est au lycée de Périgueux qu'il alla terminer ses brillantes études le long desquelles le savoureux prosateur sinon, paraît-il, le fort mathématicien se mâtinait plus d'une fois d'un exquis poète.

Vers le dix-septième printemps, comme il sortait de prendre son baccalauréat ès-lettres, le doute — ce mal terrible de Jouffroy et de tant d'autres jeunes philosophes de l'époque — vint l'assaillir. Il paraît qu'il en souffrit assez longtemps quoique sa nature ardente et aimante fût faite pour les supérieures jouissances de la foi. Mais voilà bien aussi ce qui aviva d'autant sa douleur intime, cette âme d'élite devant passer par le creuset d'un humiliant scepticisme avant de nager un jour dans les certitudes du Surnaturel. Trois livres lui rendirent peu à peu, avec la lumière intellectuelle, la paix morale quoique non encore la plénitude de la vie chrétienne : ce furent l'*Essai sur l'indifférence* de Lamenais, les *Etudes philosophiques* d'Auguste Nicolas et surtout l'*Imitation de Jésus-Christ*, cet asile divin de toutes les consciences en détresse.

Bientôt, ce que les méditations spéculatives n'avaient pu mériter, l'aumône — une aumône quasiment héroïque faite par notre éphèbe à un vieux Polonais de passage sur ses terres — le lui donna : tant il est vrai que l'homme va à Dieu mieux encore sur les ailes de la bonté et de l'amour que sur celles de la science et de la controverse. Dès lors aussi, cette âme — comme si un seul acte eût créé en elle une habitude — resta toujours encline à la bienfaisance. Faire la charité, semer les services : ce fut son besoin même et son bonheur principal.

Le lendemain de ce beau jour qui avait marqué comme sa conversion définitive, le jeune Lasserre partait pour Saint-Acheul où à la bonne école des Pères Jésuites il jeta les bases désormais inébranlables de cette religion à la fois si éclairée et si affective qui devait faire de lui non seulement un des plus grands chrétiens du XIXe siècle mais encore le panégyriste de la Mère de Dieu.

Cependant, sur la vingtième année, le voici débarquant dans la capitale pour y suivre les cours de l'Ecole de droit. Aussi ouvert que laborieux, le succès ne trahit aucun de ses examens. Tour à tour licencié et docteur, à vingt-cinq ans il s'inscrivit au barreau de Paris et y débutait à peine quand éclata la révolution de février. En la nuit orageuse qui vit la déchéance d'une royauté de contrebande et la proclamation d'une république de fantaisie, le petit avocat — par curiosité de provincial beaucoup plus que par zèle de politicien — se trouva à l'Hôtel-de-Ville où il eut l'honneur très relatif (il le sentait déjà lui-même) de s'asseoir à la table des membres du Gouvernement provisoire et de boire dans le propre verre de Lamartine !

On pense qu'en ces difficiles temps — malgré une accointance purement passagère — il ne songea pas plus à cacher ses convictions civiques que ses croyances religieuses. Cette crânerie du chrétien et du légitimiste, qui devait faire sa marque et aussi sa popularité, il la garda imperturbablement au milieu du monde de la Basoche à travers même la griserie momentanée de la vie facile à laquelle le disposaient trop sa belle humeur périgourdine non moins que sa gaillarde robustesse. Ses camarades ne l'appelaient guère que *Henri-le-Catholique ;* ce qui, ripostait-il sans embarras, l'obligeait donc encore davantage à tenir ferme le drapeau de toutes les causes saintes ! Une chose qui d'ailleurs dans la pleine vie du monde sauva toujours son credo (si d'aventure la vertu proprement dite subit quelques éclipses), ce fut cette même charité qui le lui avait rendu sous le toit paternel en une heure douloureuse. Car le jurisconsulte parisien comme l'étudiant de la Dordogne demeura sans défaillances l'homme des bonnes œuvres. Lui qui, en temps de vacances au pays, avait un jour, dit-on, grâce à la force de son biceps, sauvé la vie à un pauvre diable de meunier auquel la vindicte paysanne était déjà sur le point de faire expier tragiquement ses larcins professionnels, se consacra dans la grande ville à l'exercice assidu de la miséricorde tant corporelle que spirituelle, visitant, en digne émule d'Ozanam, les malades qui pleuraient sous leur chaume de misère, les assistant même de sa bourse, les enveloppant aussi de sa foi, les honorant enfin d'une sorte de culte surnaturel fait de tendresse autant que de respect : témoin, cette vieille infirme du quartier latin, la mère Vassal, qu'il aida comme un fils à souffrir et même à guérir ; à guérir, dis-je *merveilleusement...* puisque ce fut juste au terme d'une neuvaine entreprise de conserve entre le brillant intellectuel et la pauvre veuve en l'honneur de sainte Geneviève que la santé revint parfaite. Ainsi, celui que la Providence destinait à être l'enregistreur officiel de tant de miracles se heurtait déjà au miracle sur le seuil de sa palpitante carrière !

Tout cela n'empêchait point, du reste, Henri Lasserre d'avoir les relations mondaines les plus enviables. Très étroitement uni au jeune comte Léonce Dubos de Pesquidoux, il loua avec lui, en commun, rue de Seine, un appartement où sept années durant défila l'élite de l'adolescence parisienne : tels les Henri d'Ideville, les Armand Ravelet, les Léon Gautier. Là aussi vinrent des hommes déjà célèbres ou en train de le devenir comme Louis Veuillot, Laurentie, Théophile Sylvestre, Raymond Brucker, Poujoulat, Eugène Loudun, Adolphe Thiers, Henri de Riancey, Barbey d'Aurevilly, Arthur de Boissieu, Edouard Drumont et le fidèle Charles de Freycinet.

Or, au dire de l'auteur de la *France juive,* le plus grand charmeur de cet illustre aréopage c'était encore le maître de céans, notre héros. Et pourtant ce splendide mélange d'intellectualisme aigu et de mondanité élégante ne l'exempta point de « l'inexorable ennui » dont parle Bossuet. Riche, instruit, talentueux, béni des misérables, adulé des heureux, voyant devant lui s'ouvrir un avenir magnifique, le fils des châtelains des Bretoux en était à vingt-huit ans encore à chercher sa voie ! En plus d'une circonstance, l'idéal sacerdotal ou même monastique sembla l'attirer. Pour s'interroger il fit retraites sur retraites au fond de tous les couvents en renom. La rencontre providentielle d'un dom Guéranger lui fut particulièrement profitable. S'il n'en emporta point la vocation religieuse, du moins lui dut-il cette empreinte admirable de foi pratiquante et militante qui en fit dès lors irrévocablement « le Chevalier de la justice », *comes justitiæ,* ainsi que s'exprimaient les prophétiques armes de ses ancêtres.

Lasserre se trouvait, à cette heure même, sans qu'il s'en doutât certes, au tournant de sa vie, à ce moment solennel où ayant déjà si bien servi le bien par la parole, par la fortune et par l'exemple, il lui restait de lui apporter le concours de sa plume.

C'est là, à vrai dire, que l'attendait le Ciel, tout le reste n'ayant été que la préface graduelle de cette fonction suprême.

Chose curieuse ! le premier écrit de ce mystique fut politique. Sa brochure « *Le coup d'Etat* » parut, en effet, en 1851, en pleine anarchie démagogique, comme le programme achevé de la conservation sociale. On dit que le Prince-Président, touché de l'appui qui lui venait de ce royaliste, lui fit offrir une place de maître des requêtes au Conseil d'Etat. Le dynatisme de l'auteur ne lui permettant pas d'accepter, il se contenta de recommander à Louis-Napoléon « un projet de plantation d'arbres fruitiers sur toutes les routes de France », montrant par là que la vraie philanthropie est chez les croyants non dans les discours mais dans les actes.

Quelque temps après, paraissait son second volume, *L'Esprit et la Chair*, une vigoureuse sortie du moraliste chrétien contre le sensualisme effréné de l'époque, sensualisme qu'aggravaient encore les odieuses non moins que grotesques tentatives Saint-Simoniennes d'un Père Enfantin. Les *Serpents* furent, dès l'année suivante, le strident coup de sifflet du bon sens et de la religion devant les menées tortueuses d'un parti révolutionnaire autant qu'impie. Puis, en 1861, vient l'*Evangile de Renan*, réponse incisive et spirituelle à l'infâme *Vie de Jésus*. On y sent de plus en plus l'apôtre fervent et le polémiste nerveux, de même que déjà l'on doit y admirer l'écrivain de race.

Entre temps, Lasserre collaborait par prosélytisme plus que par besoin de ressources à divers journaux bien pensants (le *Pays*, le *Monde*, le *Réveil*, l'*Ami de la Religion*, la *Revue du Monde Catholique*). Au fameux congrès de Malines, il ne fit pas peu d'impression quand avec son grand cœur et sa verve chaleureuse on l'entendit préconiser — ce qui était déjà hélas! un point en litige — l'union de la presse catholique sur le terrain exclusif des principes.

Sur ces entrefaites, il eut la bonne fortune de devoir séjourner plus de six mois à Rome en qualité de secrétaire du prince Constantin Czartoryski pour plaider aux pieds de Pie IX la cause de nos frères polonais opprimés chaque jour davantage par la tyrannie moscovite : mission qui donna lieu, dès son retour en France, à la retentissante brochure: *La Pologne et la catholicité.*

Mais voilà qu'à peine achevait de paraître cet écrit généreux qu'une soudaine ophtalmie vint mystérieusement interdire au vaillant écrivain l'usage de la vue. La Faculté, loin d'atténuer le mal, ne fit que l'aggraver encore, comme s'il devait être manifeste que l'épreuve relevait moins des hommes que de Dieu. Ne pouvant ni lire ni écrire, l'infortuné publiciste fit part à son cher Freycinet de sa grande angoisse. On sait le reste : et comment le huguenot conseilla au catholique devant l'impuissance des médecins de s'adresser au ciel par l'intermédiaire de cette Madone de Lourdes dont les prodiges commençaient à retentir jusque sur le boulevard de Paris ; et comment aussi le catholique répondit d'abord froidement aux avances du huguenot, ne redoutant rien tant, a-t-il confessé depuis, qu'un miracle dont les conséquences pratiques ne manqueraient pas d'être impitoyables pour certains liens alors encore ardemment caressés..... Néanmoins, sous l'étreinte du mal et sur les instances de l'amitié, bientôt Henri se rendit. Et afin que tout parût merveilleux dans cette merveilleuse affaire, il arriva que ce fut à Charles en personne d'écrire au curé de Lourdes pour l'envoi d'un flacon de l'eau sainte. Dès qu'arriva le précieux liquide (10 octobre 1862), le premier besoin du pauvre aveugle — il l'était à peu près — fut, par une poussée de la grâce que lui méritèrent assurément à cette heure décisive tant de bonnes œuvres, de tomber à genoux et d'adresser à la Mère de toutes les miséricordes une prière pleine d'humilité mais aussi vibrante de confiance. Se relevant alors, il prend non sans trembler la chère bouteille, verse dans une tasse un peu de cette eau de salut et du bout d'une serviette s'en frotte les yeux... O stupéfaction! Dès aussi tôt que l'onde sacrée a touché l'organe aboli, à l'instant même la vue est reconquise aussi bonne, aussi fine, aussi puissante que jamais elle ne le fut! La cure — évidemment surnaturelle — s'était accomplie en quelques secondes avec la soudaineté de la foudre, pour nous servir du mot même de l'intéressé. Aussi, impossible de décrire son saisissement ou plutôt son épouvante. A la lettre, il n'en pouvait croire ses yeux à mesure qu'il constatait y voir très bien. Pour mieux s'en assurer encore, il court à sa bibliothèque, prend un livre profane, le rejette de suite comme trop indigne d'un pareil essai, en choisit un religieux (la Notice même sur les faits de la Grotte qui avait accompagné le colis) et se met à lire à l'œil nu 104 pages de suite, sans difficulté ni fatigue, sans même sentir le besoin de s'interrompre jusqu'au bout, encore qu'il ne dût pas faire bien clair dans Paris à la croisée d'une chambre vers les cinq heures et demie du soir à cette date du milieu d'octobre.

Qu'on juge si l'heureux bénéficiaire d'une telle faveur aussi brutale que gratuite en resta bouleversé jusqu'au fond de son être. J'ai lu que le protestant lui-même faillit s'en convertir au cours d'une retraite qu'il alla faire à Solesmes sous le coup de l'événement; qu'il s'en serait certainement converti sans cette sirène fatale qui a nom la Politique ou, si l'on veut mieux, l'Ambition. Cela reste au surplus le secret de Celui-là seul qui sonde les reins et les cœurs. En tout cas, ce ne peut être impunément que l'homme —

quel qu'il soit — vînt-il de la Réforme et aspirât-il à conduire le char de l'État — se trouve impliqué personnellement en de semblables interventions du Divin. Il y a même terriblement à craindre que si ce n'est pas pour le salut spirituel du témoin privilégié ce ne le devienne pour son éternelle ruine. Lasserre, lui, comprit sur le champ que, plus encore que noblesse, miracle oblige. La reconnaissance lui donnant des ailes, il vola aux bords du Gave pour répandre ses prières avec sa joie aux pieds de la maternelle Madone de qui lui venait un aussi insigne bienfait. Quand de la bouche même du miraculé l'abbé Peyramale apprit tout : « Voici l'historien de Notre Dame de Lourdes ! » s'écria-t-il prophétiquement en versant des larmes bien douces comme le vieux Siméon.

De fait, ce jour-là, peut-on dire, s'inaugurait à Massabielle pour le client de Marie la sublime mission — sa vraie et unique mission en définitive — de raconter à son siècle comme à tous les siècles les miracles de la Reine des Pyrénées. N'avait-il point tout reçu pour cela ? Voici donc, d'abord, notre héros en oraison prolongée devant la glorieuse Grotte ; puis, en fréquents colloques avec la jeune voyante. Lui aussi n'était-il pas désormais un *Voyant* qui pénétra jusqu'au fond dans cette âme de lumière ? Il s'aboucha également à maintes reprises avec le pasteur de la paroisse, interviewa tous ceux qui de près ou de loin touchaient aux épisodes de Massabielle, visita les lieux afférents soit aux visions soit aux guérisons, prit des notes, provoqua des enquêtes, réclama des procès-verbaux, se munit de toute sorte de documents vécus. A son passage à Tarbes, l'Évêque lui voulut communiquer les diverses pièces justificatives de la Commission ainsi que les nombreux rapports des médecins ainsi que la volumineuse correspondance relative au Surnaturel de Lourdes. — Tout était donc prêt pour l'éclosion d'une œuvre immortelle qui allait répondre par un coup de génie à un prodige de premier ordre. Et pourtant — afin sans doute qu'il n'y eût rien de trop précipité, autant dire de trop humain là où le divin seul devait transparaître — cinq années s'écoulèrent sans que rien arrivât. M. Peyramale, avec son zèle maintenant impétueux, en était désolé, trouvant non sans raison d'ailleurs que c'était un tort de ne pas fixer l'histoire — une histoire à ce point importante et délicate — tant que vivaient encore à peu près tous les témoins oculaires.

Enfin — parce que d'un bout jusqu'à l'autre le Mystérieux devait ici jouer un rôle — il fallut qu'une veille de 15 août 1867, la Sainte Vierge elle-même forçât comme qui dirait la main de son trop négligent historiographe. Voici comment se passèrent les choses qui méritent bien une fois de plus d'être contées dans ces pages : ce soir-là donc, vigile de la plus grande des fêtes mariales, Henri Lasserre étant allé se confesser non pas à son directeur ordinaire, l'abbé Ferrand de Missol lequel était absent, mais à un prêtre inconnu qui entendait les fidèles dans une petite chapelle de la rue Duguay-Trouin, il s'accusa — paraît-il — entre autres choses d'ingratitude envers la meilleure des Mères pour renvoyer toujours la composition d'un livre en son honneur malgré la promesse qu'il en avait faite au sortir d'une grâce extraordinaire. « Eh bien, lui répondit le confesseur, en pénitence mettez-vous à l'œuvre aujourd'hui même ». Et comme le coupable cherchait à gagner du temps encore, à cause probablement de la timidité naturelle aux meilleurs devant la divulgation des œuvres de Dieu : « Non pas demain, insista avec l'accent des prophètes le ministre du sacrement, mais dès ce soir. Je vous l'ordonne ! » Or, celui qui parlait qui commandait ainsi n'était autre que Théodore Ratisbonne, le célèbre juif converti à Rome par la Médaille miraculeuse! Ce qui fit donc que dès cette veillée mémorable de Notre Dame d'août l'écrivain de l'Immaculée Conception fut à la tâche...

Les premiers labeurs, assez ingrats pour un pareil styliste, durent être ceux du dépouillement et du coordonnement des pièces. S'étant bientôt aperçu qu'il y avait des lacunes dans la trame des faits, l'auteur à qui maintenant la conscience et l'amour donnaient toutes les initiatives se remit à voyager aux divers lieux où pouvait se glaner un supplément de références. Ce travail capital, véritable contre-enquête critique, en venant s'ajouter avec une rigueur scrupuleuse à tant d'autres contrôles préliminaires, fournit les résultats les plus satisfaisants comme les plus indiscutables ; et, quand enfin le juge d'instruction eut achevé sa besogne, ce fut l'heure de l'avocat ou pour mieux dire de l'historien

Un an après, presque jour pour jour, le sensationnel chef d'œuvre exauçait l'attente universelle. La vogue en dépassa de suite toutes les prévisions.

Traduit en soixante-dix-huit langues ou dialectes, ce volume, le plus grand succès de librairie des temps modernes, a déjà eu plus de deux cents éditions en moins de quarante ans ! On peut affirmer que la terre entière a voulu lire ces incomparables pages en anglais, en allemand, en flamand, en tchèque, en breton, en espagnol, en dalmate, en hollandais, en hongrois, en slovène, en arabe, en grec moderne, en italien, en maltais, en roumain, en polonais, en portugais, en chinois, en japonais, en bengali, en kamara, en tamoul..... Visiblement la bonne Dame avait béni le travail de son auteur de choix. C'est ce que se plut à déclarer le chef même de l'Eglise par un Bref des plus élogieux adressé à son cher et illustre fils à la date du 4 septembre 1869.

La meilleure louange de ce providentiel ouvrage c'est qu'il fut le point de départ du mouvement mondial dont nous avons osé esquisser plus loin le tableau. « Lasserre a parlé, dit Ernest Hello quelque part, les Pèlerinages ont répondu ». Né de Lourdes, ce livre attirait tout à Lourdes et devenait ainsi utile au plan céleste autant, après les visions de Bernadette, que le pastorat d'un Peyramale ou la judicature d'un Laurence. C'est pourquoi de toutes les bouches de la Religion, à la suite du Pape, les félicitations vinrent à Lasserre « décidément entré dans la gloire même de son auguste héroïne, la Vierge de Massabielle », ainsi que le lui écrivit le R. P. Sempé, écho alors de tous les évêques, de tous les prêtres et de tous les fidèles. Les académiciens eux-mêmes, les littérateurs, les journalistes tinrent à mêler leur note enthousiaste à ce concert. C'est qu'à un fond si céleste répondait une si splendide forme ! « Jamais écrit, a-t-on dit, ne sut mieux captiver l'intelligence en remuant le cœur ». Délicieux récit des apparitions et des guérisons, tableau dramatique des luttes tour à tour déchaînées par l'incrédulité et la politique, mise en relief aussi on ne plus saisissante de la portée doctrinale des faits et enfin description émue de la victoire finale du Surnaturel : tout se trouve dans cette œuvre sans pareille avec un intérêt toujours grandissant ; il faut ajouter avec une conscience qui ne laisse aucune prise ou à l'erreur ou au doute. Tant de sévérité critique a fait dire à Léon Gautier, un connaisseur certes, qu'un tel volume est « le procès-verbal du miracle ». Au point de vue de son influence morale, voici comment le même juge apprécia de suite ce travail : « C'est une œuvre virile et forte. Elle fera assurément des hommes ! » En tout cas, elle a fait déjà beaucoup de croyants, ce qui est mieux encore à coup sûr. Mais une fois de plus entendons ici Hello : « Ce livre a été partout : il a vaincu le temps et l'espace ; le mouvement l'a emporté dans un tourbillon prodigieux ; puis il a fini par emporter les hommes dans ce mouvement, le faisant subir partout où il passait. »

Grâce à Dieu, on sait que ce chef-d'œuvre ne fut pas le seul. En 1879, parut *Bernadette,* biographie aussi attachante qu'édifiante de l'Extatique qui venait de mourir comme une douce sainte dans l'obscurité du cloître de Nevers Eh ! quelle autre plume que celle qui avait si bien décrit la belle Dame pouvait nous révéler les beautés surnaturelles cachées en l'âme de sœur

Marie-Bernard ? Quatre ans après, voici les *Episodes miraculeux de Lourdes,* sorte de prolongement naturel de la grande histoire. « Le premier volume, a dit je ne sais plus quel penseur, devait enfanter le second non seulement dans l'ordre des idées mais encore dans celui des faits ». On pourrait appeler ce travail une vraie mosaïque de petits drames à cent actes divers. Quelle variété de personnages ! quelle richesse de scènes et plus que jamais quelle magnificence de style mais surtout quelle réfutation du matérialisme ambiant par ce triomphe aussi irréfutable que bouleversant du Surnaturel !

Telle est la trilogie lourdaise de Henri Lasserre. Je me trompe : il y eut encore deux *Mois de Marie de Notre Dame de Lourdes* et une *Vie de l'abbé Peyramale.*

Mais, à tout prendre, les deux premiers opuscules, qui déjà ne furent pas au gré de tous (Mgr Perraud les prohiba dans son diocèse) ne semblent guère que le résumé des écrits précédents avec un caractère de piété vive et de mystique onction mieux adapté à leur destination spéciale. Quant à l'étude biographique que l'auteur donna en 1897, vingt ans après la mort de son admirable ami, il n'est que juste de dire que là encore on trouve bien des détails précieux sur les origines du célèbre sanctuaire, sur le développement des pèlerinages, sur une foule d'hommes et de choses enfin se rapportant à cette Grotte sacrée.

Mais ce qui fait le meilleur charme de ces pages écrites sous le souffle du cœur c'est la vie même du héros, telle que j'ai essayé de la résumer plus haut. Puis, une fois de plus, quoique toujours avec un nouveau bonheur de peinture, vient la narration des faits merveilleux auxquels fut tant mêlé le curé de Lourdes ainsi que l'exposé du fonctionnement de l'œuvre, de son œuvre à lui ! C'est à travers toutes ces péripéties plus voisines du ciel que de la terre qu'apparaît la grande âme du prêtre de Dieu tour à tour ballotée par le doute, contenue par la prudence, conduite par la foi, soutenue et consolée par la prière. Quelle taille revêt cet athlète de la Vierge quand, convaincu enfin que c'est bien en son nom que lui parle sa chétive paroissienne, il prend sous son égide la pauvrette déjà en butte à la persécution ! Ses luttes contre toutes les forces humaines constituent un vrai drame dans le drame, avec spécialement ce dur épilogue qui a nom les épreuves suprêmes du bon curé victime, ainsi que Bernadette, de la gloire de Notre Dame de Lourdes : heureuses victimes dont en échange la couronne aura dû être bien belle !

Tout cela, on le pense, écrit en une prose enchanteresse, se lit, se dévore ainsi qu'un roman. Quel dommage (pourquoi faut-il l'ajouter ?) que, la note personnelle perçant un peu trop dans ce dernier écrit surtout, l'apologie tourne au plaidoyer quand ce n'est pas au réquisitoire ! Ne voulant point, encore un coup, mettre le doigt entre l'écorce et l'arbre ni entrer dans le fonds même d'un débat qui n'est pas vidé, qui ne le sera jamais peut-être, il nous suffira de dire que Lasserre fut, à ses heures, selon une parole qui n'est pas de nous, « un violent du bien ». A ce titre, s'il eut des brisements, comme son vénérable ami, il put aussi avoir des torts. Mais ce chrétien de race aima tant Notre Dame de Lourdes et il la servit si bien qu'il doit lui être pardonné une immixtion qui chez lui sans doute n'était qu'une forme intempérante du zèle. L'auteur de ces lignes se souviendra toujours de l'accent surnaturel avec lequel l'historien de Massabielle (c'est ainsi que le désignera la postérité) lui fit l'honneur de lui parler, peu de temps avant sa mort, aux pieds presque de la Madone, de cette Grotte où étaient vraiment tout son cœur et toute sa vie.

On sait que les derniers jours de l'écrivain marial furent, conformément à la mystérieuse eurythmie, empoisonnés par d'autres chagrins encore que ceux qu'il puisait aux abords du Gave. La malencontreuse traduction des *Saints Evangiles*, en lui attirant les sévéritéss de l'Index, acheva d'épuiser les ultimes forces de son âme endolorie. A lui aussi venait donc la couronne d'épines après la couronne de gloire. C'était bon signe pour l'au-delà où, à l'âge de 72 ans, il parvint plein de vertus et de mérites comme ces justes de la Bible que couchait le trépas mais que dès la tombe consacrait déjà la sainte Immortalité !

CHAPITRE DIXIÈME

Glorieux Médaillons

A la suite des morts illustres, il serait injuste d'oublier les vivants d'élite qui par leurs services respectifs ont déjà tant mérité de Massabielle.

Or, parmi bien des noms deux surtout, de l'aveu unanime, se détachent : celui de l'*Organisateur* et celui du *Clinicien*. Nous voudrions ici, en un bref diptyque, avec la réserve qu'impose la modestie des personnages, présenter au lecteur ce nouveau groupe qui, pour venir au second plan, n'est pas moins digne d'arrêter notre attention reconnaissante.

***

Avant tout parlons de « l'Evêque de Lourdes » ainsi qu'aime à se signer Monseigneur Schœpfer. Quand je le surnomme « l'Organisateur » de l'Œuvre des Espélugues, ce n'est pas certes que je prétende que rien n'était organisé avant lui ; cela serait absolument injuste. Je veux dire tout simplement que, le dernier venu des Pontifes de Notre Dame, il a su, profitant des travaux et des expériences de ses prédécesseurs, porter à son point presque idéal le fonctionnement tant spirituel que temporel du glorieux sanctuaire. Nul n'ignore, en effet, que l'actuel Gardien de la Grotte, sixième anneau de la chaîne d'or qui rattache l'Episcopat bigourdan à la Madone, en prenant possession, voilà huit années déjà, de la Sède tarbéenne, trouvait derrière lui au point de vue des intérêts à promouvoir de bien précieux exemples. Est-ce qu'au palais aujourd'hui hélas ! désaffecté du chef-lieu ne planait pas toujours cette vénérable et sainte figure d'un Laurence qui éternellement restera dans l'histoire l'évêque des Apparitions ? Celui à qui échut d'abord son sceptre de vertu plus même que d'autorité, Mgr Pichenot, ne fit guère que paraître, non sans laisser du moins entrevoir ce qu'aurait été pour la gloire de Marie cette âme vraiment épiscopale. Puis vint Mgr Langénieux dont le souvenir s'auréole dans les annales contemporaines d'un reflet d'apostolat mieux encore que de pourpre. Arrivé aux bords du Gave quand l'œuvre extérieure naissait à peine, c'est lui, peut-on dire, qui en fut la cheville providentielle. Avec son esprit si délié, avec son cœur si généreux, avec tous les moyens aussi dont disposait son savoir-faire joint à son prestige, il obtint beaucoup pour l'affermissement et l'embellissement d'un aussi cher pèlerinage. Même quand la Basilique de tous les sacres l'eut ravi à la crypte de tous les miracles, l'archevêque de Reims, le cardinal des ouvriers, le légat de Léon XIII ne perdit jamais de vue Lourdes, continuant à diriger tout de si loin et aimant à étendre son rouge manteau, emblème de sa flamme mariale, sur cette Grotte où avaient été ses premières amours de Pontife. Serait-ce pour mieux montrer que les affaires de Dieu n'ont nul besoin du concours des hommes qu'à un tel prélat la Providence fit succéder Mgr Jourdan, c'est-à-dire le vieillard infirme et quinteux dont vis-à-vis de Massabielle toute la mission (c'en est une aussi) sembla être, en souffrant, de faire souffrir ? Nous avons assez esquissé les épreuves d'un Peyramale pour y revenir encore ; nous avons assez vu surtout combien elles entraient dans le surnaturel programme pour nous permettre l'apparence d'une récrimination contre celui d'où elles procédaient peut-être. Dieu qui, selon saint Augustin, se sert des mauvais pour purifier les bons, emploie souvent aussi les bons à exercer les meilleurs.

Mgr Billières, lui, quelque peu poète à ses heures, avait assurément trop de foi et de patriotisme (il était indigène) pour faire abstraction du trésor que le ciel daigna confier à sa vigilance. Très bon à l'endroit de ses prêtres, il se montra très dévoué aussi envers sa Grotte, malgré déjà l'ombrage d'un pouvoir civil qui ne lui ménagea point les difficultés.

Tel fut quarante ans environ le passé épiscopal à Massabielle. Voyons maintenant le présent :

Alsacien d'origine ; vicaire, après la douloureuse amputation de sa province natale, de cette église de Notre-Dame des Victoires qui dans les desseins d'en Haut fut la préface de Lourdes, tout prépara de bonne heure le nouvel Elu à sa spéciale vocation de futur serviteur de l'Immaculée Vierge : et la très pieuse éducation du foyer familial et le noviciat ecclésiastique dans la plus parthénique des paroisses parisiennes et l'assez long gouvernement enfin d'une importante cure de la capitale. C'est de la sorte, constatons-le une fois de plus, que Dieu se plaît d'ordinaire à assortir ses sujets, disposant non-seulement dans leur âme mais encore tout le long de leur carrière ces mystérieuses « ascensions » qui ravissaient l'esprit du psalmiste. Aussi, en montant sur le siège pyrénéen, afin sans doute de mieux établir que le jeune évêque serait lui aussi un marial avant tout, Mgr François-Xavier Schœpfer, s'il choisit la croix pour symbole — cette croix de bois de son héroïque patron — tint-il à prendre une devise où se résume tout le christianisme : *Per Mariam ad Jesum*. Mais, par surcroît, ce qui en ces quatre mots se trouve parfaitement synthétisé c'est cet épiscopat même dont la vigueur tempérée d'onction n'a déjà remué tant de choses, utilisé tant de personnes et conquis tant de foules que dans l'unique but de tout entraîner vers le Fils au moyen de la Mère. *Ad Filium per Matrem*. Dès le jour même de son sacre (selon une heureuse parole qui fut dite alors) la Dame de Massabielle n'envoya-t'Elle pas à son Elu, ainsi qu'un présage entre tous expressif — des fentes de la pierre et des parois fleuries de la Grotte — « le plus doux comme le plus prophétique sourire de ses lèvres maternelles ? »

Bientôt on put constater si le nouveau Fondé de pouvoirs de la Reine du ciel prenait à cœur les intérêts de sa Suzeraine. A peine installé sur les terres de Marie devenues désormais ses terres, le voilà qui adresse une pathétique Lettre circulaire à ses collègues du monde entier pour les convier à d'extraordinaires fêtes lesquelles devaient coïncider aux Espélugues avec les cérémonies du jubilé séculaire, en concurrence des profanes réjouissances d'une exposition universelle. Ainsi eut-il l'honneur — et le plaisir — sinon d'inaugurer certainement de rendre plus éclatantes que jamais ces solennités mondiales dont Lourdes garde le monopole inimitable et où sont depuis périodiquement convoqués, à la tête de leurs peuples, les chefs augustes de toutes les églises. Avec quelle exquise amabilité le pontife de Notre Dame reçoit toujours ses augustes frères des deux mondes ! Ce qui n'est pas moins appréciable c'est l'assiduité du pieux prélat à tous les offices principaux de Massabielle. Il ne s'y fait rien de tant soit peu important que le maître, que le père n'y accoure avec son âme visiblement dilatée par la religion, avec son sourire inlassablement fleuri par l'indulgence. N'est-ce pas pour être au cœur même de la prière de Lourdes non moins que de ses intérêts matériels qu'il a là-bas, ainsi que la Madone, depuis déjà quelque temps, établi sa demeure à poste fixe ? Les esprits courts ou chagrins lui en ont fait parfois un grief, comme si plus on se rapproche du centre du Surnaturel mieux on ne doit pas, quand on a le formidable honneur d'être évêque, rayonner sur toute la périphérie d'un diocèse !

Ce n'est, je pense, un mystère pour personne qu'aux

saintes roches trois services conquirent dès l'abord spécialement la sympathie de Mgr Schœpfer : celui de l'hospitalité, celui de la clinique et enfin celui des pèlerinages d'hommes. L'un a été porté sous son impulsion au perfectionnement extrême, semble-t-il, où puisse atteindre la charité chrétienne ; l'autre a su réaliser durant son règne ce que j'appellerai avec d'éminents professionnels « le *nec plus ultra* du contrôle scientifique appliqué à la vérification des phénomènes divins » ; quant au troisième, en qui le prélat voit non sans raison le triomphe de Lourdes, chacun sait les splendides résultats que de ce chef il a déjà obtenus par ces agglomérations véritablement gigantesques de nos concitoyens de France autour de la blanche Madone. Ajoutant aux sages directions les exemples généreux, que de fois on aperçoit le bon pasteur s'en aller d'hôpital en hôpital apporter sa bénédiction et son réconfort à ce peuple de douloureux clients de Marie devenus ses enfants de rencontre ! Il n'est pas rare non plus qu'il vienne s'asseoir au Bureau des constats auprès d'un Boissarie pour lequel il professe une si visible amitié faite d'estime et de gratitude, se mêlant à l'étude des cas avec une pertinence et un à-propos des plus remarquables. Pour ce qui est des mobilisations exclusivement viriles effectuées sur les rives du célèbre fleuve, on sait les merveilleux résultats atteints en ces derniers temps. Les années 1899 et 1903 amenèrent jusqu'à 60.000 vaillants catholiques de chez nous à la sensationnelle revue de Massabielle. Cette année-ci, l'évêque des grands pèlerinages compte bien voir

100.000 hommes de France, venir aux journées prochaines de mai, renouveler devant leur Reine les inviolables promesses du baptême national. Quelle récompense de tels spectacles ne doivent pas être déjà pour tant de fatigues !

Songeant à tout en faveur des pieux visiteurs, c'est Mgr Schœpfer qui naguère encore faisait construire afin de les mieux recevoir le nouvel Abri aux proportions énormes et au confortable plus que suffisant. Mais ce sont surtout les sanctuaires de la Dame qui sont l'objet continuel de son goût religieux. Nul n'ignore, je pense, dans le monde entier, que, dès son avènement, le magnifique pontife se préoccupa de prolonger Massabielle jusqu'au Vatican par la reproduction dans les jardins du Saint-Siège de la grotte de Bigorre. Aujourd'hui le fac-simile est tel, paraît-il, à tous égards, que le vicaire de Jésus-Christ, lorsqu'il vient tous les jours accomplir ses rites en ce coin de ciel, peut avoir l'illusion bien douce de se croire au plus merveilleux endroit de France. Qu'heureux alors doit sembler à l'âme si pieuse d'un Pie X un pareil rapprochement! Lourdes et Rome, la cité de la Vierge immaculée et celle du Pape infaillible : ne sont-ce pas là, de fait, les deux grandes dévotions de l'heure actuelle que le ciel lui-même a unies par des liens — dogmatiques et historiques — riches des plus radieuses espérances ?

Cependant — il faut l'ajouter — la beauté spirituelle des temples de Marie tient encore plus à cœur à son illustre gardien que les décors matériels. C'est ainsi que dès le début il ne se donna de cesse qu'il n'eût pu accomplir la très solennelle consécration du Rosaire. Elle fut faite par un légat du Souverain Pontife et Léon XIII voulut notifier au monde entier ces inoubliables fêtes dans une encyclique spéciale, *Parta humano generi.* A la suite de pareilles splendeurs, le même pape loua, dans un Bref autographe « la sagesse et la prudence admirablement unies à l'ardeur et à la piété » de l'Ordinaire de Notre Dame de Lourdes. C'est à peu de temps de là que son particulier attrait poussait Mgr Schœpfer à composer de sa main — ou plutôt avec tout son cœur — cette touchante prière à la Madone que le prédécesseur de Pie X approuva et enrichit d'indulgences, que le Pape saintement régnant aime au pied de sa grotte romaine à réciter dévotieusement tous les jours.

Comme si le val des Espélugues ne suffisait pas à contenir son prosélytisme, que de fois on a vu Mgr Schœpfer, ne reculant devant aucun obstacle, s'en aller promouvoir aux bouts du diocèse le culte de la gracieuse Reine des Pyrénées! C'est ainsi que naguère il gravissait le cirque de Troumouse pour bénir une colossale statue de l'Immaculée se dressant sur un piédestal de 2000 mètres d'altitude. Aussi ne faut-il point s'étonner que dès les premiers mois du Pontificat actuel il reçût de la Secrétairerie d'Etat une note officielle où il était dit que le nouveau pape, héritier de la particulière bienveillance de Léon XIII, se plaisait déjà à louer « son zèle intelligent et sa vigilance attentive à glorifier la Bienheureuse Mère de Dieu dans un sanctuaire qui est le siège de sa puissance et de sa miséricorde ».

Lorsque les temps commencèrent à devenir plus durs, que ne fit pas l'Evêque de Tarbes pour soustraire du mieux possible son œuvre bien aimée à la haine des hommes et à l'intolérance des lois ? Lettres, démarches, voyages : rien ne fut négligé par lui dans ce but. S'il ne put réussir à conserver à leur mission de la Grotte ces admirables Pères de Garaison que s'était choisis le ciel presque à l'origine même par l'entremise de Mgr Laurence ; du moins il a eu la joie indicible, à l'heure sombre hélàs ! où commençaient à s'écrouler tant de molles institutions, où se fermaient aussi tant de temples glorieux, de garder ces Lieux saints à la gloire de Marie et à la piété de l'univers ; ce qui a fait dire à un Paul de Cassagnac en personne : « oui, c'est cet Evêque qui a sauvé Lourdes ».

Mes lecteurs supposent bien que c'est surtout à l'occasion du présent Cinquantenaire que Mgr Schœpfer a donné toute sa mesure. Que ne lui doit-on déjà des beautés et des bienfaits de cette année jubilaire ? Si le chef de l'Eglise est allé jusqu'à étonner le ciel lui-même par la profusion de ses largesses surnaturelles, l'évêque de Tarbes n'y a pas peu contribué certes. Qu'on lise la captivante brochure que, sous forme de Mandement, il n'a pas manqué de publier à la veille des noces d'or comme le stimulant non moins que comme le mémorial des incomparables fêtes de 1908 et l'on devra convenir que ce Prélat, écrivant, prêchant, discourant, agissant sans relàche est bien sur les rives du Gave l'âme qui fait palpiter Massabielle, *mens agitat molem.*

Tel apparaît à tout œil non prévenu l'ouvrier de

l'Immaculée Conception. Lors donc que modestement il s'intitule « le gardien » de Notre Dame, n'est-ce pas que ce titre est trop passif pour traduire tant d'infatigabilité ? C'est bien plutôt l'*Organisateur* qu'il faut dire, un organisateur qui, secondé par le concours très précieux de Messieurs les Chapelains, n'est pas loin — j'aime à le répéter — d'avoir déjà porté le fonctionnement si complexe de ce Sanctuaire à un degré voisin de la perfection.

Avec sa majesté empreinte de douceur, avec cette parole persuasive où l'on ne sait ce qu'il faut le plus louer de la correction impeccable, de l'élégante simplicité, de l'onction pastorale et de la doctrine apostolique ; avec son noble cœur sutout si épris de tout ce qui se réfère aux intérêts de la Madone, comme il méritait donc de figurer, face à l'inoubliable Pape du Rosaire, sur le péristyle de la basilique d'en bas, cet évêque pieux et vaillant que déjà les contemporains appellent « l'embellisseur de Notre Dame ! »

Après l'homme d'église, l'homme de science, le contrôleur du Surnaturel à la suite de son apôtre.

Qui n'est entré une fois au moins dans ce petit local des Arcades, sorte de cénacle austère et impressionnant, où se donnent rendez-vous de mai à octobre des médecins de toute provenance — tant géographique que philosophique — pour y discuter selon les méthodes modernes les œuvres de Dieu ?

A leur tête, depuis une quinzaine d'années déjà, est le docteur Boissarie. Regardez bien cet Esculape long, sec, rigide, au masque impassible, au geste court, à la parole ronde et dites-moi s'il n'a pas l'air d'avoir été posté là pour décourager le miracle, tellement il vous apparaît dès l'abord froid comme l'analyse, inflexible comme la géométrie, une sorte de syllogisme vivant !..... Ancien interne des hôpitaux de Paris, il avait déjà par sa réputation méritée d'habile praticien conquis une situation enviable quand le merveilleux de Lourdes fascina sa robuste raison en venant changer le cours de sa vie. Le voilà donc d'abord, sous les ordres d'un Saint-Maclou — ce bénédictin en redingote — bravement installé au voisinage même de la fameuse Grotte afin de mieux disséquer son mystère. Depuis la mort du maître, c'est lui qui préside avec une compétence et une conscience que tous doivent reconnaître ce cabinet médical dont la célébrité est universelle. Il a déjà vu siéger là successivement dans les 2.500 docteurs. Sur ce nombre des membres de l'Académie de médecine, des professeurs de Faculté, des professeurs d'Ecoles médicales, des médecins ou chirurgiens d'hôpitaux, des internes, etc., etc.

Parmi les assesseurs les plus assidus et non les moins éminents, il nous plait de citer les Cox, les Duré, les Desplats. Loin de se ralentir avec les années, l'élan d'un aussi illustre aréopage ne fait, comme l'essor même des foules, que croître sans cesse à mesure que s'affirment davantage les prodiges. Depuis un certain temps, la moyenne des disciples d'Hippocrate défilant ici bon an mal an est au bas mot de 250.

Or, ajouterai-je que le plus difficile encore de tous ces inquisiteurs est leur président ? A telles enseignes que plus d'une fois ses confrères ont à le lui reprocher ; comme par exemple, lorsque n'ayant pu obtenir ce qu'il lui faut toujours, « le luxe de la preuve », il rejette sans pitié les arguments les plus topiques et refuse d'inscrire aux registres officiels des cas d'ailleurs superbes que la voix populaire et même le verdict de beaucoup de professionnels avaient déjà proclamés surhumains ?

En ce long espace de temps que n'a pas vu, ouï, expérimenté, notre Docteur des phénomènes déconcertant une à une toutes les écoles ? Chaque fois, il faut entendre son verdict marqué au coin d'une sagesse consommée, mais aussi d'une désespérante réserve pour que l'on soit contraint de convenir qu'un pareil juge d'instruction (car M. Boissarie est cela surtout) ne peut se piper lui-même pas plus qu'il ne voudrait pour rien au monde faire de nous ses dupes. Je me souviendrai toujours de la déception de certains « miraculés » devant cette froide intransigeance, tandis que le terrible homme, après avoir examiné ses sujets ou plutôt ceux de la Vierge dans tous les sens, les passait à son entourage de l'air le plus détaché du monde, les rappelait encore, écartant impitoyablement, brutalement presque les cas tant soit peu douteux, exigeant des autres avant de les retenir définitivement qu'ils eûssent été au préalable constatés et décrits par quelque médecin signataire du procès-verbal. C'est au point que plus d'un guéri (je le sais) préfère garder pour lui seul son secret plutôt que de se livrer à un aussi farouche contrôle. On s'attendait à trouver là un dévot à l'affût du surnaturel et voilà qu'on se heurte à l'âme romaine d'un praticien qui ici prétend n'être que cela et le demeure jusqu'au bout. Qui ne l'a entendu poser des questions et soulever des objections ? C'est à se demander s'il ne cherche pas à se prémunir scientifiquement contre le divin à mesure que le divin l'envahit davantage. J'ai déjà dit sa devise favorite : « N'admettre l'intervention de l'au-delà que quand il n'y a plus moyen de faire autrement ». Toujours le dernier à se rendre, ne s'est-il pas flatté d'avoir en telle circonstance attendu *quatorze ans* avant de se prononcer pour le caractère miraculeux de certaine guérison [1] ? « En voilà un au moins qui ne pousse pas au fanatisme » disait un jour près de moi un journaliste de la capitale. Si un surnom pouvait lui convenir, ce serait celui, je crois, d'*abatteur de pieuses illusions,* et il faut bien (c'est le sentiment unanime de ceux qui le voient à l'œuvre) qu'une cure, non pas nerveuse — il les dédaigne — mais organique, mais constitutionnelle, soit deux et trois fois certaine, évidente, irréfragable pour qu'il consente à la proclamer à la fin supérieure aux lois comme aux règles de son art. Bien plus, même quand la surnaturalité saute aux yeux, le très prudent médecin ajourne encore la décision suprême jusqu'à ce

[1] A vrai dire, le Bureau médical de Lourdes, aussi scrupuleux observateur des droits de la Foi que de ceux de la Science, n'emploie jamais le mot de « miracle, » Laissant à la Religion seule ce soin, il se borne à déclarer que telle guérison échappe par sa nature ou son mode à toute interprétation purement naturelle.

que soit intervenue l'épreuve d'une longue expérience, aimant à répéter comme un cardinal célèbre : « Le temps et moi ». Aussi, le défi retentissant porté autrefois à la Libre-Pensée par M. Artus au sujet du livre de Lasserre (dix mille francs à gagner pour celui qui prouverait l'inexactitude d'une seule des assertions de l'immortel historien), on pourrait aujourd'hui le renouveler à propos des résultats officiels de la clinique d'un Boissarie. Le fait tout récent encore du faux-aveugle de Marseille, Auguste Philippi, n'est point certes pour infirmer la valeur de ses jugements, si l'on se rappelle avec quelle défiance d'abord, avec quelle circonspection ensuite il accueillit ce cas, se refusant à l'authentiquer définitivement jusqu'à plus ample informé. Entre temps, tout le monde a pu voir le zèle et le désintéressement qu'il a tenu à mettre dans la recherche de la vérité vraie pour aboutir enfin à la découverte d'un indigne leurre dont avait eu comme le flair son infaillible sens médical toujours au service de sa probité de grand honnête homme.

Quoique 1.500 guérisons en moyenne soient annuellement inscrites aux registres du Bureau, le Président ne cesse de bougonner que ce n'est pas tant la quantité qui importe ici que la qualité. De fait, un seul miracle, dûment vérifié et mûrement éprouvé doit suffire au rationalisme le plus exigeant pour tomber à genoux. Zola n'en disconvenait point. Qui donc oserait soutenir aujourd'hui encore qu'un semblable contrôle manque à Lourdes alors que des docteurs nombreux, éminents, pour la plupart, venus répétons-le, des points extrêmes de la doctrine médicale sont là comme juges inexorables bien plutôt certes que comme apologistes complaisants, en présence d'une foule de cures toutes plus inexplicables les unes que les autres et qu'après une étude exacte, sévère, approfondie sur place, prolongée même souvent chez eux au retour, tous ces maîtres doivent finir par conclure, dans la pleine indépendance de leur honneur et malgré parfois la susceptibilité de leur amour-propre, qu'on se trouve ici devant des faits inouïs, extraordinaires, supérieurs à toutes les énergies comme à toutes les méthodes connues ? Il est clair qu'en ces heures tragiques (le mot est bien de mise) le chrétien qui vit indéfectiblement sous le médecin tressaille en M. Boissarie. Ayant tout fait pour prévenir les fausses explications, combien il est heureux, lui si croyant au fond et si pratiquant, dès que l'évidence plus forte que tous les systèmes incline autour de son austère personne les âmes de ces superbes carabins qui s'étaient d'abord présentés avec le secret espoir de mettre Dieu en échec ! Et si, comme le cas n'est pas rare, de ces dramatiques scènes sort quelque belle conversion, sa joie alors touche au bonheur de l'apôtre.

Tel, par exemple, en 1905, ce docteur de Chartres, arrivé avec toute sorte de défiances et de précautions mais qui, après avoir bien observé, bien examiné, bien ausculté, déclara avoir trouvé la foi ! Le soir même, il faisait aux médecins ainsi qu'aux brancardiers de Massabielle une conférence publique sur l'indéniabilité des miracles qu'il avait palpés de ses propres mains, confessant non sans un accent d'humilité émouvante son scepticisme antérieur et proclamant avec une valeur apologétique d'autant plus grande sa croyance retrouvée. L'effet, j'en fus témoin, parut immense...

C'est de la sorte que, grâce pour beaucoup à M. Boissarie et à sa méthode, le miracle entre de plus en plus dans le monde de la médecine — ce monde de tous le plus réfractaire — y prend droit de cité et, le secours divin aidant, y multiplie les conquêtes.

Tout de même, on en conviendra, elle n'allait pas sans quelque hardiesse une création de ce genre. Ah! qu'il faut être sûr de soi-même comme du ciel pour livrer ainsi par une sorte d'enquête perpétuellement ouverte le miracle en pâture à un personnel toujours changeant si héthérogène et que de toutes parts débordent les faits merveilleux ! Ici, c'est un phtisique guéri au cours de la procession ; là, un cancéreux qui a laissé sa tare dans les piscines ; plus loin, un mal de Pott disparu pendant la messe, etc., etc. Aussi, à la vue de résultats pareils, absolument anormaux et très scientifiquement avérés, le docteur Bérillon lui-même, ce renommé directeur d'une *Revue d'Hypnotisme*, n'a pas caché dernièrement qu'à Lourdes on est en présence d'une « puissance étonnante ». Celle-ci est-elle de même ordre que la nôtre ou non ? C'est ce que ce savant ne sait pas bien encore ou du moins n'ose pas trancher ; en tout cas, écoutons la fin de son aveu : « Si cette puissance est de même ordre, il faut avouer qu'elle paraît supérieure à la nôtre ». Peu à peu, avec la loyauté élémentaire dont ne sont pas dispensés les docteurs eux-mêmes, vous verrez qu'ils arriveront tous, la grâce d'en haut ne manquant jamais, à reconnaître — à travers des formules un peu emberlificotées peut-être — que le doigt de Dieu est là. M. Boissarie pourra, en ce jour, faire brûler un cierge d'actions de grâces à la bonne Mère qui par lui, comme jadis par Bernadette, aura pris le corps médical à l'hameçon de ses prodiges plus miséricordieux encore que puissants.

En attendant, n'est-ce pas déjà admirable, à une heure de positivisme et de criticisme à outrance, que nul homme sérieux n'ait plus le droit ni le front de railler Lourdes, de contester même les splendides guérisons qui y éclatent ? Ceux qui douteraient encore, malgré tout, n'ont qu'à venir sur place, à la suite de tant d'illustres incrédules s'en retournant chez eux avec la confession sur les lèvres et les larmes dans les yeux. Aussi bien, est-ce que là-bas tout ne se passe pas en plein air, sous le soleil étincelant de la publicité, d'une publicité de 30.000, de 60.000 témoins de tout accabit ; sous le contrôle surtout, ne l'oublions jamais, de cet irrécusable jury de savants naguère tant postulé par les coryphées de l'irréligion et qu'un Boissarie, fort de sa croyance non moins que de sa science, muni en outre des encouragements de l'Eglise, n'a pas craint de convoquer sur le théâtre même de tant de merveilles pour juger rationnellement le merveilleux ?

Par là, selon la remarque de Mgr Pie, « l'argument sur lequel le christianisme a coutume de baser ses oracles, l'argument de l'attestation divine par le miracle, se trouve désormais au milieu de nous non point à l'état accidentel et transitoire mais à l'état chronique ou pour mieux dire permanent ». En d'autres termes, un Bernheim lui-même ne parle pas différemment. « Les faits de Lourdes, dit-il, appartiennent à la Science, tellement toutes les observations y sont recueillies avec sincérité et contrôlées par des hommes compétents autant qu'honorables ». Pour qu'ait été amené à un pareil aveu le roi de l'hypnotisme, un juif, il faut bien vraiment qu'elle soit implacable à Massabielle l'*autopsie du Surnaturel !*

Comme si ce n'était encore assez de tant de travaux et de mérites, tout le monde sait qu'à ses heures libres le docteur Boissarie écrit. Or, c'est toujours avec la même rigueur de procédé qu'au scalpel du clinicien succède la plume de l'historiographe. Celui-ci alors expose et célèbre ce que celui-là a pronostiqué et diagnostiqué déjà.

Tel est son dernier livre paru, il y a un an à peine, (faisant suite à quatre ou cinq autres) sur le seuil même du Cinquantenaire, ainsi que la préface scientifique des *Noces d'Or*. Là, on le pense assez, se trouvent réunis les faits les plus saillants, les plus indéniables aussi, qui ont pu être observés tout récemment dans ce bureau médical, école vivante de catholicisme par la raison seule.

C'est, en effet, de l'esprit scientifique et critique que nous vient avant tout ce volume. Je l'appellerais une démonstration du divin par l'humain. D'un bout à l'autre, sens qu'y vise l'auteur, le surnaturel transpire des cas qu'il raconte, c'est-à-dire qu'il dissèque toujours avec la même sévérité professionnelle. Eh bien, indirectement du moins, est-ce qu'un pareil travail ne constitue pas une réponse péremptoire à ce perfide « immanentisme » du jour qui de nos plus authentiques miracles voudrait faire autant de pieuses légendes ou en tout cas d'invérifiables contingences ou enfin de phénomènes encore inexpliqués mais tôt ou tard explicables auxquels dès lors ne doit être attribuée aucune portée démonstrative ? Lorsque d'aventure on se voit en face de guérisons littéralement renversantes comme celles d'un Pierre de Rudder, d'un George Gargam, d'une dame Ronchel, de la chanteuse parisienne ; je demanderai de bonne foi ce que peuvent venir faire ici toutes les rengaînes pseudo-savantes du moment actuel (suggestion, immanence, hypercriticisme) ? Au sortir de telles pages — si l'intellectuel n'a pas encore totalement rompu avec la loyauté et le sens commun — ce qui lui reste c'est, finissant d'ergoter, d'adorer.

Et voilà comment, disions-nous, il y a surtout une bonne œuvre dans cette belle œuvre si imposante de fond, souvent si impressionnante de forme, écrite toujours avec une clarté et une simplicité qui sont le secret des seuls maîtres de premier ordre. Jusqu'ici, nommer Boissarie c'était alléguer la plus haute autorité médicale ès-choses de Lourdes ; désormais, le docteur qui passe sa vie à éplucher des miracles apparaîtra en outre aux yeux de ceux dont « le siège » n'est pas fait d'avance le critique hors de pair d'une clinique sans rivale.

CHAPITRE ONZIÈME

La Liturgie de l'Apparition

De tous les témoignages qui en cinquante ans ont illustré Lourdes les meilleurs, à coup sûr, sont encore ceux venus, si nombreux, du Saint-Siège ; et, au premier rang de ces derniers, nul doute qu'il ne faille mettre l'Office où se trouvent authentiquées — pour ne pas dire canonisées — par l'autorité la plus haute qui soit au monde les merveilleuses choses de Massabielle. Il nous a paru que le lecteur aimerait à se reposer un instant, au terme presque de tant de splendeurs, dans une sorte de mystique oasis tandis que sous ses yeux nous esquisserions les magnificences de la liturgie lourdaise.

*
* *

Premières Vêpres.— Qu'elles sont belles déjà les cinq antiennes initiales greffées sur les psaumes marials ainsi qu'autant de pétales célestes ! De l'une, avec le rayonnement de la lumière incréée en laquelle baigna éternellement l'Immaculée Conception, s'exhalent les parfums de l'innocence sans tache. L'autre esquisse d'une manière un peu plus précise encore la Femme par excellence enveloppée du soleil comme d'un vêtement, ayant sous ses pieds la lune et sur la tête un diadème d'étoiles. Aussi, devant une telle vision, l'antiphonaire, empruntant aux poètes hébreux leur plus riche lyrisme, dit-il bientôtà cette incomparable Dame qu'Elle est la gloire de Jérusalem, la joie d'Israël et l'honneur de tout son peuple. Puis c'est une suite d'effusions amoureuses rappelant les accents du salut de l'archange et l'inspiration même du divin *Magnificat*. Enfin, l'ultime refrain atteste que jamais sur la terre ne vaquera l'éloge de Celle qu'a si supérieurement exaltée le Seigneur. Après quoi, on entend le Capitule tiré des cantiques de Salomon, épithalame ravissant qui semble la quintescence de tous les arômes, la douceur de toutes les mélodies, l'éclat de toutes les couleurs de la Bible. « Lève-toi, ô mon Amie, chante l'invisible Epoux, Toi qui parais à mes regards la Beauté parfaite et viens, ma Colombe, dans le trou de la pierre, afin que là, à loisir, je puisse contempler ta face si belle, savourer ta voix si suave ! » A de pareils discours que peut-il rester aux serviteurs de Marie sinon de tomber à genoux pour saluer avec un respect plein de tendresse leur Reine que tour à tour ils nomment « l'Etoile de la mer » et « la porte du ciel », « la Vierge intangible » et « l'auguste mère de Dieu ? » *Ave maris Stella.* Quand finit de s'éteindre ce concert glorieux, voici qu'un ange, écho de la patrie surnaturelle, jette ce cri pénétrant qui restera comme le bouquet du jour : « O le plus sacré de tous les êtres, daigne me permettre d'unir ma louange à celle des mortels » ; ce à quoi le chœur humain répond en implorant de l'Immaculée, contre l'Ennemi, la force qu'ici-bas rend toujours si nécessaire hélas ! la chute originelle. Et, après un prélude majestueux où le Tout Puissant entre encore une fois en scène pour déclarer que l'héroïne de la fête est sa bien-aimée, son unique, la perfection accomplie enfin telle que dès le commencement Il la conçut dans son rêve créateur, entendez ce chant de tous les mystiques triomphes empruntés à la Madone elle-même afin de mieux magnifier sa gloire, cette gloire sans rivale, dont il y a vingt siècles, Elle fut la première à avoir conscience au milieu des émouvantes protestations de son humilité virginale. Le vespéral se clôture ici par une savoureuse oraison où les motifs du dogme s'emmêlent très heureusement aux raisons du cœur pour mieux disposer l'Eternel en faveur des hommes par le souvenir de tout ce qu'Il a fait au profit de la Femme des oracles.

⁂

Matines. — Parmi les ombres glacées de cette nuit d'hiver, percevez-vous comme un coup de trompette séraphique les paroles de l'invitatoire, si simples en apparence mais si riches de sens en réalité ? L'hymne qui suit est une harmonieuse série de variations dans lesquelles l'Eglise se plait à célébrer les apanages de la Toute-Pure, l'intéressant au pitoyable sort des héritiers d'Adam et plus spécialement, ce semble, à la destinée d'opprobre faite à ses malheureuses sœurs, les filles d'Eve, en face de ce maudit Dragon dont le venin homicide infecte par elles toute la race... A présent, vont s'égrener en un chapelet mélodieux, comme des perles évangéliques, les joyeuses antiennes du premier Nocturne. C'est d'abord la salutation de l'ambassadeur céleste à la fille d'Israël qu'il nous est donné d'entendre ; c'est à la scène si impressionnante de la Visitation que nous assistons ensuite quand sa sainte cousine bénit prophétiquement Celle que toutes les générations proclament bienheureuse. La troisième apostrophe, éloge composite de la terre et du ciel, rappelle à Marie que par son privilège primordial elle est entrée avec Dieu dans une amitié telle qu'aucun mal ne saurait l'effleurer et qu'elle est depuis le centre radieux de tout bien. Que pensez-vous de ce petit verset ainsi que de son bref répons venant ici, de même qu'à la fin des autres Noctures, s'insérer dans la trame du texte, semblables à deux jets de lumière et de flamme afin de mieux échauffer le cœur en éclairant davantage l'esprit? Autant faut-il en dire des passages plus étendus servant d'épilogue à chacune des lectures qui suivent la psalmodie officielle : là est en quelque sorte condensé l'esprit de la sainte page que l'on vient de réciter. Mais, parlons un peu des trois premières leçons. Elles ont été extraites du livre très marial des Proverbes. C'est la Sagesse en personne, pour autant qu'elle a pu se faire voir en ce monde sous une forme créée, qu'on y entend déjà révéler aux hommes, bien avant les futures confidences destinées à Bernadette, qui elle est, comment elle se nomme, ce qu'elle possède et enfin ce qu'elle opère dans le mystère éternel de la prédestination.

Avec les secondes antiennes, le prophétisme devient de plus en plus transparent, à mesure qu'évolue l'action divine. Entendez d'abord sur les lèvres mêmes de la modeste Vierge cette triomphale affirmation qui nous avait déjà frappés à l'office de la veille et dont le refrain charmera souvent la liturgie de la journée présente : « Celui qui est le seul Puissant a fait en moi de grandes choses » ; puis, voici la réponse enthousiaste de l'humanité : « oui vraiment le Très-Haut a sanctifié la Femme qui devait être son tabernacle ; et parce que Dieu règne au milieu d'Elle, Celle-là ne sera jamais ébranlée. » Pour trait final, une voix particulièrement douce — ce ne peut être apparemment que celle de Gabriel — nous apprend le grand secret explicatif d'une telle préférence ; c'est la charité hors de pair dont le Créateur entoura dès l'éternité son élue. Une fois de plus nous voici aux leçons. Celles-ci, historiques comme les précédentes étaient prophétiques, vont nous jeter en plein événement de Lourdes, *in medias res*. Tout s'y trouvera scrupuleusement décrit : et le fait même des apparitions et les circonstances multiples suivant lesquelles dix-huit fois de suite elles se produisirent et les salutaires conséquences qui en ont résulté pour le monde. Ecoutez déjà le début combien il est solennel : *Anno quarto à dogmatica definitione...* Ne dirait-on pas le majestueux prologue dont se sert le martyrologe romain à la veille de Noël pour marquer la chronologie du plan céleste? « Quelle plus douce annonce que celle-là ! nous écrierons-nous ici avec saint Bernard saluant l'annuel mémorial de la bonne nouvelle. O paroles brèves mais si réjouissantes puisqu'elles nous indiquent l'approche du don de Dieu ! De quelle suavité ne sont-elles pas remplies ? Le charme d'une pareille proposition nous pousse à chercher des développements à ce langage et voilà que les termes nous manquent ». Ainsi au XIIe siècle s'exclamait dans son poétique mysticisme le docteur melliflue ; ainsi, en entendant sur les lèvres inspirées de l'Église le préambule de la légende de Massabielle, peut et doit éclater en élans d'allégresse toute âme chrétienne. Quel événement en vérité que celui-ci ! Il faut en lire le récit dans ce style inimitable de la prière publique à travers lequel l'on ne sait ce qu'on doit le plus admirer de la simplicité qui vous charme ou de la sublimité qui vous transporte. N'est-ce pas que, à mesure que se déroulent les rituelles périodes, chacun se sent à la fois captivé par l'intérêt d'une narration sans pareille et ému jusqu'aux larmes par cette intervention miséricordieuse du Divin sous la forme la plus touchante — et la plus irrécusable — qui puisse être : celle d'une Femme, d'une Reine, d'une Mère dont la beauté, à la vue de nos maux, se voile de larmes ? Et ces visites de l'Immaculée coïncidant juste avec l'époque qui entendit proclamer son dogme béni, quels horizons lumineux elles ouvrent à la piété attentive ! Et ces lieux si déserts, si sauvages où vient sourire à une pauvre enfant du peuple la Souveraine des anges comme ils prennent dans la description hiératique je ne sais quel relief auguste qui, du coup, les égale aux plus vénérables sanctuaires de l'univers ! D'ailleurs, encore une fois, quel est le détail qui soit oublié ici ? Nous revoyons et le visage lumineux de la Dame et le splendide vêtement qui la pare et le manteau dont elle s'enveloppe royalement et le ruban d'azur qui ceint sa taille avec tant de grâce et les roses d'or épanouies comme des escarboucles du ciel sur ses pieds nus et le chapelet d'albâtre qu'elle tient dévotieusement à la main et le grand signe de croix dont elle se munit elle-même et aussi la figure métamorphosée de la voyante et son humble capulet blanc qui tandis qu'elle court à la sublime vision la protège contre les morsures de labise et son attitude extatique au seul spectacle de laquelle les conversions se produisent et l'eau bénite qu'en sa candeur effrayée elle veut répandre sur l'Apparition et l'invite qu'en réponse lui adresse Celle-ci de retourner quinze jours à la grotte et les pénitences qu'Elle lui impose et les promesses qu'Elle lui fait et les dons qu'Elle lui octroie et le message qu'Elle lui confie et enfin le sceau qu'Elle met à tous ces prodiges en daignant se définir Elle-même. Puis, avec la mystérieuse source, ce sont les miracles de tout genre qui se mettent à jaillir ; de sorte que dans cette gorge des Pyrénées, comme jadis sur le sol de la Palestine, on peut dire à la lettre que les aveugles voient, les sourds entendent, les muets parlent, les paralytiques marchent, tellement que la science elle-même, cette ignorante science humaine, confondue et vaincue, doit à son tour, devant la fulgurance irréfragable du Surnaturel, tomber à genoux... Puis c'est la féerique efflorescence des églises qui surgissent de terre et vont s'embellissant sous nos yeux avec un luxe introuvable ; puis c'est la procession du genre humain que nous voyons défiler sans trêve devant la roche, sous la conduite des prêtres et des évêques, cependant que du haut de la chaire infaillible le Pontife de Rome bénit ce mouvement, l'encourage par toute espèce de faveurs spirituelles et dans cette caverne sacrée salue non sans une visible complaisance le salut de l'avenir.

Telles sont ces trois leçons admirables du second Nocturne présentant un tableau aussi animé que succinct de tout le sublime drame des Espélugues ; et cela, il ne faut pas l'omettre, dans un latin splendide où tout le temps l'élégance classique le dispute à l'onction mystique. Ajouterai je que notre part à nous autres Français, y est particulièrement belle puisque (chose inouïe à travers tous les fastes religieux!) *Lourdes*, le *Gave*, *Massabielle*, *Bernadette* trouvent place, une place d'honneur, dans notre propre idiome national, au livre immortel de la liturgie catholique ? De sorte que désormais jusqu'à la fin des âges tous les peuples de la terre auront bon gré mal gré à redire annuellement en la langue de la France confondue avec celle même de l'Eglise la merveille la plus fameuse accomplie chez nous il y a un demi-siècle...

Que noter, sans crainte de se répéter, sur les versets et répons qui concluent chacune des susdites lectures ?

Ils arrivent à point, tour à tour, pour souligner encore davantage ce qui a été déjà exprimé dans le récit, à la manière des antistrophes du drame antique où le chœur ne manquait jamais de venir accentuer la narration précédente. Autant dans leur concision ailée ils avaient paru suggestifs au premier nocturne, autant ils semblent se faire plus aériens encore au deuxième. Ecoutons : c'est Dieu lui-même qui parle à l'Aimée de son cœur sur le ton dithyrambique, comme si tant de beauté, de grâce et de gloire l'étonnaient presque : « Quelle est celle-ci qui s'avance et qui monte telle qu'une aurore toujours en progrès ? Elle est aussi brillante que le soleil, elle est plus douce que la lune ». Et fier de sa conquête par où enfin Il obtient tout son triomphe de Créateur, de Rédempteur, de Sanctificateur, entendons-Le en un style qui vaut infiniment mieux que nos pauvres paraphrases s'écrier une fois de plus, ravi : « Oh ! celle-là est bien ma colombe ; Je la trouve parfaite de tous points car Je l'ai rendue immaculée, l'Immaculée, mon Immaculée » ! *Immaculata mea.* A l'intermède suivant, ce sera un prophète, le plus fameux de tous ceux d'Israël, qui prendra la parole pour prédire déjà et d'assez claire façon cette colline de France où « la Vierge » apparaîtra, vers laquelle afflueront dès lors tous les peuples avec sur les lèvres ce cantique : « Venez, ascendons ensemble à la montagne de Dieu » qui est Marie. Comme conclusion de ce Nocturne, si riche à tant d'égards, il faut ouïr la voyante elle-même remercier le Seigneur au nom de tous ses frères d'exil des bénédictions qu'Il a répandues sur sa

Mère ; après quoi, en signe d'une royauté transcendante, elle nous montre la couronne de pierres précieuses, qui à l'instar des douze étoiles apocalyptiques, étincelle sur le front de l'Almah.

Cependant, nous voici arrivés à la troisième phase de la matutinale liturgie. Ici également chaque antienne sera un colloque vivant où Créateur et créatures parleront à Marie. « Tu es bien heureuse, lui chante la terre, que la main du Très-Haut t'ait ainsi fortifiée » — « Ne crains rien, lui dit de son côté Jéovah, en te gratifiant de pareils dons ce n'est pas une œuvre transitoire que j'ai voulu faire mais ton privilège unique doit avoir des conséquences éternelles ». — « Oui, il est vrai, s'écrient à la fois anges et hommes, qu'en t'élevant à tel point le Tout Puissant a, de droit sinon de fait encore, réduit à néant ses ennemis qui sont les nôtres ». Ensuite, retentit la mélodieuse cantilène assurant que sur cet être sans rival a été versée la grâce jusqu'à en déborder de ses lèvres ainsi que la bénédiction même du Très-Haut. Et à nouveau c'est le tour des Leçons, commentaire entre tous heureux de l'évangile de Notre Dame puisqu'il est emprunté à saint Bernard encore. Le premier mouvement du dévot docteur est d'éclater en cris de joie, invitant l'humanité entière à se réjouir avec lui, même le vieux chef de la race et sa trop imprudente compagne ; car si l'un et l'autre furent les assassins de toute leur lignée à l'heure fatale où ils engendrèrent dans le mal ; voici arriver une de leurs filles qui réparera le désastre originel en se montrant non seulement affranchie du péché mais en outre pleine de la grâce pour en affranchir les autres. De telle sorte que cette parole de malice que le premier homme dit au sujet de la première femme : « Seigneur, celle que Vous m'aviez donnée comme mon aide m'a tendu le fruit de mort » va désormais prendre le plus beau des sens anagogiques et chacun de nous en regardant l'Immaculée pourra entonner cet hymne de reconnaissante allégresse : « La voici la vraie mère des vivants qui en nous donnant le fruit béni de ses entrailles a rendu la vie au monde ! ». Sur ce thème proto-évangélique le dernier des Pères se complait ensuite à établir, à l'avantage de la Dame de son cœur, un parallèle aussi éloquent qu'ingénieux entre les deux Eves scripturaires. C'est là qu'il salue en une série d'éloquentes antithèses « la prudence » se substituant à « la folie », « l'humilité » prenant la place de « la superbe » et à la place de « la funeste pomme » qu'une épouse de malheur offrit à son trop crédule époux il vante « le pain de Bethléem » que la vierge-mère apportera un jour aux mortels infortunés.

Alors, ce sont plus que jamais des exclamations de religieux enthousiasme : « O Femme admirable et vraiment digne de tout honneur ! » Or, en tout cela l'exégète de l'amour ne se fait pas faute de découvrir l'accomplissement des primitifs oracles, c'est-à-dire la défaite de la Bête infernale par la Vierge annoncée dès l'Eden, faisant très bien voir comment Marie a en effet vaincu le démon en écrasant déjà à partir de cette heure lointaine sa puissance d'orgueil, d'avarice et de volupté.

C'est donc bien Elle qui, parmi les déchéances de

son sexe, est cette « Femme forte » rêvée par Salomon, laquelle triomphe enfin du diable comme jadis le diable avait triomphé de la « Femme faible » que fut Eve hélas ! Après de tels accents, n'est-ce pas qu'il ne peut y avoir que le cantique de l'action de grâces éclatant comme une explosion de vie sous les voûtes saintes pour bénir le ciel d'avoir fait à la terre un pareil cadeau ? *Te Deum laudamus.*

*
* *

Laudes : — Ce nouvel Office ne nous retiendra pas longtemps (encore qu'il soit si beau lui aussi) puisque nous en avons déjà aux vêpres antérieures interprêté les antiennes de même que la capitule. Disons du moins que l'hymne, *Aurora Cœli prævia*, a — mieux encore qu'un cachet de latinité savante — l'essor d'un sentiment très lyrique. L'auguste Héroïne y est envisagée sous les aspects les plus expressifs : c'est l'aube riante présageant déjà la pleine lumière ; c'est l'arche sacrée au seul contact de laquelle s'apaisent les flots du mal universel ; c'est la rosée printanière au sein des tristesses d'une nature que dessèchent les tempêtes brûlantes ; c'est l'éternelle batailleuse surtout qui de son talon vainqueur brise superbement l'éternel ennemi, mais c'est en outre la mère, la mère bénigne et clémente toujours attentive aux prières comme aux larmes des ses enfants. Pour finale amoureuse, recueillons encore ce soupir tant de fois exhalé du cœur de l'humanité à genoux : *diffusa est gratia*, sorte de ritournelle aussi pleine de cadence que d'onction et qui repose des audacieux transports comme des contemplations profondes. Avec le *Benedictus*, ce Magnificat de l'aurore, résonne un coup de plus l'hallali de la spirituelle victoire et de nouveau la mère de Jésus est comparée (tellement ces tropes sont dans la situation) à la lumière blanchissante, prélude de notre salut et du sein de laquelle s'élancera un jour pour visiter nos ténèbres le soleil d'éternelle justice.

*
* *

Petites Heures : — C'est à peine si Prime diffère — par le capitule de la fin que nous retrouverons d'ailleurs à None — de l'Heure correspondante dans le Petit Office de la T. S. Vierge. A Tierce, le Cantique des Cantiques vient payer son harmonieux tribut à la Sans-tache. En une sorte de dialogue mouvementé on y soupire sur la lyre de l'Ecclésiaste : « Quelle est Celle qui s'élève du désert (de ce désert de la vie dévasté par le péché et qu'assombrit le malheur) toute débordante de délices ? — C'est Celle-là même qui, grâce à ses ascensions mystérieuses, s'appuie sur le cœur de son bien-aimé. Les filles de Sion, cette glorieuse troupe d'âmes d'élite qui font éternellement cortège à l'Agneau, l'ont vue et ont proclamé qu'Elle est de beaucoup la plus belle car entre toutes Elle est la plus sainte.

Au milieu du jour, quand déjà avec Sexte bat son plein l'office marial, entendons la blanche Dame nous parler comme Elle parla, vers cette même heure voilà un demi siècle, à la petite Soubirous : « En Moi, parce que je suis l'Immaculée Conception, habitent toute richesse et toute gloire, les trésors les plus enviables et par dessus tout la justice, ma justice originelle. Ce sont là mes biens personnels, supérieurs à l'or et aux pierreries dont s'éprend la vanité terrestre ». Puis, comme pour ne point nous décourager par tant de surnaturel éclat, cette douce Madone ajoute au verset suivant : « Je suis la mère du Bel Amour. La crainte de Dieu sans laquelle il n'existe pas de sagesse, la vraie science du salut et aussi cette sainte espérance qui déjà est l'avant-goût du ciel : c'est moi seule, mes enfants, qui puis vous les donner. En moi, sachez le bien, est toute grâce et partant chacune de celles qui vous sont octroyées le long de votre voyagère course c'est de mon cœur qu'elle descend, c'est par mes mains qu'elle passe. Je suis pareillement l'organe de la vérité, l'ayant mise au jour d'ici-bas en un enfantement lumineux sans que le mensonge ou l'erreur aient jamais pu prendre empire sur mon être. Si donc vous désirez vous revêtir de la splendeur de toutes les vertus, accourez à moi ! »

Ces enseignements sont trop doux et trop utiles vraiment à notre piété filiale pour que le texte canonial de None ne vienne pas nous les redire encore. C'est donc toujours sur le ton pénétrant du prophète juif que la Femme nous y répète qu'en Elle les chrétiens trouveront le secret de la vertu, par conséquent ce salut éternel qui, étant la fin même de l'existence, vient de Dieu mais doit arriver jusqu'à nous par Marie. Aussi, à l'heure où déjà le jour commence à pencher vers son déclin, entendez donc avec quelle miséricordieuse insistance nous crie cette Mère :

« Venez tous ceux qui avez le sens de mes grandeurs, mieux encore le sentiment de mes bontés, venez et par moi votre destinée s'emplira de toute perfection ». Ici enfin la voix de Notre Dame se faisant aussi persuasive que celle qui ravit Bernadette nous avertit que La trouver c'est trouver la vie et que pour devenir un jour des élus il n'y a que ceux qui L'aiment en La cherchant, qui La cherchent en L'aimant. *Qui ne invenerit inveniet vitam et hauriet salutem a Domino.*

***

Deuxièmes Vêpres : — Avec un peu moins de solennité sans doute que la veille, elles vont refléter le même caractère de dévotion presque dans les mêmes termes inspirés. Abandonnant toutefois, ce soir, le mètre ordinaire, la muse mariale fait appel aux rhythmes saphiques afin sans doute de mieux commémorer ainsi, sur les ailes de la strophe légère, avant qu'expire un si captivant cérémonial, les deux grands faits modernes relatifs à l'Immaculée Conception : d'abord la proclamation même du Dogme en 1854 et le déploiement de réjouissances que partout Elle provoqua ; puis, l'apparition de la Femme de gloire à l'obscure pastourelle que la seule vue de tant d'éclat fit tomber en une extase voisine des célestes béatitudes. Là l'aëde liturgique, luttant d'enthousiasme avec les princes de la poésie latine, chante cette Grotte fortunée qui aperçut le visage de la Reine des anges mille fois plus beau que celui des mythologiques déesses ; la sainte Roche aussi qui servit d'escabeau à la Reine des cieux et d'où s'épanchent depuis des flots de vie intarissable :

O specus felix, decorate diræ
Matris aspectu ! Veneranda Rupes
Unde vitales scatuere pleno
Gurgite lymphæ !

Ensuite, c'est le tour d'acclamer les caravanes de pieux pèlerins accourant de toutes les plages de l'univers pour implorer la Dame de Lourdes qui à tous donne son sourire et réserve à chacun une faveur spéciale. La pièce se termine par une fervente prière où le chantre de Massabielle supplie la Mère de grâce de sécher toute larme en guérissant tout mal, en accordant tout bien ici-bas jusqu'à ce que nous arrivent enfin ceux de l'éternelle patrie.

Il reste alors par un enthousiaste et décisif *Magnificat* de clôture cette journée paradisiaque. Enfin, pour expression suprême de l'incomparable liturgie, savourons ces mots si grandioses que nous emporterons comme la fleur mystique des heureuses Espélugues. *Hodie gloriosa cœli regina in terris apparuit, hodie,* etc., etc.

*
* *

La Messe. — Dès les premiers mots de l'introït extraits de l'Apocalypse on découvre avec les yeux du voyant de Pathmos la Reine mystérieuse qu'à son tour dix-huit siècles plus tard devait contempler la prophétesse pyrénéenne : vraie cité vivante du Très-Haut constituant à Elle seule une Jérusalem plus ravissante que l'ancienne, descendant tout droit du Ciel sur la croupe des nuages comme la messagère éblouissante de Dieu et parée des plus riches joyaux de noces à l'envi de l'Epouse idéale décrite dans nos saints Livres. Vision magnifique à laquelle fait triomphalement écho par son joyeux « eructavit » le psalmiste, ancêtre inspiré de la Vierge très pure! Vient ensuite l'oraison déjà récitée à chacun des offices antérieurs et où le célébrant, par une allusion manifeste aux sensationnelles cures de Lourdes, demande au Tout-Puissant pour tout le peuple fidèle la double santé des corps et des âmes. Mais, méditons au passage la divine Epître de l'apôtre Jean, historien, docteur et poète de l'Immaculée. C'est le compte-rendu splendide, près de deux mille ans à l'avance, des évènements mêmes de Massabielle : ce firmament qui tout à coup s'entr'ouvre, cette clarté sans pareille dont se remplit la Grotte, ce bruit d'orage que la pastoure entend gronder dans la paix universelle, ce frisson des êtres se recueillant comme aux approches d'une majesté d'au-delà : rien ne manque en vérité des prodromes surnaturels du plus surnaturel des drames. Puis voici apparaître l'Arche animée des deux Testaments. Son signe, son grand signe, *Signum magnum*, celui que depuis Adam salua toute la tradition, est une femme, la Femme par excellence, vêtue de lumière, ayant la création pour marchepied et portant sur la tête le diadème d'une royauté suavement fulgurante.

On entendit alors dans le Ciel — et l'on perçoit à nouveau dans le temple — comme l'éclat d'une voix puissante criant : « C'est aujourd'hui, à la fatidique date du onze février, qu'a été faite pour la terre l'inoubliable miséricorde ». Aussi, voyez donc comme le Graduel, pour mieux traduire les pneumes de la jubilation populaire, sait être tour à tour poétique et mystique : oubliant, en effet, que le triste hiver étend encore sur les choses son voile de mort, il atteste, il chante qu'autour de la blanche Dame c'est l'éveil du renouveau avec l'éclosion spontanée des fleurs qui lui font fête, avec la taille précoce des vignes qui lui versent leurs parfums, avec les gracieux roucoulements de la tourterelle trop heureuse de dire ainsi la bienvenue à la Souveraine de la création. Et de son empyrée est-ce que la Trinité trois fois sainte Elle-même n'applaudit pas à la démarche de son Ambassadrice, lui donnant une fois de plus des appellatifs tendres non moins que sublimes, l'invitant enfin à reposer son vol de colombe de Dieu dans l'anfractuosité du granit bigourdan, au fond de cette niche ménagée là exprès depuis la constitution du monde ? Répondant, à son tour, aux musiques d'en haut comme aux harmonies d'en bas, entendez-vous la jeune Extatique prosternée jusqu'à terre crier amoureusement à Marie par les rituelles formules : « O ma Dame, montrez-moi donc votre visage et laissez-moi ouïr votre voix ; car douces sont par dessus tout vos paroles et votre face où se mirent les anges est le reflet de l'éternelle gloire. Alleluia ! Alleluia !!... » Avec l'Evangile nous allons assister à l'acte le plus saint et en outre le plus fondamental de l'histoire tant divine qu'humaine, celui qui porte vingt siècles de christianisme et qui très spécialement explique Lourdes, je veux parler de l'annonciation de l'archange à la fille de Juda. Ainsi donc l'Être resplendissant qui en cette après-midi hivernale pose ses pieds fleuris sur l'églantier sauvage n'est autre que la Vision vers laquelle se tournèrent tous les âges antiques, en attendant qu'au nom de la cour céleste vînt la saluer à genoux le plus brillant des purs esprits. Et quel salut tout plein de l'Immaculée Conception que déjà il dévoile ! *Ave gratia, plena.* « Je m'incline devant votre transcendance, ô vous, Marie, qui êtes l'orgueil de la nature, le chef-d'œuvre de la grâce, l'apogée de la gloire. Le Seigneur est avec vous comme il ne fut jamais avec aucun de ses Séraphins. Son essence vous baigne de toute sainteté possible en attendant que bientôt Il prenne de votre substance propre pour réaliser son être adéquat d'Homme-Dieu. Femme par excellence, qui donc en bas ou en haut pourrait vous être comparé ? Vainquant l'Eden en délices comme le Paradis en lumière, vous êtes inénarrablement au-dessus de vos sœurs mortelles par la beauté non moins que par la bonté. Voilà pourquoi toutes les générations vous surnommeront Bienheureuse ; ou plutôt vous êtes la Bénédiction vivante puisque de vous sortira Jésus qui est le Béni de Dieu et des hommes. » C'est de la sorte — interprétativement du moins — que le texte fait parler ou mieux chanter à pareil jour l'aérien visiteur dans la sainte maison de Nazareth. De cette même manière s'exprima aussi, il y a cinquante ans, Bernadette, tandis qu'elle égrenait son rosaire avec une angélique ferveur ; à tel point qu'il est littéralement vrai de dire que ce fut, comme à l'heure de l'Incarnation, au sein des virginales mélodies de l' « *Ave Maria* » que se fit voir à la chaste bergère dans toute sa parure naturelle et surnaturelle l'incomparable mère du Christ. Ne vous étonnez donc point si à cause de cela ce cri, ce soupir, cet élan de respect et d'amour ne cesse de retentir jusqu'au milieu de l'Offertoire, ainsi que le refrain préféré de la fête, *Ave Maria !* A la Secrète où le prêtre quintescencie dans le silence de la divine action l'intention dominante de cette journée, ce seront encore les gloires aussi bien que les mérites de l'immaculée Madone qu'il évoquera ; et, par leur efficacité toute puissante, ce sera toujours la santé tant physique que morale qu'il aura soin d'implorer. Quelle heure et quel lieu vraiment plus propices à de si justes louanges comme à des exorations pareilles ? Cependant, à la minute si solennelle où sur l'autel tout se consomme par la communion sacerdotale, écoutez ce chant qui part de l'âme des foules, chant bref et rapide comme tous les sentiments intenses, mais assez pénétré d'allègre reconnaissance pour monter droit au ciel : « Seigneur, oui, réellement Vous avez visité la terre en la personne de votre auguste Mère et par cette visite il Vous a plu de répandre l'ivresse dans tous les cœurs, d'autant que pour mieux nous enrichir Vous semblez ici depuis lors vouloir Vous épuiser Vous-même. » Et le fruit final de l'hostie quel sera-t-il donc ? Ecoutez encore : « Mon Dieu, s'écrie en tressaillant le ministre, faites qu'en retour de tant de faveurs reçues dans cet ineffable lieu, la main de votre Mère très glorieuse nous soulève tous vers le ciel, le seul thabor qui ne passe point et sur lequel il nous tarde d'aller contempler dans vos splendeurs propres les splendeurs de l'Immaculée Conception. »

Ainsi se termine le plus merveilleux office peut-être qui soit au cycle d'or de la liturgie.

CHAPITRE DOUZIÈME

Les Fêtes du Cinquantenaire

Elles durèrent trois jours (9-10-11 février) ; et, au témoignagne de tous, elles furent — du commencement jusqu'à la fin — vraiment dignes de l'immortel anniversaire qu'elles commémoraient. Au point de vue de leur portée religieuse, philosophique et même sociale, on peut douter qu'il y ait beaucoup d'événements à ce point considérables. Quant à Lourdes, d'ailleurs si habituée aux magnificences, il est certain que jamais encore — et par la qualité mieux même que par le nombre des pèlerins et par l'éclat des cérémonies et par le courant surtout d'un enthousiasme tout surnaturel — elle n'avait rien contemplé de pareil. A la cité de Marie transformée en une vision de paix s'appliquait bien durant ce triduum le texte que David adressa jadis à Jérusalem : « La joie est le partage de tous ceux qui ont le privilège d'habiter dans tes murs ». *Sicut lætantium omnium habitatio est in te.*

Ajouterai-je que, selon qu'il convenait si bien,

le premier élément du succès, encore que si aléatoire en une telle époque, fut le soleil ? Dès la matinée du 9, comme pour dire la bienvenue aux foules qui arrivaient de toutes parts et où le type exotique se mélangeait très pittoresquement au fond national, il se leva radieux, faisant miroiter avec coquetterie les dernières neiges sur la crête des monts circonvoisins. Lumière et blancheur : n'est-ce pas le blason même de la dame pyrénéenne ?

Déjà, à l'appel du très distingué Gardien de ces lieux, étaient accourus plusieurs princes de l'Eglise.

C'est Mgr d'Angers qui allait être l'orateur des noces d'or. Je n'étonnerai personne en disant que par la beauté du verbe non moins que par l'à-propos de la doctrine il se montra d'un bout à l'autre de ces grandes journées à la hauteur d'éloquence où le place l'estime universelle. « Lourdes et la France ; — Lourdes et l'Église ; — Lourdes et le Pape » : voilà l'enseignement superbe qu'il nous fut donné tour à tour d'entendre. De telles pages ne s'analysent guère. Il vaut infiniment mieux les lire, les savourer dans la reproduction intégrale qui en a été faite. Qu'il me soit permis du moins de signaler, comme servant de péroraison au discours du dimanche soir, le commentaire du *Magnificat* où sembla passer l'âme de ce malheureux pays s'accrochant à sa Madone parce qu'il ne veut point mourir. Mgr Schœpfer tira la conclusion pratique en conduisant pontifes, prêtres et fidèles devant le rocher béni pour y implorer tous ensemble, avec quelle ardeur on le devine, la Reine de chez nous. Peu à peu arriva la nuit, claire et tiède, ainsi que l'extension d'un jour de printemps, de manière à permettre autour des basiliques en liesse ces théories sans rivales où, le long des rampes aériennes devenues comme les corridors du ciel, l'harmonie le dispute si merveilleusement à la splendeur.

*
* *

Le lendemain — parce qu'une pieuse et salutaire pensée avait voulu que la Fête des vivants s'étendît jusqu'aux morts en une rosée rafraîchissante — le firmament, complice de nos deuils aussi bien que de nos allégresses, se voila tout d'abord. Mais, ce qui vint briller d'un vif éclat théologique et pathétique à la fois, ce fut au cours de l'émouvant service célébré pour les serviteurs défunts du sanctuaire de Lourdes, la parole de l'ange du diocèse. Ce thème de la surnaturelle remembrance donna lieu à l'orateur sacré d'évoquer d'émouvantes figures : deux grands papes d'abord, bienfaiteurs entre tous insignes de la grotte ; puis un curé idéal qu'on pourrait appeler le bon génie des débuts épiques ; puis un évêque manifestement providentiel ; puis, un historien incomparable ; mais par dessus tout cette humble fille des Soubirous dont le pieux pontife ne peut prononcer le nom angélique qu'avec des larmes d'attendrissement.

Cependant, le « clou » de cette seconde journée — si j'ose ici pousser à ce point le modernisme du style — devait être l'arrivée du Légat. Dès que se fit voir, épanouie et souriante dans sa majeté, la cardinalice silhouette, ce fut un délire. A travers le vieillard rouge aux genoux de qui s'inclinaient les évêques eux-mêmes, tous acclamaient le Pape. Car Pie X était bien à Lourdes en la personne de son Représentant et c'est en toute justice que le chef éminent de la cité, M. Justin Lacaze, haranguant l'illustre Visiteur au nom de tout le Conseil municipal groupé autour de lui, déclara qu'il saluait comme le premier de ses concitoyens le Vicaire de Jésus-Christ. De la cour de la gare au seuil de l'Esplanade, parmi les arcs de triomphe et les tentures d'un pavoisement sans fin, l'ovation parut vraiment trop chaleureuse pour que l'éminentissime Lécot — qui n'eût voulu être qu'une ombre — l'ombre de Pierre — dût en prendre sa large part. Jamais délégué du Saint Siège ne récolta plus de succès personnel. Ce que c'est d'unir à beaucoup de grandeur plus de bonté encore ! « Vive le Légat ! » : c'était le refrain à l'ordre du jour et chacun sentait bien d'ailleurs qu'un engoûment si naturel ne faisait du tort ni au Maître auguste au nom de qui l'ange de Bordeaux était accrédité parmi nous ni à la glorieuse Souveraine aux pieds de laquelle il eût hâte d'aller déposer ses salutations officielles.

Maintenant, puisque la tête et le cœur de l'Église étaient à Lourdes, les noces d'or y battaient leur plein, *Nuptiæ factæ sunt*. C'est bien ce que ne cessaient de proclamer en leur mélodieux babil tous les carillons de la ville sainte mis éperdûment en branle; c'est mieux encore, ce que dans son style à lui, qui sait aussi être une musique, déclara l'Ordinaire du lieu complimentant un tel hôte. Très remarquée la chaude profession de foi — ou pour parler plus exactement —

de dévotion romaine tombée du cœur de Mgr Schœpfer lorsque, au nom d'un passé d'un demi-siècle, il affirma que sur ce domaine marial — perle de la catholicité — rien ne s'était fait, ne se faisait ni ne se ferait toujours qu'avec le Pape, par le Pape et pour le Pape. Au festin mystique de Massabielle, comme à celui plus matériel de Cana, la douce Vierge ne crie-t-Elle point de ne penser, de n'aimer et de ne vouloir que ce que pense, aime et veut le Chef de Rome qui continue le Christ dans l'histoire ? Tout cela était beau, savoureux, édifiant. — Ce qui ne le fut pas moins ce fut le sermon des vêpres, les premières de la solennité. La veille, pour accentuer la note de la gratitude nationale, Mgr Rumeau avait pris ce texte que connaissent bien tous les échos des Espélugues : « O Immaculée, il Vous a plu de visiter notre terre et Votre présence l'a enivrée et Vous Vous êtes comme surpassée Vous-même afin de la mieux enrichir ». Ce soir, le thème, plus hératique si je puis ainsi dire, s'inspirait de l'antienne triomphale que tout à l'heure fera éclater le prélude du *Magnificat :* « Aujourd'hui la glorieuse Reine des cieux s'est montrée sur nos parages ; aujourd'hui Elle est venue apporter à son peuple des paroles de salut et les arrhes de la paix. » Quel point de départ pour faire sonner tout ce que depuis cinquante ans la religion doit à la miséricordieuse Dame ! Comme précédemment, ce superbe essor oratoire se dénoua au bout d'une heure environ en un véritable chant de surnaturel espoir.

Mais voici que, de même qu'aux beaux âges chrétiens, dans le calme d'une nuit toute constellée de lumières, va s'ouvrir l'office solennel des Matines. Déjà l'immense enceinte du Rosaire déborde de fidèles avides de suivre cette action sacrée, d'en goûter les émotions, d'en percevoir les harmonies. A tous égards, je dirai que ce fut véritablement céleste. Mgr de Pamiers présidait, assisté de M. l'Archiprêtre d'Elne et de M. le Chanoine Rousseil. Dans le chœur ruisselant de clartés se tenaient à leurs stalles, autour du trône pontifical, plusieurs évêques qu'entourait une multitude de prêtres et de lévites dont les mâles accents se mariaient très bien aux voix suaves des deux maîtrises. Oh ! ces psaumes enlevés si harmoniquement sur le plus pur mode grégorien ! Oh ! ces versets cascadant par intervalles ainsi que des ruisselets de perles ! Oh ! ces leçons interprêtées avec tant de sentiment et d'assurance ! Oh ! ces répons surtout où passaient tour à tour et la grâce de l'idylle et la majesté du drame et la puissance de l'épopée ! J'ai tenté précédemment de définir la beauté *intellectuelle* en quelque sorte de toute cette liturgie ; mais que dire de son esthétisme musical ? Convenons plutôt que pour bien jouir de l'ensemble il eût fallu chez cette multitude ravie pouvoir à l'ivresse des sons ajouter la compréhension des textes. Comme il est regrettable, en vérité, que nos laïcs modernes ne sachent plus lire, en de pareilles rencontres surtout, au sublime livre de la Prière publique ! Celle qui, cette nuit-là, jaillissait de tant de lèvres consacrées respirait une telle poésie des lieux et des choses — tandis que de nocturne en nocturne — autant dire d'acte en acte — se déroulait, en une progression croissante, parmi des épisodes exquis, la divine fonction, était réellement empoignante. Aussi, quel silence des âmes — et des corps — au milieu de tout le savant enchevêtrement des saints cantiques, à travers toute sorte d'évolutions et de rites auxquels donnait impeccablement — et si gracieusement – le signal ce rubriciste hors de pair qui a nom le Chanoine Pottier! Pour mon humble part, jamais, non, je n'avais vu et entendu célébrer des matines semblables. On était d'un bout à l'autre sous le charme total des yeux, des oreilles, de l'esprit, du cœur. Au-dessus de moi, un vénérable psalmodiant, qui porte mître s'il vous plaît, ne pouvait contenir les élans de son artistique dévotion. Si au ciel on officie (et l'Apocalypse nous l'assure), ce doit être comme cela! Quand, après deux heures et demie de cette délicieuse psalette, vrai bain de lumière et de sonorité divines, le *Te Deum* retentit en un majestueux bouquet, loin de sentir la moindre fatigue, tous, prélats, clercs et peuple, auraient voulu recommencer. Je songeais à part moi-même (que la Vierge objet de tant d'hommages me pardonne cette distraction!) je songeais au moine de la légende lequel, s'étant laissé emporter en un ravissement supérieur, ne pouvait comprendre, au retour, qu'auprès de sa personne tout eût changé d'aspect comme si son extase n'avait pas duré un siècle! Sur notre assemblée était de même entr'ouvert le Paradis et du haut de sa liturgique gloire nous souriait sensiblement l'Immaculée Conception sans que durâssent les heures.

*
**

Pourtant, plus merveilleuse encore devait être la troisième journée, celle du 11, avec laquelle se leva la fatidique date. De bonne heure, un ciel d'Orient, une température d'Eldorado. Et les foules augmentaient sans cesse et les temples s'emplissaient à vue d'œil et les confessionnaux étaient assiégés et de toutes parts en une profusion vraiment royale se distribuait le pain des anges et à tous les innombrables autels les prêtres faisaient queue pour célébrer les saints mystères et à la grotte, lieu central du culte de cette journée principale, les messes d'évêques succédaient aux messes d'évêques. Cependant, les cloches de la Basilique qui oncques ne vibrèrent avec tant d'âme commencent à jeter aux échos pyrénéens leurs volées solennelles. Sur le coup de dix heures, éblouissant défilé des Pontifes suivis de leur brillante maison. Saluons, au passage, dans son landau de gala, le Cardinal-Légat revêtu de la pourpre et de l'hermine. Derrière lui marchent quatorze Prélats mître en tête et crosse en main ; parmi eux, cette fois, nous remarquons le Métropolitain d'Auch et l'Archevêque de Toulouse. Lorsque un pareil cortège put entrer enfin dans le temple déjà débordant on pouvait se demander si le spectacle de l'antique cathédrale de Reims qui arrachait à Clovis l'exclamation qu'a retenue l'histoire fut plus beau. Que mes lecteurs — à défaut de la réalité hélàs ! — se représentent une triple couronne de fleurs et de lumières électriques s'épanouissant autour de la vaste coupole pour faire au glorieux sanctuaire le plus étincelant des ciboriums sous lequel les marbres, les ors et les émaux du maître-autel forment à la Dame un piédestal d'une richesse incomparable. Que dire de ce cadre de tentures azurées aux lambrequins de peluche blanche toute frangée d'or dont des mains habiles ont revêtu les sièges où vont s'asseoir nos Pères dans la foi ?

C'est Mgr Germain qui commence la messe, enveloppé de toute la pompe rituelle, avec une nuée de ministres s'empressant autour du Prélat dont la pieuse attitude rehausse encore la majesté. Aujourd'hui surtout, quel festin ce va être non seulement pour la vue mais en outre pour l'oreille ! Une divine musique descendait bientôt en effet des tribunes comme du ciel même par l'organe de trois cents chanteurs lourdais qui avec une maëstria parfaite exécutèrent « la Messe du Cinquantenaire », un réel chef-d'œuvre pour l'inspiration classique autant que religieuse de l'abbé Darros, l'éminent maître de chapelle de la Grotte. Je ne puis à la hâte que signaler ce *Kyrie* si saisissant d'imploration, ce *Gloria in excelsis* aussi d'un brio allègre et étonnamment communicatif. Quant au célèbre *Credo* de Dumont, lorsqu'il scanda ses affirmations catholiques sur tant de viriles lèvres, il produisit un effet réellement prodigieux.

Chose remarquable et qui vaut mieux certes que nos éloges ! Toute cette tempête d'harmonie ne vous distrayait en rien du mystère sacro-saint que poursuivaient les prêtres à l'autel. Et de fait, tandis que fusaient si riche de mystique enthousiasme la louange du *Sanctus* ou si pénétrée de douce confiance la supplication de l'*Agnus*, ne se serait-on pas cru transporté au sein même des chœurs de la Jérusalem céleste? L'assistance, un océan d'êtres d'où ne montait aucune houle, ne perdait une note pas plus qu'une rubrique. Quand avec les rites suprêmes expirèrent les derniers flambeaux, ce fut une bien sensationnelle théorie que l'exode au miraculeux Rocher. Cardinal, archevêques, évêques, chanoines, prêtres, clercs — toute la hiérarchie ecclésiastique — s'avança processionnellement — laborieusement même — au sein de la multitude en délire, vers Massabielle pour y consommer la liturgie en y saluant la Madone au moment précis où, à pareil jour, cinquante années plus tôt, Elle avait consacré ces lieux désormais immortels.

Quel triomphe de l'idée — ou de l'amour — dans le fait même de cet assemblement gigantesque et recueilli au pied d'un antre sauvage d'où tous sentaient suinter le divin! C'est au Maître de ces parages qu'appartenait, une fois de plus, la parole, en une pareille minute. Mgr Schœpfer sembla littéralement inspiré dès qu'il ouvrit la bouche pour évoquer l'impérissable souvenir. Avec cette flamme apostolique que tempère d'ailleurs toujours, disions-nous, une élégante distinction de forme, le zélé prélat ne manqua pas de tirer du plus salutaire des événements des conséquences pratiques. La meilleure c'est, dit-il, — puisque le salut de la France est à Lourdes — d'aimer ce foyer de toute vie nationale comme les Hébreux aimèrent le temple de Sion et l'arche d'alliance, assurant que ce qui s'est déjà fait ici de la part de la mère de Dieu envers les hommes, de la part aussi des hommes envers la mère de Dieu est le présage de ce qu'infailliblement l'Une y apportera encore de miséricorde et les autres y puiseront de faveurs. Mais là où l'orateur joignit vraiment à l'éloquence des pensées celle des choses ce fut lorsqu'en un mouvement voisin du sublime il montra à cette foule émue jusqu'aux larmes le *chapelet de Bernadette,* ce chapelet que là même avait dix-huit fois vu et agréé et béni la Souveraine du ciel !

Sera-t-il permis au pauvre auteur de cette trop imparfaite chronique d'ajouter ici que, dans une audience dont voulut l'honorer dès le lendemain des Fêtes Mgr de Tarbes, il eut l'indicible joie de toucher et de baiser, entre les mains de l'Evêque, ce rosaire hors de prix quoiqu'il soit d'une simplicité rustique comme l'âme même de Celle qui tant l'égrena ?

Après la parole, la prière. Eh ! n'était-on pas, redisons-le, l'instant où, juste un demi-siècle auparavant, avait eu lieu l'apparition ?

Donc, pendant qu'à tous les clochers de ce douaire marial tintait l'*Angelus* de midi, 40.000 chrétiens ou peut-être davantage saluèrent trois fois, de concert avec l'ange, en union également avec leurs chefs prosternés, la Pleine de grâce — non sans regarder furtivement si dans l'anfractuosité du granit Elle ne se montrerait pas à nouveau !... Et parce que l'intervention du Pape ne pouvait manquer en une aussi dramatique minute, pour mêler son sourire à celui de la Madone, voici, debout dans sa gloire au-dessus de tous les fronts inclinés, l'ambassadeur de Pie X versant le grand pardon de Rome qui n'était autre que l'indulgence plénière du Jubilé de Marie.

Ainsi se termina cette matinée absolument à part. Qui eût pu croire à cinquante ans de là, aux jours où la chétive fille des Soubirous avait en cet endroit ses visions, qu'un demi-siècle plus tard à la même place se trouveraient un bon nombre de princes de l'Eglise, deux mille prêtres et une assistance innombrable pour commémorer avec tant de pompe et d'allégresse le plus populaire des Jubilés ? Est-ce que vraiment, à un si long terme, des foules à ce point mêlées, accourues des quatre coins de la France et du monde, viendraient ainsi dans un désert naguère inconnu s'extasier devant un vain mirage si le souffle de Dieu ne les y précipitait ?

La soirée ne réservait pas de moindres impressions. Dès 3 heures, voici encore la somptueuse marche des évêques dévalant les terrasses de la Résidence pour se rendre au Rosaire à travers une formidable masse humaine qui les accueille par des vivats aussi respectueux que frénétiques. Tous sentent qu'en ces saints Pontifes c'est toute l'Eglise de France qui passe spoliée, persécutée, mais digne et nullement vaincue. Dans quelle enceinte pourra-t-on recevoir tant de flots vivants qui, comme ceux d'une inondation, semblent grossir sans trêve ? Déjà les secondes vêpres de l'apparition vont commencer. Il faudra bien que les trois quarts des pèlerins les entendent de dehors sur cette interminable esplanade convertie maintenant en un des « temples sereins » rêvés jadis par le poète ; et ce sera un sacrifice en vérité ; car pour l'éclat de la liturgie non moins que pour la perfection de la musique tout annonce que le nouvel office évoluera exceptionnellement remarquable. Au trône, enveloppé de sa cour, ayant devant lui une noble couronne d'évêques et de prêtres — tout le Sacerdoce à ses divers degrés comme sous ses insignes multicolores — est assis l'éminentissime Lecot. Quand le choriste se mit à chanter le passage où il est question de « la splendeur des Saints » au ciel, *in splendoribus sanctorum*, je sais quelqu'un qui se dit que la cité d'en haut devait être à cet instant même descendue ici-bas, *vidi Jerusalem novan descendentem de cœlo*. Ce fut enfin bientôt le tour de l'éloquence sacrée que prime tout, comme on sait, dans le cérémonial de nos solennités majeures. Infortuné orateur ! comment va-t-il du haut de cet humble ambon de marbre suffire à toutes ces intelligences affamées du verbe ? D'autre part, est-il possible de laisser sans le pain supersubstantiel l'assemblée extérieure qui déjà bat les murailles de l'église du fracas de sa religieuse impatience ? Allons, que les tentes de Sion se dilatent ; ou plutôt, puisque le peuple ne peut pas arriver aux prêtres, que les prêtres aillent au peuple ; et ainsi, sous la majestueuse coupole des cieux (à Lourdes toutes les hardiesses comme toutes les libertés sont permises), un seul homme nourrira du froment évangélique soixante mille hommes. Soixante mille hommes ! Qu'on nous dise si les maîtres anciens de l'Aréopage ou du Forum eurent jamais semblable auditoire ! Or ce fut le triomphe — comme ce semblait devoir être le péril — de l'évêque d'Angers de pouvoir près d'une heure tenir tout — corps et âmes — sous le prestige du discours. Si beaucoup malheureusement n'entendirent pas (encore que l'organe de Mgr Rumeau soit presque à la hauteur de son art), chacun sentait très bien que de cette poitrine vraiment épiscopale sortaient des accents dignes de la circonstance. Couronnement de la trilogie que nous avons dite, le thème de ce soir était donc « Lourdes et le Vatican » ou les deux plus sublimes montagnes de Dieu.

Pouvait-il, au terme de l'inoubliable fête, y avoir choix plus opportun et plus logique ? Après avoir montré la suave Apparition dans ses rapports avec la France d'abord, avec l'Eglise ensuite, restait maintenant à chanter un hymne de doctrine et d'éloquence au concordat impérissable qui depuis l'aurore de l'Evangile unit le Pape et Marie. Il y eut là, qui ne le suppose ? des pensées et des sentiments et des mouvements tout à fait admirables tandis que, se jouant parmi les harmonies du dogme et les expériences de l'histoire, le disert prédicateur poursuivait son ingénieux parallélisme. Palpitant surtout devint l'intérêt lorsque la susdite théorie fut enfin appliquée en détail à notre si marial et si lourdais Pie X. A mesure qu'étaient énumérés ses services déjà multipliés et insignes en faveur de Massabielle, il semblait que tout autant de nouveaux fleurons venaient se sertir au diadème de l'immaculée Reine. Je n'étonnerai personne en ajoutant que la fin d'une allocution à ce point instructive et pressante fut, par une dérogation presque licite en de tels cas, saluée de nombreux applaudissements.

A présent, comme épilogue de ces saintes réjouissances, il devait y avoir la féerie nocturne plus belle cent fois que celle que l'antique Ephèse décerna en une rencontre fameuse à la Mère de Dieu. Ici encore, si possible, qu'on se figure donc tout un peuple d'étrangers et d'indigènes se levant à nouveau par je ne sais quel surnaturel ressort, à la nuit close, comme s'il n'avait assez fait d'un bout de journée à l'autre, pour mieux traduire *en un langage de feu* son filial enthousiasme. Peu après, de quelque côté que se portâssent les yeux — vers les cimes du pic du Jer ou sur les coteaux avoisinants ou sur les monastères disséminés ainsi qu'une guirlande mystique autour de la Grotte — ce ne fut qu'une traînée de joyeux incendies. En ville notamment vous n'auriez pas trouvé une façade ou une fenêtre (je parle de celles des citoyens libres) qui ne scintillât. Edifices communaux et demeures privées, hôtels luxueux ou humbles logis, grands magasins aussi bien qu'étalages modestes, tout nageait dans la lumière. Sur chaque point des transparents, des lampes ou des lucioles, splendeurs terrestres, rivalisant d'éclat sous ce beau ciel de Béarn avec les milliers d'étoiles qui déjà commençaient dans la douceur infinie de cette nuitée de rêve à faire leur trouée au firmament. Et les électriques surprises se succédaient à l'envi. Ici, c'était la scène même du 11 février 1858 surgissant tout à coup parmi d'éblouissantes phosphorescences ; là se dessinait Bernadette, l'immortelle Compatriote, au milieu d'une gerbe de flammes ; ailleurs, passaient comme des globes radieux les saintes figures de l'évêque et du curé des événements. Mais le moyen de décrire, même d'énumérer tous ces feux de Bengale, toutes ces pièces d'artifice explosant coup sur coup des divers points de l'horizon incandescent ? Je me reprocherais de ne pas signaler au moins la jolie Vierge de feu que l'on aperçut un instant raser les crêtes du Calvaire avec sa robe blanche et sa ceinture d'azur au sein d'une corbeille de roses fulgurantes.

Vous auriez dit vraiment d'une Venise fantastique sortie du flanc de ces montagnes embrasées pour flotter dans la lumière ; et je ne sais trop si épiant ce spectacle du haut de leur transcendant observatoire les anges jaloux ne trouvaient pas que sur cet étrange coin de planète il faisait presque aussi clair que chez eux? Tant il y a qu'un journal sectaire dut confesser dès le lendemain que « pareil tableau était unique au monde » ; et, ce qui vaut infiniment mieux encore, c'est le témoignage des Prélats lesquels, parcourant à cette heure même la cité parthénienne en flammes, ne cessaient de redire que jamais ils n'avaient rien vu de pareil.

Il n'y eut pas jusqu'au vieux donjon féodal qui ne tînt à profiler son austère silhouette sur l'universel embrasement. Ce drapeau flamboyant que du sommet de sa solitude il arborait dans ses bras de géant fatigué par les siècles ajoutait très heureusement la note patriotique à la symphonie religieuse. Et la crépitante pourpre dont il se faisait un vêtement de liesse comme si quelque fée moyenâgeuse fût venue jeter sur ses épaules effritées le manteau cardinalice : quelle vision c'était du grand passé chevaleresque et chrétien se réveillant dans une apothéose sans rivale en l'honneur de Celle qui malgré tout demeure toujours la Reine du plus beau des royaumes d'ici-bas !

Auraient-ils pu rester dans l'ombre, eux, les trois Palais de Marie quand tout s'illuminait de la sorte en son honneur ? Ici, je me hâte de confesser que mes timides pinceaux ne sauraient tenter une esquisse quelconque de la mirifique ovation dont furent alors témoins les abords des Espélugues. Soixante mille créatures humaines sont là sur l'immense place portant toutes un flambeau à la main. Au signal donné, cette masse formidable — qui n'est pas une cohue comme ailleurs mais une église chantante et marchante — s'ébranle avec la dignité et la mesure que même au sein des inévitables remous nous savons garder nous autres comme la tranquillité de l'ordre ; et bientôt, depuis les allées de la Grotte jusqu'aux terrasses des Basiliques, depuis les terrasses des Basiliques jusqu'aux pelouses du haut plateau, ce sont, sous ce ciel obscurci par les clartés de la terre, en tous les sens, selon tous les rhythmes, mille, dix mille circuits lumineux — telles les ondulations symétriques d'un océan en flamme — sans que jamais ni un cri de discorde ni un faux mouvement empêchent la musique idéale, *Ave, Ave, Ave Maria*... On parle de miracles ; en voilà un, pour le coup, incomparable !

Mais soudain, voyez-vous tous les temples s'illuminer à la fois ? Un génie invisible, servant docile de l'Immaculée Conception, vient de passer par là clandestinement et de sa baguette électrique il a fait resplendir le triple monument. Aussi, à cette heure, les superbes cathédrales, superposées dans l'éblouissement de leur parure architecturale, dont pas une ligne ne se perd, dont pas une dentelle ni un atour ne vous échappent, ressemblent-elles à un unique palais enchanté. Spectacle merveilleux vraiment digne des poétiques intuitions de l'Alighiéri et dont la grandeur surhumaine vous emporte au ciel !

Quand, au sein du flamboîment général, cessèrent les hymnes, les lumières et les extases, il était près de onze heures du soir, comme si une telle journée, ne pouvant être prolongée trop longtemps, devait empiéter sur la pleine nuit elle-même pour éterniser les Noces d'or de Massabielle !

ÉPILOGUE

....
....

Cependant, à quelques pas, le Gave de Béarn égrenait toujours sa cantilène sonore dans un silence plein de mystère et là-haut, en face, sur la côte rocailleuse qui sert de pendant à la montagne des prodiges, le féodal castel allongeait de nouveau obscurément sa vénérable carcasse, témoin rajeuni d'un âge disparu devant ces « Splendeurs » du présent qui porte l'avenir dans un geste puissant de Reine et un miséricordieux sourire de Mère !

Toi Lourdes, souviens-toi, chante, exulte et tressaille.
Dieu t'a prise poussière. Il te fait diamant.
Son grand cœur t'a choisie et sa main te travaille
Et tu rayonnes plus qu'un astre au firmament.

TABLE DES MATIÈRES

www.ingramcontent.com/pod-product-compliance
Ingram Content Group UK Ltd.
Pitfield, Milton Keynes, MK11 3LW, UK
UKHW021101220726
13924UKWH00005B/2181

9 782019 937454